Systematic
Operational Management

The Essential Course for Excellence
in Enterprise Management

系统运营

卓越企业的必修课

朱金桥 ◎ 著

企业管理出版社
ENTERPRISE MANAGEMENT PUBLISHING HOUSE

图书在版编目（CIP）数据

系统运营：卓越企业的必修课 / 朱金桥著.

北京：企业管理出版社，2025.5.

ISBN 978-7-5164-3292-1

Ⅰ.F273

中国国家版本馆CIP数据核字第2025L7L821号

书　　　名：	系统运营：卓越企业的必修课
作　　　者：	朱金桥
责任编辑：	尚　尉
书　　　号：	ISBN 978-7-5164-3292-1
出版发行：	企业管理出版社
地　　　址：	北京市海淀区紫竹院南路17号　　邮编：100048
网　　　址：	http：//www.emph.cn
电　　　话：	编辑部（010）68414643　发行部（010）68701816
电子信箱：	qiguan1961@163.com
印　　　刷：	三河市东方印刷有限公司
经　　　销：	新华书店
规　　　格：	170毫米×240毫米　16开本　16.75印张　236千字
版　　　次：	2025年5月第1版　2025年5月第1次印刷
定　　　价：	88.00元

版权所有　翻印必究·印装错误　负责调换

王晓明序

穿越管理迷雾的底层逻辑
——数字时代的企业生存密码

有幸接到朱老师邀请为其新作《系统运营：卓越企业的必修课》写序，内心既感荣耀又觉责任重大。在数字化转型的惊涛骇浪中，我们目睹了太多传统企业像泰坦尼克号撞上冰山般沉没的悲剧，也见证了新兴企业如蛟龙号般突破深海的成功范式。人工智能正以月为单位的迭代速度重塑商业版图，管理者们正面临着一个根本性拷问：在这个确定性被彻底解构时代，究竟什么才是企业穿越周期的引擎？

六年前与朱老师的相遇，恰似暗夜行船时望见灯塔。彼时我们的企业深陷存亡危机：产品落后、竞争恶劣、交付延期、成本失控、客户不满问题胶着；组织架构图上的权责划分清晰如棋盘，实际运转时却像失去指挥的交响乐团。正是朱老师带来的系统运营升级的思维革命，让我们领悟到：当战略与执行之间横亘着运营能力的鸿沟，再完美的蓝图都会沦为空中楼阁。这种顿悟，恰如柏拉图洞穴寓言中的囚徒转身，看见了真实世界的光芒。

波士顿咨询的研究显示，中小企业平均寿命2.5～3.7年，寿命10年以内的企业占比80%，这组数据背后，是无数企业在"战略空转"与"执行内耗"的双重绞杀下的黯然退场。我们见过太多企业沉迷于战略规划的宏大叙事，将SWOT分析做成精美PPT却束之高阁；也目睹过无数管理者陷入管理工具的军备竞赛，把平衡计分卡、OKR变成消耗组织能量的数字游戏。这些困境的根源，都在于将"管理"与"运营"割裂的认知谬误。

书中揭示了企业的底层逻辑和方法论。在当下科技革命的时代，企业的生命力不再取决于资源储备的厚度，而取决于运营能力的密度。就像特斯拉用数字化运营重构百年汽车产业，Shein凭借柔性供应链运营颠覆快时尚格局，这些新时代的领航者证明：当运营能力进化成"神经中枢级"的核心竞争力，企业就能获得在不确定中创造确定性的魔法。

书中构建的系统升级运营管理体系，从战略解码到流程再造，从数据驱动到组织进化，从企业文化到人才梯队，每个维度都直击传统管理的切肤之痛。如何让组织像生命体般自适应进化，这让我想起任正非"让听得见炮声的人决策"的经典论断，本质上正是运营思维从机械控制论向生态进化论的范式跃迁。

在人工智能重塑所有行业的今天，本书的价值更显璀璨。当GPT、Deepseek等掀起认知革命，企业面临的已不是简单的效率竞赛，而是生存方式的根本变革。那些仍在用Excel表格管理供应链的企业，那些依赖人工巡检的生产线，如果不能实现运营体系的量子跃迁，终将被数字化洪流吞没。尤为可贵的是，这部著作绝非纸上谈兵的学院派作品，而是沾着泥土芬芳的实战智慧，正是当下管理者最渴求的"管理疫苗"。

站在人类文明从碳基向硅基跃迁的历史拐点，大运营管理的系统迭代升级将为企业打造最坚固的护城河。当算力取代电力成为新基建，当数据流重构价值链，管理者必须意识到：运营不再是支撑战略的工具，而是孕育战略的母体。就像字节跳动用算法运营重新定义内容产业，拼多多以分布式运营颠覆电商格局，新时代的商业奇迹都在印证一个真理——运营即战略，执行即创新。

对于那些在转型迷雾中艰难求索的企业家，对于那些在管理迷宫中彷徨的职业经理人，这本书就是穿越周期的指南针、重构竞争力的工具箱、决胜未来的思维操作系统。当百年变局的惊涛拍岸而来，唯有掌握运营思维的舵手，才能带领企业驶向新大陆的彼岸。

此刻，我仿佛看见无数管理者在阅读此书时的顿悟时刻：当他们理解流程即战略的具象化，数据即决策的神经元，协同即组织的生命力，那些困扰多年的管理痼疾终将迎刃而解。这或许就是本书最大的功德——它不仅传授方法，更启迪智慧；不仅解决问题，更重塑认知；不仅服务当下，更奠基未来。

在这个"乌卡"与"巴尼"（BANI，脆弱、焦虑、非线性、不可理解）交织的新纪元，《系统运营：卓越企业的必修课》为所有不甘沉沦的管理者指出了一条必由之路。那些真正读懂并践行其中智慧的组织，终将在历史的星空中留下璀璨的轨迹。

2025年2月

王晓明：武汉利德公司总经理

张意龙序

在挑战中成长，以运营驱动未来

在当今这个瞬息万变的商业世界中，企业面临着前所未有的挑战与机遇。随着全球经济的深度调整和中国经济进入新常态，行业竞争愈发激烈，市场环境日益复杂。如何在这样的背景下保持企业的竞争力，实现可持续发展，成为了每一位企业管理者必须深思的问题。正是在这样的背景下，朱金桥先生的著作《系统运营：卓越企业的必修课》应运而生，为我们提供了一套系统而实用的企业运营管理升级指南。

朱顾问以其丰富的企业辅导经验和深厚的理论功底，在业界享有盛誉。我曾有幸邀请他为我的公司做过营销工业化咨询项目，正是在他的专业指导下，我公司业务实现了年年大幅度的增长。他不仅在多个领域有着深厚的理论造诣，更难得的是，他将这些理论知识成功转化为实战经验，通过一系列切实可行的方案，帮助我们企业解决了诸多管理难题，实现了运营效率的显著提升。

朱金桥先生多年来在众多公司实施过企业管理相关项目，积累了丰富的实操经验。他深知企业在不同发展阶段所面临的痛点与难点，因此能够精准把脉，为企业量身定制最适合的运营管理方案。他的方法不仅接地气，而且落地到位，能够迅速在企业内部产生实效。正是得益于他的专业指导和无私奉献，我们企业在激烈的市场竞争中保持了稳健的发展态势。

在合作过程中，我深刻感受到了朱金桥先生对待工作的认真负责态度。他始终秉持着客户至上的原则，全心全意为企业服务。无论项目大小，他都会倾注全部的心血和精力，确保每一个细节都尽善尽美。他的这种敬业精神深深感染了我们每一个人，也为我们树立了榜样。

此外，朱顾问的学习能力极强，他始终保持着对新知识、新技能的渴望和追求。在快速变化的商业环境中，他能够迅速适应并掌握最新的管理理念和方法，不断为自己充电，也为企业带来了源源不断的创新动力。

本书的核心内容涵盖了企业运营管理的方方面面，从全面认知企业的业务活动，到持续强化组织的营销和运营功能；从回归系统运营管理的底层逻辑，到系统更新运营管理的核心观念；从企业经营与管理改善的基本原点，到企业系统运营升级的组织基础；再到企业文化升级与经营理念的与时俱进，以及组织能力的系统建设与可持续发展，最后到人才梯队建设与组织活力的保持。朱金桥先生以深入浅出的笔触，将复杂的企业运营管理理论转化为易于理解和操作的方法论，为读者提供了一套切实可行的运营管理升级路径。

在当前这个充满变数的时代，企业要想立于不败之地，就必须不断创新、不断进取。而运营管理的升级正是企业实现这一目标的关键所在。通过优化运营流程、提升运营效率、强化组织协同，企业可以更有效地应对市场变化、抓住发展机遇，从而实现持续、稳定、健康的发展。

因此，我衷心希望每一位企业管理者都能够认真阅读本书，从中汲取智慧和力量。朱金桥先生以其丰富的实操经验和深厚的理论功底，为我们提供了一套系统而实用的运营管理升级方案。相信在他的引领下，大家一定能够在挑战中成长，以运营驱动未来，共同开创企业发展的新篇章。

让我们携手并进，共同迎接更加美好的明天！

2025 年 2 月

张意龙：湖南一特医疗股份公司董事长

叶权海序

向进化者致敬

作为一家快速成长型企业的创始人、探路者，我深知要想带领企业在激烈的市场竞争中脱颖而出，实现可持续的快速发展，需要经历怎样的阵痛和突破。遥想五年前，当我带领团队在新能源行业的激烈竞争中艰难突围时，虽怀揣清晰的战略蓝图，却始终被一个问题所困扰：如何才能让我们的组织能力跟上公司几何级增长的野心？正是在这样的关键时刻，我与本书的作者朱金桥老师开启了长达五年的深度合作之旅。

运营，于我而言，是串联战略与执行的关键纽带。它如同一座桥梁，将企业的战略目标与日常的具体执行紧密相连。战略规划为企业指明了方向，但没有高效的运营体系，战略只能停留在纸面上；而执行则是实现战略的具体行动，但若缺乏战略的引领，执行则会迷失方向。运营正是在这两者之间架起了一座沟通的桥梁，确保战略能够通过有效的执行落地生根，开花结果。

朱老师在本书中对运营的系统阐述，让我更加清晰地认识到运营在企业经营过程中的重要地位，它贯穿于企业的每一个环节，从产品研发、生产制造到市场营销、客户服务，每一个环节都离不开运营的精心组织和高效管理。

我非常认同运营的本质在于提升企业整体的经营效率，而企业竞争的本质是关于效率的竞争。在当今这样一个快节奏、高度变化的市场环境中，时间就是金钱，效率就是生命。只有不断提升运营效率，企业才能在有限的时间内创造出更多的价值，满足客户的需求，赢得市场的认可。

朱老师提出的"系统运营管理"理念，正是抓住了这一核心要点。他强调企业要从系统的角度出发，整合资源、优化流程、协同合作，从而实现整体运营效率的最大化。这一理念为我们企业带来了全新的视角和思路，让我们不再局限于局部的优化，而是从整体上审视整个企业的运营体系，从而找到了提升效率和企业整体业绩的突破口。

与朱老师合作的五年间，我们团队的规模和业绩均实现了快速增长，这离不开他在运营管理方面的专业指导。从执行力培训到企业文化落地咨询，再到营销工业化咨询以及常年顾问的陪跑服务，每一次合作都让我们对企业经营和运营管理，有了更为深刻的认识和更有效的实践。

在执行力培训中，我们学会了如何将战略目标分解为具体的任务和行动，确保每一个员工都能明确自己的职责和方向，从而提高了团队的执行力和工作效率；在企业文化落地咨询项目中，我们通过打造积极向上的企业文化，激发出了员工的工作热情和创造力，进一步提升了企业的运营效率。而在营销工业化咨询阶段，朱老师帮助我们构建了系统化的营销体系，优化了营销流程，提高了企业的市场响应速度和客户满意度，使我们的营销效率和效能得到了显著提升。这些实践成果充分证明了"系统运营管理"理念的科学性和有效性。

朱老师创造性提出的"系统运营管理"（SOM）理念，不仅为我们企业的管理指明了方向，更为广大企业管理者提供了一套系统、科学、实用的管理方法论。《系统运营：卓越企业的必修课》这本书，就是这一理念的集中体现。它深入浅出地阐述了企业运营的各个方面，从战略规划到执行落地，从资源管理到流程优化，从团队协作到绩效评估，每一个章节都充满了智慧和洞见。书中不仅有理论的阐述，更有丰富的实战案例和实用的工具方法，让读者能够在阅读中快速理解和掌握运营的精髓，并将其应用到实际工作中。

五年的过程中，经常能听到朱老师欢呼：我又进化了。向时刻保持进化的布道者致敬！

让我们在带领企业持续健康、快速发展的道路上不断进化，保持进步！

2025 年 2 月

叶权海：武汉合智数字能源技术有限公司创始人 / 总经理

目 录

前言 ... 1

第1章 系统升级企业的运营管理理念 ... 1

1.1 全面认知企业的业务活动 ... 1
1.1.1 核心价值活动 ... 2
1.1.2 基本辅助活动 ... 3

1.2 持续强化组织的两大基本功能 ... 4
1.2.1 营销功能——企业经营改善之根 ... 4
1.2.2 运营功能——企业效能提升之基 ... 9

1.3 回归系统运营管理背后的底层逻辑 ... 12
1.3.1 客户价值的四阶段模型 ... 12
1.3.2 企业的核心业务流程蓝图 ... 13
1.3.3 组织目标实现的基本逻辑 ... 16
1.3.4 运营管理背后的支撑体系 ... 18

1.4 系统更新运营管理的核心观念 ... 24
1.4.1 资源与投入 ... 24
1.4.2 产出与成效 ... 25
1.4.3 瓶颈与约束 ... 26
1.4.4 价值流动与业务过程 ... 27
1.4.5 标准与参照 ... 29

1.4.6　问题与异常...30

第2章　企业经营与管理改善的基本原点 32

2.1　回归企业经营的本质..32
2.1.1　聚焦企业的三大核心经营目标.............................32
2.1.2　整体提升管理层的经营意识.................................36
2.1.3　系统构建组织内部的传导机制.............................39
2.1.4　激活和保持组织的持久活力.................................44

2.2　持续提升企业的整体盈利能力................................50
2.2.1　迭代和升级企业的核心业务.................................50
2.2.2　发展和完善企业的组织能力.................................54
2.2.3　建设和发展企业的人才梯队.................................59

2.3　系统升级企业的运营方法论....................................63
2.3.1　树立系统运营的"新三观"................................63
2.3.2　更新运营管理的底层思维.....................................67
2.3.3　打通经营改善的"目标—差距—行动"主线........72

第3章　企业系统运营升级的组织基础 86

3.1　组织功能与组织架构..86
3.1.1　理解组织权力...86
3.1.2　规划和设计组织功能...88
3.1.3　掌握组织架构的基本形式.....................................89

3.2　构建完整的企业组织系统..95
3.2.1　系统规划和完善组织功能.....................................95
3.2.2　构建完整的企业运营管控体系.............................96
3.2.3　整体布局企业的人力发展规划.............................97

3.3　组织系统内部的协同与保障....................................98
3.3.1　系统理解企业的战略目标.....................................99

3.3.2 完整定义企业的战略目标体系.................................100
3.3.3 实现组织系统的内部联动.....................................102

第4章 企业文化升级与经营理念的与时俱进........107

4.1 理解企业文化的真谛..................................107
4.1.1 被泛化和虚化的企业文化.....................................107
4.1.2 厘清企业文化的基本内涵.....................................109
4.1.3 挖掘企业文化的经营价值.....................................110

4.2 剥开企业文化的"伪装"与外衣..........................111
4.2.1 外显形式：人为表现与外在呈现................................112
4.2.2 内在观念：共同信念与内心相信................................112
4.2.3 深层假设：底层假定与基本取向................................113

4.3 回归企业文化的三大内核.............................. 115
4.3.1 使命：我们为什么而存在.....................................116
4.3.2 愿景：我们到底要成为谁.....................................118
4.3.3 核心价值观：我们以什么方式成就自我..........................122

4.4 企业文化升级的"四化"主线............................126
4.4.1 精神文化：内化于心...127
4.4.2 行为文化：外化于形...128
4.4.3 物质文化：显化于物...128
4.4.4 制度文化：固化于制...129

4.5 "八步法"保证企业文化与时俱进........................130
4.5.1 组建文化落地团队...130
4.5.2 开启文化变革序幕...131
4.5.3 确定升级工作计划...132
4.5.4 建立文化传播通道和网络.....................................133
4.5.5 营造和烘托企业文化变革氛围.................................134
4.5.6 树立和推崇文化落地榜样.....................................136

4.5.7　验收企业文化升级成果 137

4.6　把握企业文化升级的成功关键 138

　　4.6.1　构建环境，赋能团队的职业化成长 139

　　4.6.2　营造氛围，形成团队的集体记忆 140

　　4.6.3　以点带面，实现对团队的整体影响 142

　　4.6.4　内外结合，激发团队的持久"要心" 144

　　4.6.5　组织保障，促进持续的迭代升级 145

第5章　组织能力的系统建设与可持续发展 148

5.1　完整定义企业的组织能力 148

　　5.1.1　何谓组织能力 149

　　5.1.2　五大要项，一个也不能少 150

　　5.1.3　一切为了竞争优势 160

　　5.1.4　组织能力建设成功的标志 161

5.2　系统规划企业的组织功能 162

　　5.2.1　组织功能是实现客户价值的需要 162

　　5.2.2　从顶层规划和完善组织功能 163

　　5.2.3　完善组织功能的"五件套" 168

5.3　搭建运营管控体系的完整闭环 173

　　5.3.1　运营管控到底要干什么 173

　　5.3.2　运营管控体系的完整构成 174

　　5.3.3　运营管控的基本载体与抓手 179

第6章　人才梯队建设与组织活力的保持 182

6.1　成长型企业人才问题的共性特点 182

　　6.1.1　"能人"依赖严重 183

　　6.1.2　滚动发展中艰难积累 183

　　6.1.3　成长周期长见效慢 184

  6.1.4 双线作战人员要求高 185

6.2 企业人才梯队建设的成功关键 188
  6.2.1 发挥能人优势 188
  6.2.2 促进关键岗位胜任 190
  6.2.3 系统开展人力发展规划 191

6.3 打造稳定可靠的企业人才供应链 192
  6.3.1 确立企业的人力发展规划 193
  6.3.2 明确人才评价与验收标准 194
  6.3.3 盘点企业的人力资源现状 207
  6.3.4 系统布局企业的人才供应链 211
  6.3.5 促进关键岗位的人岗匹配 215
  6.3.6 确保关键人才的有效留存 219

6.4 系统构筑企业的全面薪酬管理体系 224
  6.4.1 厘清企业薪酬管理的核心目标 224
  6.4.2 树立企业的全面薪酬管理理念 227
  6.4.3 薪酬管理策略的选择——让人们"从薪而动" 230

致　谢 246

前　言

终日乾乾　日新日进

随着全球经济进入新的发展周期，中国经济也进入了低速增长的"新常态"。伴随着市场的不断成熟，行业竞争愈发剧烈，尤其是新冠疫情结束后，各行各业进入了全面"内卷"的时代。

在此背景下，很多习惯于过往成功逻辑的企业表现出了极大的不适应。他们忽略了大的时代背景已然转换，无法从过去"跑马圈地"的机会主义成功模式中走出来，依然希望通过所谓"单点优势"继续曾经的辉煌。

事实上，在当今这样一个存量博弈的时代，企业的成功越来越依赖于综合性的系统能力。这也是我提出系统运营升级理论（SOM）的最初动因，即在不确定性明显增强的市场环境下，企业必须通过组织能力的整体提升来应对环境变化，并构建出自身系统性的竞争优势。

然而，在巨大的竞争压力面前，近年来不少企业变得更加注重短期效益和目标，而忽视了长远规划和企业可持续发展的转型思考。他们寄希望于经济形势的好转，仍旧固守着旧有的思路和做法。对外，不惜采取"价格战"，希望通过牺牲利润"争夺"所谓的市场份额，以期渡过当前的难关并东山再起；对内，则不惜一切代价"降本增效"，逐步减少乃至停止对新技术、新模式的探索和投入，甚至裁员以降低运营成本，以获得短期的"经营安全"。俨然忘记了当初企业为什么能发展起来，以及为何能存在的根本与初心。

事实上，企业作为满足市场多元化、动态变化需求的载体，产品和服务的同质化，会不断压缩企业的生存空间。而且，一旦创新受阻就会失去自身的独特性，其社会价值感就必然会降低，并将因此注定变得普通和可有可无。

这对于企业的高质量生存和长期发展是极为不利的！

同样，当企业的发展受限时，组织内部也将引发一系列的混乱和不经济，诸如员工工作满意度和忠诚度下降，工作积极性不足，甚至"选择性躺平"。这些都会进一步削弱企业的发展势能。

长此以往，企业的未来何在？

如何突破"内卷"实现自我超越，成为了摆在广大企业领导者、经营者面前的一道必选题。

我们认为，在新的时代背景下，系统性的经营思考往往比盲目的勤奋与努力更重要。中国经济经过40多年的高速发展，不少企业已经累积了非常丰沛的内外部资源，但却往往未能有效整合和充分利用。最为典型的现象就是企业做了很多的管理动作和努力，却没有真正形成系统性的竞争优势。不少企业过往积累的成功，很容易就能被后来者轻松复刻和超越。

这是甚为可惜的！

实际上，资源只有经过有机整合，并使之围绕企业战略目标的实现发挥作用才是有价值的，否则很可能只是负担（任何资源的维系和保持都需要付出成本和代价）。这些都需要企业的经营者、管理者们拥有系统经营的思维。

正是基于此，我们希望通过自身的努力，唤醒更多领导者、经营者和管理者，早日从过往单点式、模块化、条线化的管理逻辑中跳出来，进入基于企业战略目标的全面、系统和完整的经营思考。

而且，在辅导企业的过程中，我们发现很多企业的管理层都是从一线成长起来的。在被组织寄予厚望提拔成为管理者之前，他们通常在各自的领域取得了一定的成绩，有着傲人的成功经验，并拥有非常强的专业自信。然而，在进入新的岗位后，却普遍表现出不同程度的不适，面临角色转变、技能需求变化以及心理适应等多方面的挑战，甚至因此被质疑而产生挫败感。好多人开始自我怀疑，当初接受挑战从事管理工作真的是明智之举吗？自己能否成为合格甚至出色的管理者？

面对这些有志于成为优秀领导者、经营者的职场精英，我常常觉得自己可以做些什么。于是，下定决心把自己在一线带队及辅导近百家企业的实践心得、经验，加以总结和归纳，并将背后的方法论毫无保留地分享出来，以期帮助他们能够减少不必要的摸索成本，建立信心并继续走向新的胜利和辉煌。

这就是我写作本书的初心。

当然，市面上关于运营和管理方面的书籍其实并不少，其中也不乏名家之言。很多作者或是出于保密的需要，或是出于商业上的考量，亦或是创作时间过于仓促，往往多是点状式的思考片段，鲜有将企业运营管理所涉及的要素构建成系统加以完整展现的现成之作。

出于咨询顾问的使命感和创作的初心，我更愿意在方法论和底层逻辑上帮助管理者、经营者们实现经营理念、管理思维的系统性升级。所以，历经七八年的沉淀、酝酿，三年多的数轮易稿，终于得以将企业运营相关的核心内容和要素整合成为一个相对完整的系统，并以本书这种半专著的形式加以呈现。

这是一个漫长而痛苦的过程，但今日看来属实值得。窃以为，企业的管理层有此系统运营的方法论和底层逻辑作为基础，再看市面上的各种所谓管理方法和工具书，将变得更易理解且运用起来会更加得心应手。

为避免因自身的浅薄误导读者，我还将系统运营管理的方法论与众多辅导过和正在辅导企业的实践进行了长期对照。甚为庆幸的是，这些底层逻辑完全可以用来直接指导企业绝大多数情形下的运营管理实践，并且一定程度上还经受住了跨越行业、业务模式差异和时间的考验。

当然，系统运营管理的方法论在实际操作的过程中还可以不断细化，以更深入地与企业的具体情形进行结合。如此，则必定有助于企业、个人发展出属于自身的独特经营能力。

希望此书能真正做到可反复阅读并供广大读者长期参照，以帮助更多企业的经营者、领导者、管理层，以及有志于帮助企业改善整体经营状态的后起之秀，建立起系统、完整的企业运营相关思维和底层逻辑。

实践出真知。个人的认知和水平毕竟有限，书中难免有疏漏之处和需要细化完善的部分，敬请广大读者朋友和精英，在实践的过程中多多总结并不吝指教和交流，以不断共同完善系统运营的相关理论和方法，或能对中国众多成长型企业的运营管理实践和企业的转型升级略尽绵薄之力。

如能遂愿，则不胜荣幸和倍感欣慰！

朱金桥
2025 年 2 月于天津思欧姆（SOM）本部

第 1 章
系统升级企业的运营管理理念

企业内部革新不是可以在商店里买到的魔力饮料，它必须是家酿的陈年好酒。

——迈克尔·哈默

在全面"内卷"时代，面对快速变化和发展的内外部环境，企业若要有效改善经营状态，自身的经营管理理念需要与时俱进，不断升级。

正确认知企业的业务活动，深刻理解组织的基本功能，回归运营管理背后的底层逻辑，并更新关键的运营观念，有助于管理者深入和系统地理解市场、组织和团队之间的关系。

系统升级运营理念是提高企业运营水平、实现经营改善的认知前提。

1.1 全面认知企业的业务活动

企业作为一种商业组织，通过开展各种业务活动，为客户提供产品、服务或解决方案，以满足客户的需求，并从中获取利润。

20 世纪 80 年代著名战略学家迈克尔·波特提出了企业价值链模型（见图 1-1）。这是对企业经营活动过程的简化还原。这一模型提供了关于企业系统运营升级的思考雏形。

基于价值链模型，企业所有的业务活动可大体分为两大类：一类是为客户创造价值的基本活动，涉及产品的物质创造、销售、转移给买方和售后服务等各种活动；另一类，则是为基本活动提供支持和保障的辅助活动。

从系统运营的角度，我们将企业所有的业务活动划分为与客户价值相关的核心价值活动及对核心价值活动提供支持与保障的基本辅助活动两类。

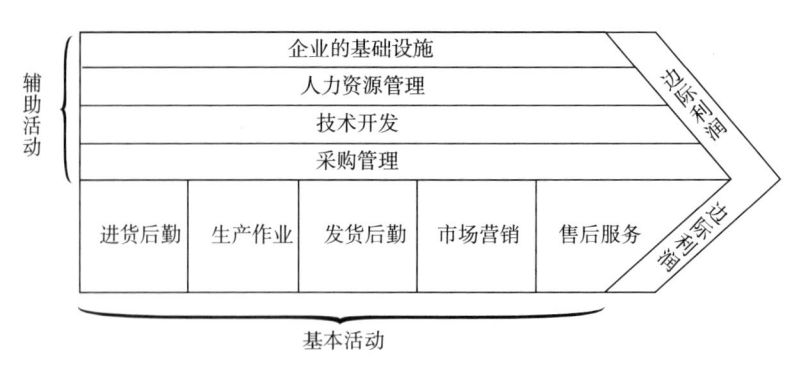

图 1-1 企业价值链模型

1.1.1 核心价值活动

所谓价值活动是指围绕企业客户价值实现为中心展开的各项工作任务和活动，涵盖从产品与服务的价值定义到价值的创造、传递，直到实现价值转移（交换变现）的完整过程。

以典型的生产制造型企业为例，其核心价值活动主要包括以下方面。

产品价值的定义：以产品和市场部门为代表，通过对潜在市场和客户进行调研、研究竞争对手等方式，对目标客户的需求、痛点、使用场景等加以理解，了解其对于产品功能、性能、外观、服务等方面的期望，从而形成关于企业产品及服务概念的过程。

产品的定型与升级：这是公司产品和服务从概念走向实物的实现过程，主要由技术部门完成。其中，产品定型是指产品经过研发、设计、测试等阶段后，其功能、性能、外观、结构等基本确定，形成相对稳定的产品形态，能够满足目标市场的需求并具备规模生产条件的过程；产品升级则是指产品在投入市场后，为了满足市场需求的变化或提升产品竞争力，对产品进行的功能增强、性能提升、外观改进、技术更新等一系列活动。二者的共同目标是使企业最终能够形成具有市场竞争力的成熟产品，以完整体现企业的客户价值。

仓储和物流保障：主要指企业为生产制造而展开的物料接收、存储与分配，具体活动形式表现为原材料的装卸、入库、保存、配送运输、盘点、退换货，以及产成品的库存管理、发运客户有关的活动。

生产作业：主要指将原材料投入转化为最终产品的活动。具体活动形式表现为产品的加工、装配、包装、维修、检测等生产组装环节。

市场营销：主要指寻找、吸引、促进和引导客户购买企业产品及服务的所有活动，具体活动形式表现为设计广告、定价策略、搭建销售渠道、开展销售促进、谈判签单等。

产品交付与售后服务：主要指为客户提供产品使用期间的服务与保障，以及与保持和提高产品价值有关的活动。具体活动形式表现为安装、调试、培训、维修、零部件的供应和产品的使用指导服务等。

1.1.2　基本辅助活动

基本的辅助活动则是指用以支持和保障企业的核心价值活动且内部之间又相互关联的其他业务活动。

辅助活动属于企业业务价值链的支持性工作，为企业核心价值的有效实现提供助力和必要条件。

对于生产制造型企业而言，有四类典型的辅助活动。

供应链管理：为保障生产经营所需，及时足够供应企业各种投入品（原材料、半成品、服务等）的职能。包括供应体系的建设、供应商的选择与优化、原材料的采购与成本控制，以及其他资源投入的系统管理。

运营过程管控：围绕订单的接收和交付所开展的内部处置过程管理，包括企业内部工作任务的分配、跨部门协调与协同、质量控制及工作过程管理，以确保相关订单得到有效满足。

人力资源管理：员工的招聘、留存、培训、提拔和任用等各项人员相关的管理活动。在调动团队生产经营的积极性上起到重要作用。

基础设施：主要是指企业常规的管理系统和管理活动，包括计划、组织结构、规则、机制、惯例、控制系统、财务、会计、信息系统以及文化等活动。企业高层管理人员也往往被视作基础设施的一部分。

在企业的价值链条中，核心价值活动与基本辅助活动相互交织，共同形成一个有机的价值网络和整体。各环节紧密协作，共同促进企业内部信息流、物流、资金流的顺畅流通，提高企业的运营效率和效益，并提升企业整体的价值创造能力，从而增强企业的市场竞争力。

对于企业核心价值活动、基本辅助活动及其关系的深刻理解，有助于帮助团队厘清企业所有经营活动的主次与价值贡献度，并对企业运营管理工作的开展及有效改进提供有益的指导和参照。

1.2 持续强化组织的两大基本功能

从经营的视角出发，企业经营从本质上是由客户决定的。

因此，企业所有的经营活动应始于客户并终于客户，即企业应该围绕经营开展管理工作。

为此，企业需要不断升级和强化两大基本组织功能：营销和运营。

1.2.1 营销功能——企业经营改善之根

营销功能的基本范畴

营销功能的核心目标是实现对外部资源的有效整合，实现对潜在客户的吸引和占有，并对已有客户资源充分利用。

"现代营销学之父"菲利普·科特勒认为：营销决定生产，即理解客户需求、管理客户需求就是市场营销要做的工作。

管理学大师彼得·德鲁克也有类似表述："企业的宗旨只有一种恰当的定义，那就是创造顾客。"他坚持认为，"企业是社会的一种器官"，因此企业的目的（或宗旨）必然源自企业之外，即存在于社会之中。

企业核心竞争力理论创立者普拉哈拉德（Prahalad）、哈默尔（Gary Hamel）在《竞争大未来》中指出：企业要生存与发展，就必须比顾客走得更远些，因为顾客一般是缺乏远见的。

事实上，营销领域还有一个非常重要的基础假设：客户通常并不清楚自己到底想要什么。因此，企业需要通过各种途径和方式，与潜在客户进行接触和互动，并在此过程中对其进行具有目的性的影响。

以上论断为企业的营销和运营工作指明了方向：客户是具有可塑性和需要被影响的。企业只有深刻地理解客户的需求，才能更好地服务和满足客户，并赢得真正的客户忠诚。

此外，为了更好地实现对潜在客户的有效影响和持续创造，我们还必须理解客户决策行为背后的底层逻辑：人们通常是靠情感（绪）做决定，靠理性做证明。因此，在市场开发和客户接触的过程中，必须充分考虑潜在客户的感知（感受），即客户的感知或认知价值决定营销的成败。在拙作《绝对成交——批量复制营销冠军》一书中，对此进行了专门论述，在此不再赘述。

以上的假设与判断，让企业的营销工作充满了想象空间和无限可能，并指出了企业强大其营销功能的关键所在：在理解客户需求的基础上，建立起有效的模式和机制，帮助团队走在客户显性需求（能明确表达出来的诉求）的前面，发现客户潜在及未被满足的隐性需求，并以组织的力量和形式实现企业与客户的长期、有效连接，最终"让销售成为多余的步骤"。

营销功能是企业实现营收、创造利润的基础。主要解决如下问题。

> 我们的客户是谁？
> 他们在哪里（业务场景、来源）？
> 客户的需求（或价值诉求）有哪些？
> 客户最在乎或最有发展前途的需求是什么？
> 客户是如何选择或决策的？
> 我们的特点或独特性（与竞争对手的差异）是什么？
> 如何获取、有效接触和持续影响客户？
> 如何实现客户感知价值的更大化，更好地吸引客户？
> 如何让我们成为客户的首选？
> 如何有效维护客户，实现其商业价值的最大化？
> 如何充分利用已有资源，实现企业收入和利润的更大化？

从客户价值实现的角度出发，企业的营销功能涵盖客户价值的定义、价值的传递，以及将潜在客户转化为合作客户的全过程，包括营销战略与目标的制定、市场的渗透与开发、销售信息/机会的跟进与转化、谈判签约、售后维护及客户的二次开发或复购。

正如所有经济活动的竞争首先是资源争夺一样，企业运营管理的起点也在于优先发展业务，即先从强化和完善企业的营销功能开始，通过优先发展企业的营销功能，以争取更多、更优质的市场和客户资源，从而从入口实现企业整体性的经营改善。

衡量营销功能的指标体系

那么，我们到底该如何有效评价组织的营销功能是否健康或强大呢？

衡量企业成功或健康与否有一个非常重要的标准：作为一个系统，在特定的阶段或时点上，其所追求的多元目标是否实现了平衡或兼顾。

因此，衡量企业营销功能也应是多目标的兼顾与平衡，如表1-1。

表1-1　　　　　　　　　　　关键的目标指标体系

目标类别	典型指标
销售目标	销售额 / 合同额 增长 / 增速 贡献结构 / 比例
利润目标	成本（营销成本、交付成本、生产制造成本） 毛利润 净利润
市场目标	产品 / 行业布局 覆盖率 / 范围 市场地位 占有率 / 份额
客户目标	数量 / 已有 + 新增 质量 / 转化率 贡献 / 客单价
组织目标	流程与标准 分工与协同 运行与管控 赋能与激励 文化与氛围
团队目标	规模与构成 收入目标 能力 / 构成

事实上，追求完整的营销目标是企业强化营销功能的需要。某种程度上，这是企业综合实力的体现。所以，我们建议企业一开始就要学会未雨绸缪，根据实际情况做出动态的调整与聚焦，以确保营销系统所追求的目标相对完整，不存在明显的缺失。否则，企业的后续发展必将受制于此。

营销功能升级的三大关键

①从简单"要结果"到关注过程

营销活动的最终结果，诸如销售额、合同额、销售收入等，是企业经营活动所期望和需要的。单纯"只要结果"的管理模式，从某种程度上把营销功能这一系统性问题进行了简单化处理，仅关注了其中的一部分。如果把结果的取得视作过程产物的话，关注结果只是这个过程的尾部或很小的一个环节。

事实上，在充满不确定性的时代背景下，取得结果的过程通常会遭遇很多因素的影响。在产品和服务基本确定的前提下，影响营销结果的主要因素有：客户、竞争对手、环境、企业及个人。其中，个人的绝对成长与企业自身的改变是一切问题的答案，即营销结果的改变必须基于对可控因素的有效影响。

从这个意义上讲，企业对于营销过程的关注实际上是出于强化营销功能的需要，并使之获得持续发展和不断强大。由于大多数成长型企业的团队是相对不够成熟的，因此在取得结果的过程中更加需要被赋能。也因此，企业的运营管理需要从构建业务的过程管控体系开始，对营销结果实现的全过程进行有效管理，控制和影响其中的关键因素，并形成符合自身特点的独特业务模式，以确保企业的营销系统能获得稳定和可预期的结果。

在此过程中，有五个要素对于营销结果的获得至关重要。

一是销售团队的目标感，即首先要激发团队对于更高目标发自内心的渴望。因此，目标设定的过程应该是一个与团队达成共识、强化团队要性的过程。从某种程度上讲，团队对于目标越渴望，目标实现的可能性越大。

二是对团队时间价值的充分挖掘。帮助营销团队开展高效的日程和时间管理。团队的时间分配在哪里，价值最终就会体现在哪里。

三是市场和客户资源的利用，即能否有效挖掘资源潜力。不少企业坚守行业多年，已经拥有了非常丰厚的行业资源，但资源利用水平往往低下，并没有形成高效的资源开发、利用模式，因此经不起竞争或对手的冲击。

四是重点和关键问题的突破。主要体现在对重点市场、重点客户及重大问题的推动解决上。领导者需要有意识地整合资源，并以组织行为的方式集中解决，从而实现以点带面的整体突破。从经营改善的角度，推动重点和关键问题的解决，通常会给企业带来飞速增长的奇迹，团队的突破最终也会体现于此。

最后，企业必须搭建出与现状相匹配的营销管理体系。从营销战略的设定、客户细分与市场定位的明确，到市场的渗透与开发，再到销售机会的跟进与管控，结合人员的动态关注，实现对营销活动和过程的整体关注。

需要说明的是，如能将对以上要素的影响视为组织和团队学习的过程，持续展开针对性影响，并围绕过程中的关键环节和关键点不断加以改善，则可以逐渐开启通过有效的过程管理保证可预期结果的良性循环。

②从"能人"依赖到团队作战

一般而言，营销是一个相对漫长的复杂过程。

以典型的项目型销售为例，其营销过程通常会经历市场开发、线索或机会获取、机会评估、需求分析、提供解决方案、谈判签约、交付及售后服务等多个阶段和环节，并经历一个相对长的周期。

在企业发展的前期，营销工作通常是由少数人甚至个别人承担的，营销结果的取得则主要依靠个人的自觉和努力。这对于管理者和员工而言，都是"简单"的：不需要任何"管控"，双方只需要确认结果即可。

当组织发展到一定阶段后，随着组织运营成本的不断增长，少数销售人员的产出水平和企业的发展需要就会出现冲突和落差：组织需要加速发展，以满足更多组织成员不断提高的回报需求。此时，少数"业务精英"的发展动力，也可能会因个人精力、能力及认知局限等原因而出现衰减，导致其无法跟上组织持续发展的步伐和需要。

实际上，不少企业主要的业绩贡献者乃至销冠，并不是实力最为突出者，反而可能只是"剩者为王"。只因是"老人"和能坚守，逐渐将公司最优质的资源积累到了自己身上。这种靠机缘成功的"能人"模式下，团队的成长过程是相对漫长且低效的。而且，在此模式下企业中为数不多的"实力派"，也因数量极其有限而无法对企业下一步的发展发挥足够作用。这与企业发展所需的要求极不匹配。

因此，企业只有将销售过程进行有效拆分，并通过促进团队间的协作，才更有可能实现人才的批量和快速复制，以促进企业的突破式发展。

实际上，团队作战的背后还有另外一层含义，即在实现企业目标的过程中，通过团队分工、共享信息和经验，减少对个人的能力要求。此外，对团队成功经验和共性规律的有效沉淀与复制，也可以加速实现团队的集体成长。

通过以上方法和策略，可有效降低对少数"能人"的过度依赖。而且，"百花齐放"还能同步有效促进"能人"的"自我觉醒"，使其重新被激活，从而实现团队成员间的良性刺激，形成你追我赶的活力氛围。

这也是实现团队快速批量成长的关键！

③从"单点"超越到系统竞争

在机会盛行的时代，企业只需要在某个或某几个方面做得不错，诸如技术研发、生产制造、广告宣传、分销网络、人脉关系等，即可获得相当的成功，并在细分领域或区域形成一定的行业影响力。

企业依靠单点优势即能获得竞争优势的背后，其实是在局部范围或领域等形成了相对的领先。这种单点式成功往往只是局部或暂时的，也是市场和行业处于不成熟阶段的重要特征。随着各行各业的不断成熟，企业间竞争的范围和形式均发生了巨大的变化。企业间的相对竞争优势会逐渐失效，并逐步演化为同质竞争。很多企业不得不面临转型和升级，背后的原因皆源于此。

迈克尔·波特在《什么是战略》中指出："企业唯有建立起一种可长期保持的差异化时，才能胜出竞争对手。它必须向客户交付更大的价值，或者以更低的成本创造出相当的价值，或者两者兼具。"即企业只有建立起系统性的竞争优势，才不至于被轻易取代和超越。

这里所涉及的系统竞争，包括两方面的含义。

一是企业的战略定位，即企业的长期发展目标，到底想"搞多大的事"，想要对客户、行业、产业及社会产生什么影响。它通常涉及企业对于竞争所涉及的广度（空间、范围、领域等）、角度及深度（差异化）的定义。

战略定位不同，企业的竞争格局就存在巨大的差异。

二是围绕战略目标的运营配称，即基于企业战略目标的实现，使所涉及的经营规划、组织功能规划、运营策略、运营管控体系、人力资源规划，以及团队的日常工作和行为等，实现低成本的高效运转，从而将抽象的战略理念转化为团队具体、可操作的有效经营活动。

总之，企业只有对现有营销体系进行系统性的升级，才能带来真正的"长治久安"，并得以在新的时代背景下继续保持领先，乃至创造新的辉煌。

1.2.2　运营功能——企业效能提升之基

运营功能的基本范畴

运营功能是指以实现企业盈利目标为中心的价值创造与实现过程。其核心工作是通过整合内外部资源，将客户的需求转化为实际需要并予以有效满足，为客户提供与众不同的产品与服务体验，以体现企业独特的客户价值。

从客户价值实现的一般过程来看，狭隘的运营功能主要指与订单或合同的交付相关的处理过程，其工作起点通常是在销售机会已转化为订单或签订合同后。一般称这种运营模式为"小运营"，即狭义或标准意义上的运营模式。

当然，由于企业发展阶段的不同，加之业务性质与特点的差异，关于运营功能的范围会有所差异。

在涉及实物转移的业务模式中，由于后续的业务活动可能会受制于前期的环节，如因个性化定制或指定供货等特殊要求，使得必要的交付周期长于双方约定的交期，从而导致企业无法如期正常交付。在此情形下，为了保证及时履约，企业运营工作的起点就需要提前，甚至在前期方案探讨时就要介入。

这种将运营功能扩大到合同或订单之前的更大范围，甚至涵盖企业所有业务活动的运营管控模式，统称为"大运营模式"，或称系统运营管理。

企业系统运营管理的理想或终极模式，是指从市场开发始至售后服务的全业务过程，均可实现对过程和结果的有效管控。类似于交响乐团通过总指挥的协调，完成对整个乐队的节奏控制，并保证整体的演出效果。

大运营模式使得企业的运营可仅通过少数"明白人"就能保证足够高甚至极致的整体组织效率和效能，并在相当程度上减轻或降低对各环节的要求。这对于很多在资源不足、限制众多的背景下开展业务的企业而言，极具价值。

运营功能提升的三大目标

①强调整体更优

运营的核心目标是对所有经营活动的整体结果负责。整体结果好，再差的运营也是给力的；结果不好，再完美的过程也是没有价值的。

所以，运营功能强调整体更优意味着要把企业视作一个完整的系统，在现有的产出水平上实现整体提高，并追求更长周期的可持续发展。

首先，围绕最终的大目标，如战略目标、年度目标等，整合内外部的资源，实现在现状基础上的整体优化和产出水平更大化。其次，从企业战略规划到执行落地、从目标的设定到过程管理，再从团队到组织等多个维度和角度，进行全方位的努力，以使过程和结果均能实现稳步的提高。

此外，整体更优还意味着在企业运营过程中，追求更长周期内的目标均衡与整体更优。以公司的长期发展战略为指引和参照，设定多维度和阶段性的发展目标，并使企业当前的运营活动紧密围绕阶段性目标和重点展开，实现短期生存与长期发展之间的平衡，最终服务于组织的终极目标。

很多企业之所以发展到一定阶段后就会出现明显的发展瓶颈，其中一个很重要的原因就是在发展过程中忽略了整体均衡，在特定阶段片面地追求所谓的局部最优，导致局部与整体的矛盾发展到了无法调和的程度。

②追求效率与极致

运营功能的另外一项核心目标，就是要围绕目标的实现，追求效率和资源的极致利用。前者是对时间资源的珍视，后者则是对其他资源的珍惜。

在市场经济的大背景下，面对不断变化的外部环境，企业一方面需要在资源有限的前提条件下寻找到自身合适的定位，以实现对市场资源的占有和充分利用；另一方面又肩负着开拓创新的进取使命，需要根据情境变化不断更迭对自我的要求。正是在这样的双重约束和要求下，企业的运营管理能力就成为了区分企业竞争力高下的关键因素。

此外，追求运营效率与极致对于成长型企业而言，还有另外一层重要的意义。从运营的角度，极致与完美主义不是一码事。极致是一种客户导向，将工作重点聚焦到最有价值的事情上，是客户和目标导向的。同时，择"关键"而求精，而非面面俱到，即通过对过程中关键点的专注与聚焦，帮助企业在资源有限的条件下减少机会成本的浪费。而完美主义更多的是一种自我中心，甚至是一厢情愿的"强求"，往往缺少效率和效益考量，因此通常是不经济的。

在企业运营管理升级过程中，追求效率与极致实际上是有机的统一，即追求投入产出比基础上的关键投入与专注，过程中所折射出来的其实是企业的精神与品格。因此，追求运营效率与极致的背后，本质上是一种精神追求。

③实现稳定与长期可持续

系统运营管理是企业在不确定性条件下改善经营的系统性努力。

事实上，保持系统的相对稳定是提质增效的重要前提条件。从运营提升的角度，只有"消除"或减少了不可控因素，才更容易找到规律和还原本质，从而让运营管理的相对动作更具成效。

而且，保持稳定是组织实现长期可持续的基础。没有系统的稳定与可靠，企业的长期发展就是空中楼阁，是非常不现实的。

所谓运营稳定主要包含两个方面的含义。

一是指企业的运营体系化，即形成了相对确定和稳定的组织、流程与标准，日常的运行形成了基本固定的做法，并且相关机制与之配套，不再是随机或随意性的模式。

二是在面对内外部的不确定性时，能在一定程度上实现对不可控性因素的有效把握与影响，从而保持系统的基本稳定，进而使得企业系统的整体产出水平能保持在相对稳定的水平而不至于剧烈波动。

企业运营的长期可持续性则主要指：

一方面指企业的业务具有可持续性，不是依赖于一时的机会型增长，而是通过提前系统布局形成的稳定需求及需求组合。这种组合是基于"高、大、深、长"维度的思考，在市场及产业链中扮演了更系统、更有价值且不可或缺的角色，从而保证企业在相当长的一段时期内有稳定性的营业收入，甚至整体上不会受到行业波动的过大影响。

企业运营另一个层面的可持续性，则是指组织的可持续性，即企业无论是在关键岗位还是高层继任者方面，均拥有了充足的人力资源供给能力，形成了相关的人才梯队，在人力方面可以保证组织的长期、稳定运转，真正做到"铁打的营盘流水的兵"，并且能长期保持组织和团队的活力。

事实上，稳定和长期可持续，才是系统运营管理的终极追求。

1.3　回归系统运营管理背后的底层逻辑

运营管理是对企业经营过程中与客户价值相关各项管理工作的总称。有效或曰成功的运营管理背后，有其共性的底层逻辑和支持体系。

回归企业客户价值实现的完整逻辑和过程，遵循其中的共性规律并结合实际情境进行有意识的主动调整，企业的运营管理才能真正为改善企业经营目标服务，并最终改善企业的整体经营状态和结果。

1.3.1　客户价值的四阶段模型

作为市场经济的重要主体，企业的首要任务是发展业务。因此，持续升级企业的核心业务实现过程，发展企业适应内、外部客户需求变化的能力，是市场对企业提出的基本和长期要求，也是企业运营成败之关键。

从运营管理的角度出发，企业客户价值的实现过程可以区分为价值定义、价值创造、价值传递（转移）以及价值实现（交换）四个大的阶段。

其中，价值定义、价值创造主要在企业内部完成，可以视作系统运营的"任脉"；价值传递和价值实现则主要在外部完成，可以视作系统运营的"督脉"。二者有效贯通，才能更好地实现企业的商业价值。

价值定义是关于企业独特客户价值的思考和设定。这个阶段是企业围绕目标市场和潜在客户的需求，思考和回答企业到底要为客户提供什么样的利益和好处，以及以何种方式提供才能让客户更愿意接受并能感受到与众不同。这个过程通常以设定产品或服务的方式结束，即将客户价值相关的概念定义转化为具象化的载体加以呈现，以满足客户的需求。

事实上，客户价值不能仅仅局限于产品的物质属性即功能价值，还应包括情感、体验以及认知等多方面的因素，统称为情感价值。二者共同构成完整的客户价值定义，直接影响客户的满意度、忠诚度，以及企业的盈利能力和长期的行业影响力，甚至可持续发展。

价值创造阶段是指企业在完成了对客户价值的定义后，通过资源投入及各种增值活动，让定义的概念形成实物或有效产出的过程。涉及实物的业务类型中，这个过程主要是由技术部门和生产制造部门完成的。在服务型的业态中，这个过程是与价值变现结合在一起的。

价值传递阶段是指企业通过营销、沟通、服务等各种渠道和手段，将以产品、服务为载体的客户价值有效地传达给目标客户的过程。该过程的核心目标是让潜在客户认识和感知到价值，并产生愿意购买的期待与行动。通常情况下，这部分工作是由企业的市场营销、销售等业务相关部门负责的。有效的价值传递对于确保客户满意、建立品牌忠诚度以及促进销售增长至关重要。

最后的价值变现阶段，则是指在客户产生购买意愿后，通过努力使其产生实际购买行为，并完成价值交换收回现金的完整过程。这个过程通常可区分为三个关键阶段，一是将客户意向转化为签约或实际购买的阶段；另一个则是在与客户形成实质合作后进行价值交付或价值交换；第三个阶段则是在完成价值交付后，顺利收回资金的过程。当然，对于有些实体现货产品的价值变现过程，则可能简单得多，在很短的时间周期内就完成了。

在系统运营方法论看来，这一模型为管理者系统还原企业客户价值实现的完整过程，提供了一个极为简化的思考框架，并可以帮助团队快速理解客户价值是如何产生、形成、转移和变现的。这对于后续如何使该过程变得更为高效，不断提升客户满意度，提供了有益的指引。

1.3.2 企业的核心业务流程蓝图

从业务开展的角度，企业实际运行的过程中，其客户价值实现的一般过程通常是从了解和理解客户的需求开启的，通过一系列的经营活动和过程，最终实现对客户需求的满足并赢得客户满意，进而获得回报。

这就是所谓的"需求—现金"（Demand-to-Cash，D2C）流程。这一从客户需求起点（起始端）出发，通过价值创造、价值传递、价值交换与变现等一系列环节，再到客户满意（即终端）的完整过程，即为企业的核心业务流程。

对企业核心价值实现过程不断进行疏通和优化，就是企业运营管理的核心工作任务。考虑到成长型企业的管理现状和发展阶段特点，在企业系统运营升级的过程中，对于企业客户价值实现过程的系统优化，通常是先从梳理与企业核心价值活动相关的主要业务过程和关键行动开始的。

基于企业的客户价值模型，将企业主要的价值活动加以串联，形成一个相对完整的价值链闭环，就构成了企业的核心业务流程蓝图。

企业核心业务流程蓝图的起点是客户需求，即客户的需要与诉求；企业核心业务流程蓝图的终点则是客户满意，即客户认为其关注的需要与诉求得到了满足，甚至超越了预期，企业的客户价值因此得以体现，客户愿意为此付费。两者之间的连通过程即是企业的核心业务流程，即从订单到现金的过程（Order to Cash），也就是所谓的 End to End 流程。

通过梳理企业的核心业务流程蓝图，可以还原企业现有的核心业务价值实现过程，并针对内外关系是否合理和有效性进行评估，从而识别出系统瓶颈并重新设定处理和管控模式。

比如，在市场中如何处理与客户、供应商及其他合作伙伴的关系，在企业内部如何设定和处理各部门之间、团队间的运行方式，以及如何设定促进内部协作相关的机制与规范等，以保证企业核心业务实现过程的持续高效与顺畅。

核心业务流程蓝图是关于企业客户价值实现理想过程的简化模型，可以作为企业开展系统运营升级的参考，并需要根据实际变化持续进行优化与升级。

核心业务流程蓝图是一种极为清晰和简单的过程描述方法，仅采用少量的符号以集合的方式对客户价值的发现、创造、实现及传递过程加以呈现，是对企业整个核心业务实现过程的系统和完整反映，有利于各层级团队从全局上快速理解企业的客户价值实现逻辑。

以项目型订单的实现过程为例，我们可以将从客户需求出发到最终实现客户满意的整个过程，人为划分为 10 个环节。

如图 1-2 所示。

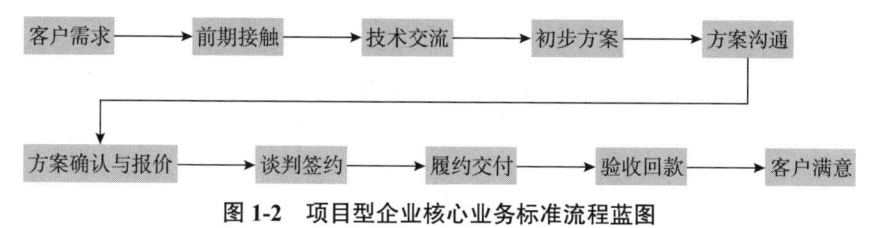

客户需求 → 前期接触 → 技术交流 → 初步方案 → 方案沟通

方案确认与报价 → 谈判签约 → 履约交付 → 验收回款 → 客户满意

图 1-2　项目型企业核心业务标准流程蓝图

根据核心业务流程蓝图，可以非常直观地找出过程中哪些环节出现了向下一环节传递或流动的阻力。这些环节就是系统运营升级的重点和目标。

当然，如果条件允许，还可以用更为细致的价值流程图来呈现公司的业务系统运转逻辑。如图1-3，这是丰田精益生产方式中最典型的价值流图。

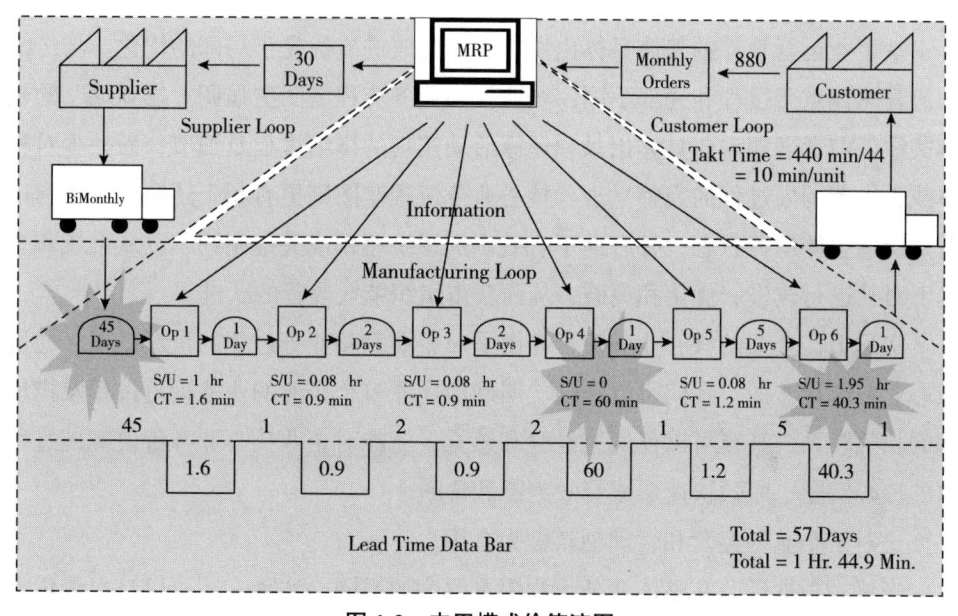

图 1-3　丰田模式价值流图

它将生产现场的价值流传递过程及要素进行了完整的囊括。这也是企业核心业务流程蓝图的一种呈现方式。以我们接触企业的经历来看，大部分成长型企业系统性和框架性的问题更为突出，通常还细致不到这样的程度。

图1-4是我们结合成长型企业的特点，总结的生产制造型企业标准的核心业务流程蓝图。

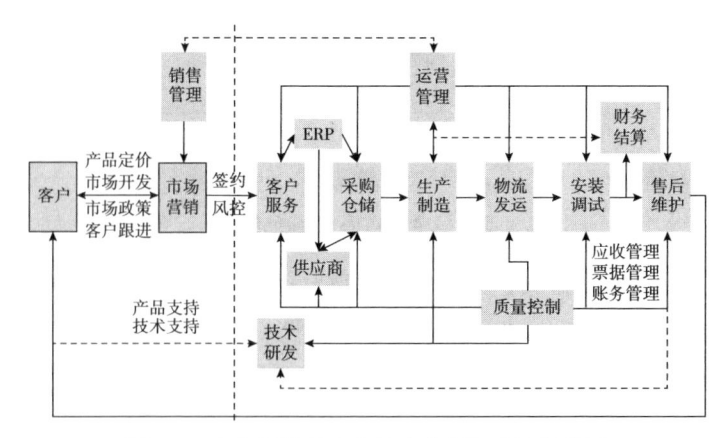

图 1-4　生产制造型企业核心业务标准流程蓝图

从企业运营管控的整体目标出发，整体的改进应优先于局部的优化。与传统的流程图偏重于过程和局部不同，企业核心业务流程蓝图更强调"端到端"的整体关注。前者通常需要具体记录和还原活动实现的详细过程及细节，而缺少对整体或更大范围内过程的完整呈现。核心业务流程蓝图则更有利于还原企业现有运营系统的整体运行状态，并有助于有效识别系统瓶颈或关键制约，以从系统和全局上对其进行改进、优化和突破，从而获得组织绩效改善的跃进。

实际上，企业的核心业务流程蓝图是对企业完整业务过程的重新认识。通过核心业务流程蓝图，我们可以清晰、明确地还原整个企业的业务运行过程及模块间的相关联系，甚至可以仅通过经验和感觉，就能对企业核心业务价值实现过程中的核心问题、瓶颈快速形成有效判断和诊断。

这对于企业的经营和管理创新极为有用。

当然，根据环节在整体业务流程中重要度的不同，实际上还可以自由聚焦或放大，必要时，针对关键环节可以更细致和具体地加以还原呈现，而对于整体运转良好的环节则可以适当粗放处理，以避免"只见树木，不见森林"。

1.3.3　组织目标实现的基本逻辑

分工和协作是企业实现其组织功能的基本模式。

所谓分工就是将复杂的业务过程进行系统性解构，拆解为若干标准、简易的任务单元。通过让每个员工聚焦负责其中一项或多项核心任务，不仅能使其在重复性实践中实现"熟能生巧"，深度掌握专业技能，还能显著提升作业速度与工作质量。这种专业化的工作模式，最终可以提升团队的整体协作效能，实现更高的价值产出。

有效的分工通常包含两方面的含义：一是分工的科学性，基于企业的战略目标，从企业层面对组织功能进行"应该怎么做"的顶层设计和区分；二是分工的合理性，主要是指对人的因素的考量，即"怎么用人"（分工到人）才能在企业现有的人力资源条件下，实现整体范围内和更大程度的人尽其用。

为了更好地实现既定战略，企业需要在不同的阶段根据内外部环境的变化，经常性地对其组织功能进行系统审视。

当前市场发生了哪些变化？

基于环境变化和发展需要，哪些组织功能需要保持、加强或完善？

围绕业务、客户和团队，有哪些组织功能存在缺失？

哪些组织功能需要重点发展或突出？

随着企业发展阶段的变化，哪些功能可以弱化或取消？

哪些数据会证实我们的观察与判断？

架构和机制上需要如何改变与调整？

基于以上思考，从系统的层面对企业的组织架构进行调整或重新设计，并对部门的职能进行重新定义。同时，为了确保组织分工得到有效贯彻，还需要对相关的岗位、职责与人员进行调整与匹配，以保证组织功能真正得以实现。

这是一个动态调整的过程。在设定好初步方案后，进入实际运行并在此过程中进行磨合和验证。同时，根据实际运行情况和人员的真实反应不断加以调整，以确保关键岗位人员的有效匹配与胜任。很多企业的组织功能之所以薄弱，就是因为在此方面考虑不周，且缺少动态调整的过程。

此外，企业的各项任务和工作之间存在着相互联系和相互依存的关系。而且，不同员工和部门具有不同的资源和优势，协作可以实现资源共享和优势互补。因此，在有效分工的基础上，企业运营管理的过程中还需要促进组织内部跨边界的协作。只有通过有效的协作，才能将各个环节和岗位的工作有机地结合起来，以实现整体效率更优，从而获得系统杠杆效应，保障组织整体产出水平的最大化，进而实现企业的整体目标。

比如，技术部门拥有专业的技术知识，销售部门拥有良好的客户关系，通过分工和合作，双方可以解决客户更为复杂的业务应用场景，提升客户需求的满足程度，将客户价值更大化，从而实现企业营收规模的快速增长。

事实上，在企业运营管理中，分工是协作的基础，没有明确的分工，协作就会缺乏针对性和效率；协作是分工的保障，只有通过协作，各个分工环节才能有效衔接，实现企业的整体运作。

分工和协作相互配合、相辅相成，共同构成了企业实现其组织功能的基本模式，是组织提高竞争力、实现可持续发展的关键举措。

1.3.4 运营管理背后的支撑体系

完整的企业运营管理体系离不开四大底层系统的支撑，它们共同构成了企业运营管理体系背后的一系列基本假设。

四大底层系统包括信念系统、边界系统、诊断控制系统以及互动与反馈系统。这些系统间的良好匹配是组织高效运营的重要前提和效能保障。

信念系统

信念系统是企业非常宝贵的成功之道。

所谓信念系统，是指企业在运营管理过程中形成的一整套清晰、明确的组织原则与基本理念体系。

信念系统可指导管理者对企业内、外部关系进行管理。它往往是领导者或创始人在企业经营管理的过程中，基于个人经历、经验及理解所形成的认知和信念，是对组织经营理念、原则的系统性和持续性沉淀。

基于开放的市场环境，常见的运营信念有如下内容。

以客户为中心：始终将满足客户需求作为组织的首要任务，注重提供卓越的用户体验和服务质量。

持续改进与创新：不断追求产品质量的提升，勇于尝试新的运营模式和技术手段等，鼓励创新与突破，以适应市场变化和客户需求变迁。

诚信经营：坚持公平、公正、公开的原则，信守商业伦理和社会责任，树立良好的品牌形象和商誉。

团队协作：强调内部团队间的高效协同合作，提倡共享信息和资源，共同为实现组织目标而努力。

数据驱动决策：运用数据分析来指导运营策略，通过量化指标衡量运营效果，并基于数据做出科学决策。

员工成长与发展：重视员工的职业发展和技能提升，营造积极的工作氛围和文化，鼓励员工与企业共同发展。

长期价值创造：不只关注短期业绩，而是追求可持续发展，致力于创造长期的价值和竞争优势。

快速响应市场：敏锐的洞察市场变化，迅速调整运营策略应对市场竞争和变化；对于内部需求，快速回应并采取积极行动，形成高效的协同。

精益化管理：秉持精细化管理理念，减少浪费，优化流程，避免或消除不必要的投入，提高整体运营效率。

服务社会与环境友好：在追求经济效益的同时，兼顾社会效益和环境保护，践行绿色运营和可持续发展理念。

企业的信念系统不仅深深植根于企业文化之中，成为推动企业发展的重要精神支柱，也体现在具体的运营管理实践上。它往往决定了运营管理的方向和重心，并从某种程度上决定了企业运营工作的效果。

而且，信念系统通常在拥有强大文化和领导规范的公司中，更有可能收获成果。管理者需要通过对相关信念的持续沟通和强化，为团队提供明确的价值观、目标和方向，并鼓励人们寻求提升自我价值的机会，以实现运营管理工作对于企业价值理念的有效承载与支撑。

边界系统

组织管理实践中，为了更高效地实现预期的组织目标，人为地将组织及相关的事务进行区隔，从而将组织区分为若干不同和特定的界限。这些不同界限之间的联系或交互界面，即为边界。

从不同的视角出发，组织内部的边界分为多种不同的类型，如物理边界、社会边界、心理边界；效率边界、权力边界、能力边界、认同边界等。

从运营管理的角度出发，组织内的边界通常表现为：跨领域、跨部门、跨流程及跨岗位的工作内容或任务，范围与领域的划分、对应权利与责任的明确，以及流程与节点的区分。这些边界的存在可以用来约束员工的行为，确保在既定的规范内运作，避免不合规风险并维持组织的有效性和运作效率。

事实上，企业组织作为一种特殊的生命系统，需要对所有可能的环境都做出反应，以保持其生命力。

由于资源的有限性，组织不可能对所有的环境刺激做出反应，组织与环境之间的交换过程需受组织界限的限定。因此，边界系统最重要的功能就是保证组织单元对环境有选择地开放，与环境进行有限的能量、材料和信息交换以使组织在动态变化的环境中发挥特定的功能，同时对组织单元的输入、输出及产出，起到一种类似于过滤和筛选的作用。通过组织边界，组织向环境输送特定的产出。例如，企业特定的产品和质量检验标准。

同样，组织边界还可以从某种程度上保证组织单元具有一定的自主性和独立性，使组织单元在一定的活动范围内不受环境的干扰，从而减少或避免对于外部不确定性的过度和过激反应，以能更好地围绕其目标有序开展活动。

从组织管理的角度，常见的边界有垂直边界、水平边界和决策边界。

其中，垂直边界即层级边界，主要用以定义组织内的上下级关系，从高层管理到基层员工的分层结构。通常代表权力和利益的区分，类似于金字塔结构中从上到下的层级划分，将决策层、管理层和执行层等区分开来，体现为权力、职责和信息流动等方面的差异。

垂直边界的有效区分可以使得整个组织建立有序的管理秩序，使决策层层传达，工作分工明确，保证企业运营的稳定性和规范性。过强的垂直边界，如层级过多、垂直边界森严，则可能导致信息传递不畅，企业的决策下达缓慢，出现层层衰减，基层信息反馈受阻，甚至还可能形成严重的官僚主义，影响企业的创新和应变能力。为此，企业可采用扁平化管理、建立跨部门团队、建立统一的信息平台，开展数字化转型等方式打破垂直边界减少管理层级，使信息传递更直接快速，增强不同层级之间的沟通协作，让员工能更直接参与决策等，从而提升企业内部的效率和活力。

水平边界，又称部门间边界，主要指不同职能部门之间的边界，如销售部与生产部、人力资源部与财务部之间的分工和协作界限。水平边界的清晰和明确，有利于减少团队间不必要的扯皮和内耗。团队在日常业务开展过程中出现的冲突与矛盾，其实往往是明确水平边界最好的时机。

决策边界，则是指关于权力分配和决策权限的边界，用以界定哪些决策在哪个层级或部门做出。这些边界，在组织运营管理的过程中都需要进行有效的明确。否则，就会因标准不清晰而造成各种冲突与混乱，从而降低组织的运营效率，增加不必要的组织运营成本。

此外，还有一种对于运营决策有重要影响的边界，即信息边界。数据流和信息流的传递与控制，决定了信息访问的权限以及如何在组织内部流动。信息边界的存在，通常会在组织单元及成员间形成信息误差和偏差。

当然，企业运营管理过程中还有一些不太好界定的边界，比如社会边界，即因组织文化、价值观、规范和认同感差异所形成的无形边界，它们往往影响着成员的行为和相互作用方式。

事实上，随着内外部环境的急剧变化，组织边界的灵活性变得越来越重要。因此，在企业运营管理升级的过程中，我们会有意识地在促进团队跨越边界进行合作和资源整合方面下功夫，以使组织内的边界划分在保证内部协调一致的同时，适应外部环境变化带来的挑战。

诊断控制系统

企业运营管理中的诊断控制，又称为诊断性控制或监控控制，是一种系统性的评估和分析方法，旨在确定组织的战略、运营、项目、流程等，是否在按照预定的目标、计划和标准进行。

诊断控制系统的主要目的是及时发现偏差、问题和潜在风险，并据此采取纠正措施，以保证组织绩效的有效性和效率。因此，不仅要形成标准并固化为模式，更重要的还在于要形成团队的共识。

运营管理中的诊断控制，通常涉及以下六个关键步骤。

①设定标准与目标：要想实现对组织单元、工作事项及团队成员的有效诊断与控制，其起点在于标准先行，即明确各个层级和领域的预期结果、性能指标和工作标准，并依靠有效的标准与规范，快速高效地识别异常，并通过快速和针对性的调整对其产生影响。

②数据收集与过程监测：通过数据监测与信息收集，定期或持续地收集有关组织运行的各项数据，包括财务数据、业务活动数据、员工表现数据等，并通过信息系统或其他手段实时监测过程。

③识别差距与差异：通过将实际执行结果与预设的标准、目标或历史数据等进行比较、分析，识别出差距、趋势和模式。

④问题诊断：对发现的偏差进行深入探究，找出产生偏差的根本原因，如资源分配不合理、流程设计缺陷、市场环境变化等。

⑤决策与行动：基于诊断结果制定并实施针对性的改进措施，调整策略、优化流程、提高工作效率，并对效果进行跟踪验证。

⑥反馈与调整：建立反馈机制确保控制措施能够有效实施，并据实际情况动态调整标准、目标及控制策略，以使整个运营体系能更高效、稳定地运行。

通过有效的诊断控制系统，管理者可以更准确地把握组织状态，预见未来可能的问题，及时调整策略方向，从而保障组织健康稳定地发展。

互动与反馈系统

互动与反馈系统是指组织内部相互影响、相互作用的相关方之间，通过交流、协作和反馈机制等进行动态交互，并共同推动组织运营目标实现的途径、过程及方式，包括信息的分享与共享、沟通与汇报以及反馈与指导三个方面。

①信息的分享与共享

信息在运营管理过程中扮演着至关重要的角色。

信息的分享与共享是确保组织高效运作、科学决策和团队协作的重要基础，它对于促进团队间的协作、跨部门协调、团队成长、提高决策效率、促进知识共享，以及增强团队凝聚力等至关重要。

提高决策效率。通过信息的及时分享与共享，各级管理者能够获取全面且准确的数据和知识，从而作出更为明智、基于事实的决策，减少决策过程中的不确定性和风险。

促进团队协作。信息共享有助于团队成员了解彼此的工作进展、需求和困难，增进共识，提高协同工作的效率。无论是跨部门合作还是项目团队内部协作，顺畅的信息流通都是保证工作无缝衔接的关键。

提升透明度。公开透明的信息环境可以增强员工的信任感和归属感，同时也能让所有成员对组织目标有清晰的认识，激励团队围绕共同的目标努力。

优化资源配置。通过共享资源状态、市场需求、客户反馈等信息，企业可以更精准地进行资源配置，避免重复劳动，降低运营成本。

创新能力提升。信息的交叉融合往往能激发新的思维火花，推动创新的发生。开放的知识分享平台能够鼓励员工之间的学习交流，促进新思想、新技术的产生和应用。

问题预防与快速响应。信息共享机制可以帮助组织提前发现潜在的问题和风险，做到提前预警、早干预，同时在出现问题时，各方可以根据共享的信息迅速作出反应并采取应对措施。

总之，在运营管理的过程中，构建良好的信息分享与共享机制，对于提升组织竞争力和实现可持续发展具有重要意义。

②沟通与汇报

在组织管理和日常工作中，沟通与汇报是极为关键的组成部分。通过有效的沟通与汇报过程，可以确保信息的准确和及时传递，有助于决策的有效制定、执行和团队协作效率的提升。

其中，运营管理过程中的沟通是指个体或群体间围绕运营目标的实现所展开的信息交流过程。通常涉及员工之间、上下级之间的工作讨论、意见交换、情感支持等，确保每个人都对工作目标、任务要求有清晰的理解，减少误解和冲突，增进团队合作精神。

沟通的形式则包括口头、书面、非言语，正式和非正式等多种。

运营管理过程中的汇报是指正式或非正式的信息向上级或管理层反馈的过程，通常具有明确的目的性和结构化特征。可以是对阶段性工作成果、项目进展、工作计划完成情况、问题与挑战等内容的总结与展示，旨在让管理者快速了解下级工作的实际情况，为其管理决策提供依据。

有效的工作汇报应注重表达清晰、重点突出。通常包含：具体的数据支持、客观的事实分析、问题解决方案建议以及下一步行动计划等内容。

沟通与汇报二者相互关联、相辅相成。优秀的沟通能力能提高汇报的质量，而规范有序的汇报机制又能促进内部沟通的透明度和有效性。通过强化沟通与汇报机制，能够优化组织的管理效能，促进组织目标的顺利达成。

③反馈与指导

在组织管理中，反馈与指导是实现有效沟通、改进绩效和提升个人及团队能力的关键手段。其中，反馈是一个过程。在这个过程中，员工会收到关于其工作表现、行为或成果的评价信息。既可以是对其过去行为结果的客观描述，也可以包括对其工作如何改进的建议。

企业运营管理过程中具有建设性的反馈，通常是具体、及时且基于事实的，可以帮助员工理解他们的强项和待改进之处，以及他们对团队或组织目标的影响。正确有效的反馈可以促进员工的成长和发展，提高工作满意度，同时也有助于维护良好的上下级关系和团队协作氛围。

指导则通常是由经验丰富的导师或上级领导提供的持续性支持和教育过程。通过分享自身经验、提供实践建议、设置挑战性的任务等方式，来激发员工潜力，增强其自我效能感，以帮助员工提升其技能、扩展视野、解决问题，并达成职业发展目标。精准到位和及时的指导不仅有助于员工短期的工作表现优化，还能够为组织培养长期的人才储备，确保团队的稳定性和竞争力。

事实上，反馈与指导在组织中相辅相成，共同推动了个体和组织层面的学习与发展。管理者应积极构建一个鼓励开放反馈、注重个性化指导的文化环境，以促进团队成员不断进步，共同实现组织的战略目标。

1.4 系统更新运营管理的核心观念

1.4.1 资源与投入

从本质上讲，资源是所有生产要素的代名词。

广义的资源指为实现某个特定的目标或目的所做的各种投入和努力。

生产经营中的资源是指生产活动中所需的全部要素与条件，如市场、机器、物料、厂房和其他固定资产等。

在流程管理中，资源也可视为流程某环节的输入条件或要素，是开展流程活动所必需的基础条件。

系统运营管理中对资源的定义范围更为广泛：包括人员、时间，设备、设施、物料（物资）、资金，配套机制与政策、优化后的流程、组织保障等所有可促进或有助于最终经营目标实现的要素与条件。

经济活动的两大核心竞争领域一是资源，二是资源的利用效率。

所以，资源的持续开发与高效运用，是企业系统运营管理的起点和中心。

资源的稀缺性是管理必要性背后的基本假设：相对于要实现的目标而言，资源永远是有限的。事实上，与所要追求的目标相比，在特定的阶段或是时间范围内，企业、部门或个人所拥有和能掌握的资源总是相对不足，即是稀缺的。因此，明智的领导者永远不会抱怨实现目标的条件不充分（或不足够）。

系统运营管理就是要追求在资源有限的条件下，如何实现组织的突破甚至是跃进式发展。为了实现这一核心目标，必须从系统上寻找整体更优解。

因此，在企业经营管理的过程中，除了使产品或服务实现增值所必须投入的材料、资源、设备、时间和人力资源等最小绝对量以外的一切投入，都是非必要的，即只要超出了完成某项活动本身所需要的底线，都是对资源的浪费。

在资源投入既定的情况下，企业之间比拼的其实是资源利用水平的系统能力，并最终会体现在企业的整体盈利能力和成果方面。当企业达到一定规模，资源累积到一定水平后，最大的挑战往往来自于内部运营，即如何保持整体的更高效。很多规模型企业的衰败，其实正是源于内部无处不在的"不经济"。

运营管理就是要从整体和系统上帮助企业实现对资源（包括已有和可获得的

资源）的极致利用，消除非必要的资源投入和浪费，并在有限资源投入条件下实现目标的最大化，从而实现企业整体盈利的最大化，以此提升企业的盈利能力及其商业竞争力。

围绕资源的最大化，丰田生产方式所倡导的"八大浪费"理念，对于提升企业的系统运营效能和效率具有重要的借鉴意义：

制造过早（多）的浪费

库存的浪费

不良修正的浪费

加工过剩的浪费

搬运的浪费

动作的浪费

等待的浪费

管理的浪费

事实上，在实现企业经营目标的过程中，任何超出底线需求之外的非必需投入都是浪费。

只有内心建立起了浪费的概念，才真正拥有了经营的思维，才会更自觉地在运营管理的过程中去追求极致高效，并自觉践行这一经营理念。

1.4.2 产出与成效

产出是指资源投入经过特定的过程实现的有形物质成果和无形服务成效。

产出是资源投入的核心目标与最终成果。实际上，任何系统都涉及到投入、过程和产出，但并非所有的产出都是有效产出。

对于企业而言，所谓有效产出是指一个企业通过销售产品或提供服务帮助企业实现盈利的速度，即达成最终预期目的之能力。

实际上，从不同的背景或视角出发，有效产出可以有不同的解释。

从财务视角，有效产出可视为企业创造的附加值，指收入减去成本的差额，如销售收入减去原材料成本，只要存在毛利润就是有效产出。

从资产角度，等待销售或生产的产品因积压现金流，在计算时不应作为公司资产，而应作为负债考虑。

从市场的视角，有效产出则可理解为一种客户愿意交换、可衡量的"商品"。

只有被客户或社会所认可、接受并换回现金的产品或服务，才叫有效产出。在仓库等待销售或者寻找客户的产品都不能计算为有效产出。

同样，在生产现场等待制造加工的产品只能算作在制品，不能计入有效产出。其他诸如生产中的不齐套生产、在制品（或半成品）、库存或者等待寻找客户的呆滞品、未完成的工作（俗称"半吊子"工程）等，因其无法成为后续工作或环节可直接应用和引用的成果，都不是有效的产出。

所以，企业的真正价值在于其提供有效产出的能力，有效产出水平的不断提高才是企业所应该持续追求的。在日常工作过程中，只有实现了活动价值（达到了特定的目的）的过程才算有效产出，即工作流（信息、产品或服务）从一个环节及时（在时效范围内）流向下一个环节，并且实现了完整的价值转移，才能视为有效产出。这一概念可以有效地帮助我们重新定义各项工作的真正价值和目的，并为团队的工作指明方向。

1.4.3 瓶颈与约束

瓶颈一般是指系统中相对于其他条件或资源而言，对系统整体产出水平有重大影响的关键性限制和约束因素及环节。

任何系统都可以简单地想象为一条由一连串的环构成的链条，环与环之间彼此相扣，整个系统的强度就取决于其中最薄弱的一环，具有整体和动态发展的特点。这些相对薄弱的环节称之为系统约束或瓶颈（图1-5）。

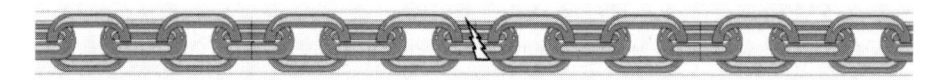

图1-5 系统瓶颈

在某些情况下，瓶颈可以等同于关键成功要素（key success factors，KSF），即对企业运营目标的实现起到关键作用的因素。

事实上，瓶颈在不同的领域和场景下有不同的含义：

生产瓶颈。在生产线上，通常把一个流程中生产节拍最慢的工序叫做"瓶颈"。在整个生产体系中，生产能力小于市场需求的资源不一定为瓶颈。所谓的瓶颈是指实际生产能力小于或等于生产负荷（对其需求量）的资源。这一类资源限制了整个企业的产出数量，其余的资源则为非瓶颈资源。

流程瓶颈。工作流转过程中，影响工作流完成时间、质量及工作流整体产出水平的单个因素或少数几个因素。

一般说来，任何系统都存在着一个或者多个约束，系统的整体产出水平则受限于这些现存或潜在的薄弱部分，并会对整体构成某种制约或限制。如果没有约束，系统的产出水平可以视为是无限的。因此，要提高企业和组织的产出水平，必须尽可能地打破各种约束。

广义上，所谓瓶颈可以是整个系统中制约整体产出水平的各种因素。而且，系统的瓶颈通常是动态变化的。随着现有瓶颈的解决，新的瓶颈会出现。

通常，一个组织的系统约束或瓶颈不超过 5 个，一般在 3 个以内，即在特定的发展阶段，阻碍企业业绩倍增的关键通常是少数问题。因此，在推进企业转型升级过程中，在特定时期往往只需要抓住几个重要的关键点展开就足够了，而不需要同步全面展开。而且，这是一个动态调整的过程，需要根据进展和成效动态调整工作重心，以使组织系统运转更顺畅、整体产出水平更高，并能始终保持在一个相对高的产出水平即处于高效能状态。

一般而言，因外部存在更多不可控因素的影响和面临更多的不确定性，企业运营系统最终的瓶颈通常会出现在市场端。所以，在辅导企业的过程中，即便后端存在很突出的矛盾和问题，我们也会帮助企业先突破业务发展瓶颈。这样可以将内部各环节的问题充分暴露出来，引发团队的集体关注和解决共识。

事实上，企业的很多问题是需要在持续发展业务的过程中解决的。通过业务的发展和进化，很多问题会"自行消失"。同时，有些问题或许永远也无法得到彻底的解决。比如，相对于企业的发展需求而言，人才永远是不够的。

1.4.4　价值流动与业务过程

价值是商业交换的基础，由最终用户或客户来确定。通过能在特定时间内满足客户需求的特定载体（产品、服务或二者的结合）来体现。

从这个意义上讲，企业运营管理的核心工作就是要管理好价值流动的全过程，即价值流。它是指基于客户需求满足而衍生出的客户价值创造、增值、转移和变换变现的全过程，包括增值和非增值的所有活动。在价值流动的过程中，通常会伴随着工作流（物流和服务流）、信息流和现金流的产生。

图 1-6 是生产制造型企业的价值实现过程。

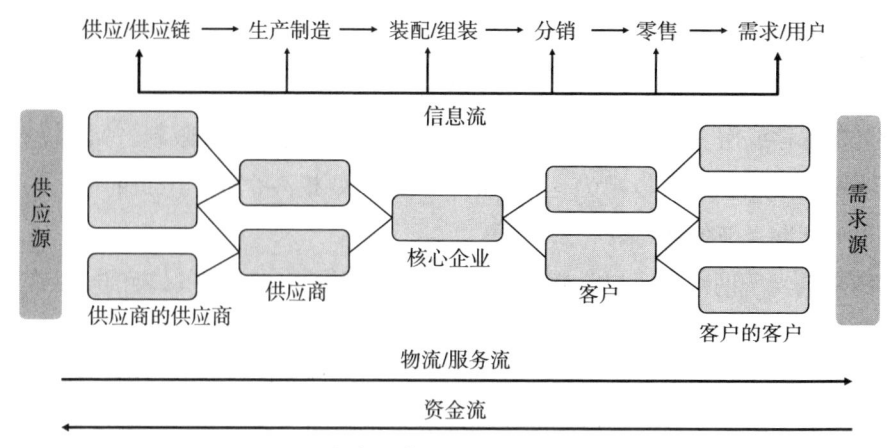

图 1-6 生产制造型企业的价值实现过程

完整的价值流包括产品、服务从概念产生、研发设计、生产制造，再到交付（或服务）客户的全部活动和过程。企业系统运营升级的一项重要工作就是要通过强化增值活动，减少甚至消除非增值和非必要活动，降低不必要的资源投入和活动，将客户价值实现过程中的众多要素整合起来，使之发挥协同效应以更好地满足客户需求，并更快地实现现金流的回流。

其中，信息流是在业务实现过程中产生的过程记录、动态变化、异常反馈等一系列数据和信息，用来消除业务过程中的各种随机变化和不确定性，是管理决策、运营改善的重要依据和基础。

信息流管理的关键和难点在于实现信息的全过程必要共享，即适时实现与相关环节及人员的信息同步；此外，从降低整体运营成本的角度来说，数据信息的产生、记录、流转、共享、保存与储存的全过程，应该秉承三大原则。

原则一："一次记录"原则。

指业务开展过程中可以一次或一个环节记录、录入的信息，非必需情形下应当尽量减少不必要的重复录入、转录等，以在减少重复劳动的同时，避免不必要的数据失真和降低出错几率。

原则二：过程闭环原则。

与工作流相关，涉及、影响到多个流程和环节的数据/信息，要保持数据从产生、记录、更新（改）、转移（转存）、应用或引用，直到因工作流全部完成而存储的全过程，保持数据链的完整关联和互动。

为了更好地理解这一原则，我们以生产制造型企业的订单交付为例：企业在接到订单后，通过运营部门将其转化为预排产订单（内部运营工作的起点，如为库存制生产，则还要考虑安全库存问题），采购部门则需要据此转化为采购订单并形成到货计划（或清单）；质控、仓储部门根据到货计划进行检验和物料验收并安排入库；在排查完物料的齐套性后，再将预排产计划转化为实际排产计划；生产部门则根据排产计划安排每日生产，品质控制部门则根据实际生产进度开展过程质量的控制并检验入库，最终物流部门完成出库发运。在此作业过程中，相关数据是具有一定的延续性和关联性的。只有形成完整的闭环，数据才能真正对管理过程的提升产生直接帮助。

原则三：全程必要共享原则。

即业务过程中的相关环节只共享开展业务所需的必要信息和数据。一方面实现数据保密，一方面减少不必要的信息干扰，以提升过程工作效率，降低管理的难度。

工作流。也称产品流、物流或服务流，是价值传递载体的流动过程。代表实物或过程（阶段性）劳动成果在价值实现过程中的增值、交换、转换和向需求满足端的流转与传递。

资金流。指随着产品实物、服务及其所有权从提供端（或上流环节）转移到最终用户（客户）或下一环节过程中，通过价值交换所实现的资金（或现金）从客户端向产品、服务提供端的单向回流，代表经营成果的有效回收。正常情况下，资金（或现金）流与工作流的流向是相反的，否则代表运营过程出现了异常，应当引起重视并予以消除，如赔偿、扣款、未同步或及时回款等。

从这个意义上来讲，企业的运营管理其实就是对信息流、工作流和现金流进行有效的管控，使之处于更高效的正常运作状态。

1.4.5　标准与参照

英明的管理决策，通常离不开有效的标准做参照。

传统意义上的标准，是为了在一定的范围内获得最佳秩序，而对实际或潜在的问题制定的共同和可重复使用的规则、准则等。通常具有普遍性的意义，是对特定范围内问题的一种简化。

企业实现组织目标的基本方式是分工和协作，即将工作任务分配给不同部门、岗位及个人，通过各司其职以产生协同效应。其中，分工有效性的关键在于分工界面足够清晰且经济，分工高效的核心则在于能够实现多主体和要素间的整体协同。

从规模经济和便于管理的角度出发，只有足够简单的东西才更容易被复制和推广。复杂则往往意味着更多的不确定性和不可控。因此，运营管理的第一要务就是要通过各种手段和方法，将业务过程中各种存在不确定性的因素变得相对确定或稳定，即对可能影响运营系统的因素进行系统梳理，找到其中的规律和特点，然后设定针对性的应对策略与方法，并运用工具（如引导性表格、量器具、装夹具等）、规则、规范、机制、管理办法、程序等，使其关系变得更为简单和易于理解，相关工作方法、做法等更通用、可重复以及更加经济，从而实现所谓的"更简单"。

在系统运营管理中，广义上的标准实际上是指所有能使问题得以简化，并有助于相关人（决策者、主导者及参与者）实现更高效决策的参考依据。所有能使事物变得简单明了的方式、方法或途径，都可以视为标准。优秀的管理者懂得运用标准而非用经验看待问题，并能据此展开工作，即凡事标准先行。

明确和具体是标准最重要的特征。其中，量化通常是容易被人们联想到的常见标准化方法。

H·詹姆斯·哈灵顿指出："量化管理是第一步，它导致控制并最终实现改进。如果你不能量化某些事情，你就不能理解它；如果你不能理解它，你就不能控制它；如果你不能控制它，你就不能改进它。"

在企业运营管理过程中，计划和目标是不得不提及的两个与标准有关的典型概念，也是人们开展工作的重要和最常见参考依据。其中，前者是在工作还未付诸行动前，人们在头脑中形成的关于未来情形、条件等的一系列假定与设想，以作为后续实际行动的参照；后者则是关于行动目的及成果的事先设定，是事毕之后与实际成效对比的基础。

从经济的角度出发，标准不是越完善越好，而是够用就行。而且，只有能帮助人们有效识别问题或差距，并指导工作开展的标准，才是有效和有用的。任何高于或脱离实际现状的过高标准，都可能会成为一种负担，甚至是解决问题的障碍。因为任何体系的维系和保持，都是需要付出成本和代价的。

因此，在资源有限的背景下，以尽可能小的成本或代价实现更高目标，才是运营管理真正应该追求的。标准化是实现这一目标的重要手段。

1.4.6　问题与异常

运营管理除了需要建立起有效的参考标准，还需要能快速识别出工作过程中存在的异常或问题。这是企业运营改善的重要基础。

异常是相对于标准而言的一个概念，指非正常或不同于标准的任何变化。

运营系统的核心目标是实现产出的最大化或更大化，而实现这一目标的过程存在着不确定性，包括偶然性的意外和系统性的误差。这些不确定性会带来各种不同于正常标准的变化，从而对系统的运营效率及结果产生不同程度的影响，甚至导致运行中断或无法运转。

因此，运营管理中需要有意识地减少、消除过程中的不确定性，即有效控制变化，减少或消除超出计划和预期的过大差异，以保证系统的相对平稳。

运营管理过程中的差异通常包括两种典型的情形。

一是过程异常，即在执行程序化管理过程中发现了特殊或例外情形，出现了前期未曾预见或遇到的新问题，以及重复出现的脱离既定标准的特殊情形或事项。异常的存在通常会影响运营系统的有效运转，或使其变得低效。

二是结果异常。分为两种情况：一是明显超出计划或标准的超预期表现；二是明显低于前期预期或既定标准的不良结果。出现这两种非正常现象后，需要分析原因并寻找产生差异的根源。如过程中的因素是稳定或相对确定的，只是结果出现了严重偏离原定标准的情况，则说明标准不正常，即标准存在不符合实际的例外情形。否则，就可视为系过程及其影响因素出现了异常。

事实上，运营过程中出现的任何异常，只不过是现有系统/模式失效或运转不灵的体现，即现有的系统/模式无法有效涵盖实际出现的各种情形或情况。

因此，从系统运营升级的角度出发，异常的出现实际上是系统升级最好的机会。基于标准的企业运营升级可视为：设定标准→试运行→发现异常→处理异常→升级标准和完善做法的循环迭代过程。

第 2 章
企业经营与管理改善的基本原点

企业的所有活动都要围着市场和顾客转，而且要把顾客当成有血有肉的人，热爱顾客，满足顾客越来越特色化的特定需求，对顾客的变化迅速做出反应，一切以顾客的感觉为依归。

——汤姆·彼得斯

企业经营成果的获得，离不开对企业运营管理基本原则的坚守。

只有回归企业经营的本质，在正确的方向持续努力并加以沉淀，企业的经营才会有大的改观。依靠系统的运营升级方法论，可以有效帮助企业改善整体的经营状态，实现企业真正意义上的转型和升级。

2.1 回归企业经营的本质

企业作为一个复杂的资源经营体，有其自身的运作特点。只有回归企业经营的本质，聚焦企业经营的核心目标，整体提升管理层的经营意识，并通过运营管控体系的层层传递，才能真正和快速实现企业经营成效的整体改善。

2.1.1 聚焦企业的三大核心经营目标

致力于业务的深化发展

在复杂多变的商业世界中，企业经营是一场充满挑战的长期征程，而企业运营管理的核心目标就是要促进业务的不断深化和发展。

业务是企业在市场中立足的根本，是企业创造价值并实现盈利的核心引擎，而核心业务更是重中之重。围绕企业的核心业务领域进行更深层次的优化和拓展，是企业运营管理升级的重要起点，决定着企业的兴衰成败。

致力于深化和发展企业的核心业务有两方面的含义。

一是围绕核心业务的发展整合和积累资源，从而为企业的突破式发展持续积蓄力量。二是在资源或其他限制的约束条件下，要想尽一切办法促进核心业务的不断发展，持续提升并最大化资源的产出水平。哪怕面临资金紧张、市场竞争激烈等困境，企业也应通过优化业务流程、创新营销手段等方式，确保核心业务的稳定增长，即永远把发展业务放到一切目标的首位，并通过发展业务推动和促进其他问题的解决。

这首先是一种精神，一种在现有条件和基础上把工作做到极致，并对更高的目标充满强烈向往和渴望的自我追求。这种追求会帮助企业最终发展出具有自身特色的业务模式，即通过某种独特的方式将产品或服务传递给客户，并稳定获取相应的经济回报。

事实上，不断占有市场资源并持续提高资源的利用水平，是企业经营成功的关键。团队只有具备了这一意识，才更有可能实现对运营过程的高度关注和极致追求，才会更有意愿去寻找系统性和全局性的优化空间。否则，企业的运营管理就很容易进入追求局部最优、浅尝辄止，乃至固步自封的自我满足。

持续优化企业的运营成本

运营成本也称经营成本，是指企业为实现经营目标而付出的所有代价。通常，可简单地分为直接成本和间接成本。

直接成本是与特定产出直接相关的费用支出及资源耗费，即能直接计入经营活动某一成本计算对象的所有耗费。这些成本可直接与产出水平挂钩，通常比较容易计算和控制。比如，产品生产制造过程中所消耗的原材料、备品配件、外购半成品、直接人工成本等。

间接成本则是与直接成本相对应的概念，是指与产出间接相关的成本，由企业经营活动中两个及以上成本计算对象共同发生，即在计算成本归属时通常需通过人为分配的方式，确定单个成本对象的分担比例与数额。如车间管理人员的工资、车间房屋建筑物和机器设备的折旧、修理费、租赁费、机物料消耗、水电费、办公费、停工损失等。除此之外，营销费用、管理费用、办公费用、财务成本等，也可视为与生产实现无直接关系的间接成本。

当然，直接成本和间接成本的概念都是相对的。不同业务类型的企业，其运营成本的构成通常会由于不同的管理目的而有所不同。

为便于指导实际的经营和管理工作，企业的直接成本、间接成本归集口径和方法，需要基于不同的目标、目的进行针对性设计和调整。在此基础上，再对其现状进行还原并分析其构成。

围绕优化企业运营成本这一主线，需要展开以下系统思考：

现在的运营成本总体上真的合理吗？
是否有足够的市场竞争力？
理想的标准或状态应该是什么样的？
存在哪些浪费或不必要支出？
当前主要的成本构成如何？
改变哪些可能带来产出水平的更大化或最大化？
降低的可能性有哪些？
哪些改变能直接提高有效产出的水平？
如果要实现运营成本的降低与优化，需要解决哪些问题？
能否进一步优化或改进？

事实上，企业之间的竞争本质上是成本之争。持续优化企业的运营成本关乎企业核心竞争力的形成与发挥。

回归到运营管理本身，就是要追求以更小的代价（更高效的方式），完成有效活动（正确的事）并取得更大的成果（产出更大化）。

不断改善企业的正向现金流

现金流是企业的生命线。

现金流除了能有效保障企业的日常运转外，还是企业应对市场波动和内外部不确定性最重要的基础保障，甚至还是企业竞争力的坚强后盾。事实上，很多企业的倒闭往往并不是因为业务本身的问题，而是出现了现金流危机。

随着社会经济环境及市场需求的快速变迁，企业面临的挑战与压力越来越大，为此企业不得不快速做出转变与调整，即从已有的模式向新的模式切换。这种切换通常是需要时间和过程的，并需要大量的资金与资源投入。

相关资料显示，华为在2019年开始受到美国制裁以后，企业开展了艰难的自救，耗费 4400 亿元现金投入研发与技术攻关，并最终于 2023 年使其以 5G 手机为代表的消费电子业务实现强势回归与突破。截至 2022 年底，净现金余额为 1763 亿元；截至 2023 年二季度末，其经营活动现金流仍有 914 亿元。

笔者早年赴日本丰田学习时，有内部人士曾如此介绍：丰田如果停止运营，其当时的现金流可以发放员工 75 年的工资（当年丰田有 32 万多员工）！由此可见丰田对于运营现金流的重视程度以及过往经营成果之丰厚。这大概也就不难理解为什么丰田至今仍是世界第一大车企的原因吧。

由此可见，改善现金流对于企业可持续经营何其重要。这也是为什么很多卓越的企业领导者，都会特别关注现金流的原因。

在运营管理中，常以营运现金流（OCF, Operating Cash Flow）作为对企业业务健康度的衡量指标，即企业在特定时间内通过常规运营活动产生的现金流总量。这一指标从侧面反映企业的市场影响力。相关数据越是正向和庞大，越是表明企业的业务具有竞争力，并在一定程度上说明公司的盈利能力强悍。

对于成长型企业而言，营收规模扩大或发展速度仍是重要的阶段性追求。当发展速度放缓时，企业发展业务所带来的资源补给（主要体现为正向现金流的增长、营收规模的扩大）就难以有效满足团队的期待（对于更高回报、更美好生活的追求和更高事业平台的向往），并因此引发团队的动能不足甚至"躺平"，从而导致"越是不满，越是不愿付诸努力，而越是不努力，结果又越是不好"这一负循环的不断强化。

如何破局？

很多管理者在面对经营困难时，第一反应往往是控制成本，甚至采取"一刀切"的方式进行无差别的支出削减。

改善现金流为什么不能只是简单地降本或裁员？

从系统运营的角度，这很可能是非常短视的做法。降本或裁员这样的"极端"做法，确实可以在短期内一定程度上降低企业的现金流压力，但这种做法也可能会引发一系列的负面后果和长期影响，诸如打击团队的士气，对于企业长期发展战略的"强制"中断或暂停，可能会导致后续的企业战略落地不容易"续上"，甚至让团队不再相信公司战略而不愿跟随。

实际上，改善企业营运现金流的努力往往离不开必要的前期投入。以成本控制为导向的经营思路，很可能会导致现金流不佳的问题不仅得不到解决，甚至会进一步恶化企业的经营。解决问题的关键在于，想方设法快速改善经营，即发展企业的"造血功能"相较于"止血"更重要，见效可能会更快。

在企业转型升级的过程中，所有的努力要以促成"加大核心投入（集中资源与力量）→业务向好发展→团队更相信→更愿意付诸努力→带来更多正向现金流→继续投入→取得更大发展"这一正循环的形成为主线展开，即集中资源和力量用于突破企业核心业务价值实现的瓶颈，保证甚至增加必要的投入，消减不必要的成本，并持续优化和升级。

对此，领导者要率先做出"让步"，即采取开启正循环的动作。比如，对积极响应转型升级号召及取得突破性进展的个人、团队，给予激励、倾斜资源并给予更多的机会等，以加速和放大团队在新方向上的成功。

这也是促进组织改革取得成功的重要原则：用成功带动成功，用胜利带来更大的胜利。只有这样，才能不断地改善企业的现金流。

2.1.2 整体提升管理层的经营意识

何谓经营？

经营就是谋划与算账，并为最终结果买单。

所以，经营思维首先是一种系统思考，即把自己和组织置身于现实的商业环境，以提升资源利用水平和追求经济效益为导向通盘考虑问题，并据此制定策略和管理决策的一种思维方式。

因此，企业要将经营战略与理念贯彻到日常业务中去，就离不开各层级管理者的"集体在线"。其中，管理层的经营思维与意识主要体现在：创新与创造思维、投入与产出思维、人力资本增值思维和风险与危机意识四个方面。

创新与创造思维

企业作为独立的商业主体，接受市场竞争之优胜劣汰规律的支配。只有解决市场问题的企业，才有存在之必要与价值。

事实上，企业的核心竞争力来源于两个方面：一是独特的客户价值定义，即企业能为客户提供什么与众不同的商业价值，以及自身的定位是否具有足够的吸引力；二是卓越的组织执行能力，即团队能否在有效的组织下，以整体更经济高效的方式实现这一差异化。

企业的生存与发展，取决于自身在解决客户问题方面的竞争力。

从这个意义上，企业创新则生，不创新则死。

现有的做法能否改进或突破？

怎么才能真正做到与众不同或实现差异化？

现有的工具与方法能否进行升级、优化？

团队的智慧得到充分挖掘并发挥出来了吗？

创新与创造首先意味着改变和提高。管理层作为企业战略的重要承载者，肩负着将公司的战略意图传递给各层级的组织成员，并组织团队自觉、自发落地相关需要的重任。如何以更经济、高效的方式为内外部客户解决问题，成为了所有管理者首先需要思考的问题。

只有敢于承担风险和责任，敢于打破常规，并在团队中鼓励多样性，包容错误，才能为团队创造一个不断进取创新的工作氛围，从而使得团队的工作变得更高效和更具活力。保持持续学习的心态，视一切问题为机会，鼓励团队成员不断学习新技能和知识，才能保持整个团队的创新能力。

创新与创造思维能够激发团队的创造力，推动组织不断前进，是确保组织活力的重要基础，使企业得以在市场中处于竞争优势地位，并掌握市场竞争的主动权、主导权和话语权，从而实现更大的盈利。

投入与产出思维

从投资的角度看，企业的经营是通过前期投入资源，以尽快获得尽可能大的投资回报，从而使资本在运营过程中实现保值和增值的过程。

管理层要代表投资者对企业资本的流动性、增值性和安全性负责，并采取行动改善以上资本运营相关的核心目标。

追求极致效率。现有的做法还有改善或改进空间？如何才能做到极致并进行更大范围的推广与复制？如何才能最大限度地提高企业的整体劳动生产效率，使之低于社会/行业平均标准，并赢得竞争优势？极致或理想的做法应该是什么样的？

强化成本意识。为了实现目标，哪些投入是必须支出的？现有的成本与投入是必要的吗？能否在保证质量（或其他底线要求）的前提下，进一步压降或消减整体运营成本，使企业在与竞争对手对标时更具成本与价格优势？围绕成本压降，还可以做哪些组织和团队努力？

寻找更大产出水平。在资源投入有限的前提下，能否通过系统性调整和精细化的过程中管理，获得更高的产出水平，提高资源利用率？实现产出更大化的瓶颈何在？相应的资源保证是否足够？如何突破瓶颈实现产出水平的更大化？

注重安全与可持续。现有的做法是否存在潜在的经营风险？对于组织的可持续发展有哪些危害或需要引起关注？如何有效规避与防范？现在的做法及发展态势是否可持续？如何提前预防、调整并加以过渡解决，使组织更有未来？

人力资本的增值思维

企业间的竞争归根结底是人才的竞争。

对于很多发展中的企业而言，往往需要在资源和条件还不完全具备，甚至还很欠缺的条件下追求更高的发展目标。而且，这还是一场持久战。

不少企业在人才问题上走了弯路：一方面公司的业务处于快速发展阶段，亟需更多的人力支撑；另一方面，管理者坚持近乎"完美"的用人标准，提出明显高出市场供给的人力要求和期待，但能给出的薪资条件却往往又无法达到应聘者的预期。而且，当真的遇到有超越预期的"完人"时，又会"倍感不安"而不敢引入，从而导致企业的新生力量迟迟补充不进来。

与此同时，很多管理层"沉迷"于日常业务或某些点状的工作，对于团队却缺乏必要的关注，对于新进人员更是不闻不问，从而导致团队始终成长不起来，人才留不住，自己又不得不陷入更大的忙碌之中。如此恶性循环，导致企业在人才供给层面长期捉襟见肘，从而制约了企业的长足发展。

实际上，经营好企业的人力资源，需要管理者建立正确的人力经营意识，"把人当人看"，团结一切可以团结的力量，并树立"人人皆是人才，人人皆可成才"的人才理念，真正重视企业的人才梯队建设，在人才吸引、选拔、培养、任用和激励方面下足功夫。通过搭建员工成长、成才的平台与环境，有意识地营造向上向善的文化氛围，并匹配激励团队实现目标的相关机制，以持续激发与赋能团队，充分调动各类人才的积极性和创造性，帮助员工在日常工作中"想干事、能干事、能成事"，最终实现组织范围内的人尽其才。

风险与危机意识

市场永远充满了变数和不确定性。因此，经营者有一项天然的使命，就是要想方设法保证组织的"长治久安"，即有防患于未然的风险与危机意识，时刻保持居安思危的心态，关注企业内外部的变化，对市场中的风险及团队面临的潜在风险保持足够的敏感，并从管理上形成应对内外部变化的反馈和调整机制，主动做出改变，而不是被动等待好事的发生或问题的自行消失。

为什么很多企业在面对巨大的市场机会时，发展势头戛然而止或是从巅峰快速陨落？大部分时候其实是输给了自己。在取得了一些进步和成就后，核心团队开始忘乎所以，丢掉了最初的敬畏之心，逐渐懈怠甚至变得狂妄和傲慢。在出现问题和挑战时，缺少必要的紧迫感，并最终被客户和市场所抛弃。

因此，经营者要时刻保持对内外部客户的敬畏，不满足于已取得的成绩，视当前现状为最差的结果，并对团队的懈怠和浅尝辄止保持高度警觉。

此外，还要以开放的心态定期对自己及团队的现状进行反思，敢于正视问题与不足，视之为新的更高目标的起点。保持好奇心，不惧怕失败，鼓励和引导团队勇敢接受新的挑战和机遇，并带领团队找出改进的空间，积极思考不同的解决方案，找到更多的可能性。

从帮助和激发团队建立、保持危机感的角度，管理者需要经常带领团队思考如下关键问题。

我们的业务/工作可以做得更好吗？

我们现有的做法是否真的具有竞争力，如何进一步提升？

团队的活力及危机感是否足够，如何有效保持？

我们的部门如何才能在更大范围内产生对企业有益的正向积极影响？

如果由于公司发展，部门/职能撤并了，我们可以承接哪些新的需要？

只有时刻保持危机感，并以实际行动主动加以改进与调整，持续改善和优化相关的工作，管理层才能带领团队迎接新的挑战并不断实现新的可能。

2.1.3　系统构建组织内部的传导机制

战略意图为什么总是不能落地

很多企业都存在战略无法落地的问题。

老板和高管经常会抱怨员工不能很好地理解和执行公司的战略意图，而团队则认为公司战略并没有像高层认为的那样清晰和明确。双方为此都很苦恼。为什么会出现如此大的偏差？

主要原因在于组织内的传导机制没有真正建立起来。

如何才能实现企业战略意图的层层传导，并使得团队的日常行动与企业战略实现强链接？

首先，要明确企业的战略目标。

> 公司的发展战略意图是什么？
> 有哪些战略目标？
> 战略目标实现的基本路径与策略是什么？
> 个人/团队/部门需要围绕战略做什么？

对于企业战略意图的理解，通常是从中高层管理者开始的。

有两种最基本的途径和方式。

一是召开战略研讨会/战略年会。围绕企业未来3~5年的发展，开展核心层的内部沟通与探讨，共同构想并设定战略目标，并就如何实现战略构建共识策略与路径，确保各层级管理者对于战略意图及其核心实现路径的理解是基本一致的，即先实现中高层对于企业战略的基本共识。

二是推进企业年度经营规划。召集团队从理解企业的战略意图出发，就如何实现阶段性的战略目标展开系统性的梳理与探讨，并实现从公司到部门/业务单元，再到团队和个人的层层传递。

由此，可帮助团队认识到自己的工作与战略有无关系以及关联度如何。

实际上，年度经营规划是对企业战略落地阶段性重点目标的有效承接与支撑，必须转化为组织单元的工作目标，才能实现企业战略自上而下的落地。为了确保公司的战略意图能在团队的日常工作中得到更为彻底的落实，还需要在核心业务流程、组织架构、部门的职能、岗位职责、关键岗位的人员任用，以及配套机制上做出相应的调整。

除此之外，还需要利用运营管控体系，确保落地过程的有效运转。在确定好企业年度经营规划的基础上，需要将其核心工作目标转化为团队的关键绩效行动或行为，并形成具体的待办事项与任务清单，再通过绩效管理对团队的过程及结果给予反馈，以真正促使团队在正确的方向上持续努力，不断获得与战略意图越来越强烈的链接。

只有通过系统性的努力，才能有效实现企业战略意图的层层传递，并促使企业的战略目标与团队的日常工作紧密结合，从而实现企业战略的有效落地。

形成企业的人才复制模式

任正非说，"人才不是华为的核心竞争力，对人才进行管理的能力才是华为的核心竞争力。拥有好的人才不如建立良好的人才培养体系与管理体制，这样公司才不会因某个人才的流失而导致整个系统瘫痪。"

某种意义上，经营企业就是在经营人才。

企业要成为可持续发展的平台，就必须把人才的系统培养纳入其战略规划之中。更准确地说，企业应将人力资源与知识资本视作经营的核心资源，并追求人力资本的可持续增值。

所谓人才复制，实际上是指以标准化的模式，通过仿效、复刻绩效优秀人才的成功经验和知识，批量和快速培养更多优秀人才的一系列做法。它是一种高效、快捷的人才培养方式，有助于组织保持和传承团队的知识与智慧。

企业的人才培养工作要做好，首先要有正确的人才理念和策略。一流的企业懂得把人才培养做成"一把手"工程，并使之成为企业核心团队的共识与共同责任，积极推动各层级的管理者参与到企业的人才培养工作中去。

优秀企业的高层管理者往往都会言传身教，亲自带头参与到团队的培养和培训工作中去。以华为为例，其内部没有专职的讲师，基本都是从优秀管理者中发展而来的兼职讲师，通过优秀的领路人带动团队进步；通用电气的杰克·韦尔奇、百事可乐的董事长，都会经常亲自担任高层管理者的培训教员，甚至亲自拟定教学大纲；丰田倡导以师徒制为基础的员工培养模式，同时辅以内部导师计划和跨部门的培养和轮岗。

谷歌则采用了另外一套完全不同的方式培养团队：每个季度开始时，CEO会设定公司的大方向，然后鼓励员工根据这个方向自主设定目标和关键结果，即给予员工充分自由度的OKR模式。此外，谷歌内部还有一项闻名于世的内部孵化器模式，即员工每周可以用20%的工作时间投入到自己的创新项目中，以培养员工的创新能力。

事实上，企业人才复制模式的背后，是以组织行为的方式系统、批量和持续性地开展人才培养的相关工作，让员工快速实现个人与集体成长，从而让企业获得可持续和足量的人才供给。

通常而言，企业的人才复制是从明确人才标准开始的。企业需要结合业务发展需要和组织分工，形成各岗位的"人才画像"。

所谓人才画像，实际是指公司根据特定岗位上绩效表现优秀者的关键特征，通过萃取提炼出来的关于岗位胜任人才的共同特点的集合。通常可从基本条件、核心条件、参考条件及其他要求四个维度进行明确和细化。

标准化是人才复制系统的输入，训练则是人才复制系统的重要输出。

为保证人才复制的结果，企业在开展人才复制时要把控好两大关键输入：一是明确复制的标准，二是复制文化。

首先，用 1~2 个岗位典型作为代表，通过采访、调查和观察等手段，深入了解这些人才的思想、方法和技能，将其成功的核心要素（过去取得成功的原因）进行总结和提炼，形成该岗位人才画像的底层内容，并作为人才复制的标准输入。有的企业把这个过程称为经验萃取。

然后，根据相关的人才标准选择企业中具备特定潜质的人员，制定可行的复制方案。通过各种形式对团队成员进行培养，使其潜力得以发挥和显现。很多企业人才培养的效率不高以及效果不好的背后，一个很重要的原因就是选拔的培养对象不对或是根本没有选拔，从而造成了企业大量的资源浪费。

为了加速人员的成长速度，在人才培养的过程中要梳理出关键的标准，并将人才的成长过程与业务紧密结合起来。通过岗位说明书的梳理，帮助团队明确其工作范围、权限、责任及工作标准，并用场景化教学的方式，从问题收集、培训准备、实战训练，再到效果评估，均需要与实际业务紧密结合，以训促战、战训结合，从而形成基于业务发展需要的人才成长闭环。

针对不同类型和处于不同成熟阶段的员工，培养的方式应有所差异，以真正发挥人才的优势并激发出人才的内在活力。而且，只有经过评估能在企业留存下来的人，才真正值得投入资源加以培养。

对于新人或"小白"，由于缺少必要的基础，自主性可能也不足，因此需要手把手帮带。通过细化培养过程，确保其能沿着正确的路径快速成长。

对于个人能力或基础还不错且已掌握了部分关键技能的"半吊子"员工，则需要选择教练的方式帮助其不断完善自己，即仅在关键时刻给予必要的帮扶，包容错误或失误，多多肯定与鼓励，以进一步强化个人的独立性和自主性，助其快速胜任岗位要求。

对于老员工或者内驱力很强的员工，当他们已经具备开展相关工作的完整能力时，则给予更多施展才华的空间。赋予一定的决策权并提供足够的资源支持，使其能更好地发挥和发展自己，从而独当一面。

第二个重要的人才复制输入则是复制文化。

个人能否在有组织中发挥作用，能力之外还离不开内在做事方式的匹配，即文化价值信念的一致与兼容。只有认同并愿意践行企业文化价值理念的人，才是企业发展所真正需要的。因此，在人才复制的过程中为了避免"回炉重造"，除了各层级领导者的言传身教，还需要重视团队的文化复制。

很多成长型企业在将新人招聘进来后，经过简单的入职培训很快就交给用人部门。然后，用人部门再将员工安排到小组或交给师傅（一般是老员工）。通过这样的"层层传递"，员工就开始进入工作状态。过程中既没有完整的培养计划，也缺少必要的定期沟通与反馈，更没有相应的评测和验收标准。这种疏于管理的简单做法之下，员工在组织内基本处于"自生自灭"的状态。

这种模式下，员工的成才率及成长质量主要取决于员工遇到了什么样的人或团队、自我成长的意愿和个人"领悟"能力。与此相随的问题也非常明显：一是员工的成长周期长，另一个更严重的问题则是人才质量的不可控。员工在此过程中形成的做事方式可能已偏离企业所倡导的价值理念，其与团队的融入也不够，从而导致在业务开展过程中组织内部出现各种不必要的冲突与内耗。

企业只有以制度和机制为载体，对人才复制的标准、培养过程和验收标准进行统一，并把企业文化的价值内核植入其中使之得到有力推行且为团队所接受，才能实现企业优秀文化在团队身上的持续渗透、固化和有效传承，使得企业能找到真正合适和合格的人。

适合成长型企业的常用人才复制模式如表 2-1。

表 2-1 适合成长型企业的常用人才复制模式

常用模式	模式说明
师徒/导师制	在企业内挑选出可信赖的资深人员，安排其对新人或其他组织成员进行在职辅导，通过一对一或一对多的方式，对拟培养对象进行全过程的指导，以帮助其建立新的能力和支持职业发展，并指导制定实施个人发展计划
转岗/轮值	把要重点培养的人员安排到特定的岗位或安排其配合更高级别的领导开展工作，主要用以培养团队的全局观，更系统地理解企业的全局运转模式，俗称"屁股决定脑袋"。适合行业发展与变化快的企业。同时，通过轮换不同的人选，可促进和推动组织已固化的职能发生变化
内部分享与交流会	在人才复制过程中，可在企业的各组织层级中召开内部分享与交流会，通过分享经验、方法论、工作态度，以及分享关于人生的思考与顿悟等方式，推动员工之间开展深度交流，促进显性知识与隐性知识在组织成员间的快速传播与传承
决策委员会	为了培养高层管理人员，让中层干部担任助理或副职参加一些重要的决策委员会，帮助其转变视角并锻炼决策能力，使得他们能摆脱部门或岗位局限，站在公司的立场、角度看问题
兼职培训师	让培养对象担任讲师或教练，是一种效率非常高的人才培养办法。这种办法最大的好处就是促使培养对象在短时间内系统学习、熟练掌握某领域的知识。否则，他们就没办法给别人赋能

2.1.4 激活和保持组织的持久活力

组织活力是组织在现有环境及资源条件下自我生存与发展的能力。

组织活力可以让组织得以持续高效地运转，为企业的成功运营提供坚实保障，是企业生命力和成长潜力的重要体现，确保组织得以在不断变化的市场或社会环境中持续运作并实现进步。它涉及到组织成员的积极性、创造性、协作性以及组织对变化的适应能力。

为了激活和保持组织活力，企业需要在组织发展、人才管理、企业文化和运营过程管理中不断调整，以持续寻找保证组织持久活力的答案。

不断完善组织功能

任正非先生曾提出过一个重要的观点：一家公司取得成功的两个关键是"方向只要大致正确，组织必须充满活力"。

在战略方向大体正确的情况下，组织充满活力对于企业的成功至关重要。

如果说战略决定组织，那么组织则决定成败。

所以，企业的组织活力首先是从组织的顶层设计开始的。通过组织架构设计，保证组织功能足以涵盖企业在不同阶段的发展需要。

很多成长型企业在快速发展的过程中，慢慢会出现同事之间、部门之间推诿扯皮的情况，团队之间难以达成通力协作。规模越大，这种情况越突出。

为什么会这样？很重要的一个原因，就在于企业的组织功能设计本身就存在缺陷。

很多企业的组织架构设计千篇一律，存在大而全、面面俱到和平均使力的问题。看似什么都有，但重点不突出，职能和职责的定义也往往含糊不清，甚至存在明显缺失。尤其是针对企业的系统瓶颈和核心问题，往往缺少有效的设计和组织安排，从而导致组织功能无法有效满足企业的实际需要。

事实上，组织架构设计应基于公司的经营目标，在考虑经营环境等影响的基础上，充分利用公司已有的资源和条件，尤其是在现有人力资源的前提下，完善与强化相应的组织功能。否则，就是无效的组织安排，对于企业的业务发展就无法形成助力。

保持人才的适度流动

人是保证组织有效运转的重要基石。

对于组织功能的有效运转，不同岗位的人员价值是不同的。其中，关键岗位的核心人员对于保持组织的活力，往往起到了关键作用。

从激活组织的角度来看，关键岗位人员的有效选拔和正确任用，确实对企业核心竞争力和业务发展，起到了至关重要的作用。关键岗位人员在保证企业的正常运转、改善企业整体的运营成效，以及提高企业的核心竞争力等方面，具有重大的作用和价值。

关键岗位人员通常包括：负责核心技术的骨干，担负市场开拓、销售管理等关键职责的营销精英，以及在组织运营与管理方面，对企业运营系统的整体效能最大化具有难以替代和高度专业的管理精英。

所以，领导者需要根据企业所处的阶段，基于组织战略和业务发展的需要，明确哪些岗位上的人是组织需要的，哪些是最合适的。同时，还要为优秀人才创造适合自身生存的土壤，充分发挥其优势，去帮助企业获得更好的发展，实现人才与企业的相互成就、相得益彰，以增加企业的活力。

当然，阻碍企业保持组织活力最典型的问题，其实是企业的用人往往"能上不能下"，或者"能进不能出"。很多企业的管理岗位，尤其是高层管理岗位上的人员，常常是十数年如一日雷打不动。

为什么会这样？首要原因是因为"人情"。

这些关键岗位上的人员通常是跟企业一起成长起来的创业元老。不管在现有岗位上干得好与不好，其忠诚度或是基础信任往往是空降的"外来"人员很难在短期内替代的。而且，由于曾经与老板共同经历过企业初创期的艰难，彼此间通常有着超越寻常的特殊情愫。加之，很多能成功的企业家，往往宅心仁厚，因此有着极强的包容度。所以，在即便面对当年"老部下"不再给力时，也会于心不忍，甚至一而再，再而三地给"旧人"机会。

于个人而言，这当然是一种幸福和幸运，但对于组织的发展而言，却可能是极大的悲哀。在关键岗位上一个错误的用人决定，影响的其实不仅仅是当事人本人，很可能引发的是一群人的失望。这样的问题实际上经常在很多企业接连上演。经济学上称这种现象为"劣币驱逐良币"。

如何化解？

流水不腐，户枢不蠹。企业要保持和增加组织的活力，需要有意识地推动组织内人才适度的流动。这种流动一方面体现为人才正常的流进流出，即企业与外部社会实行人才交换，吸纳更相信组织和更合适企业发展需要的人才；另一方面则是指在企业内部推动人才流动，即以晋升、降职、轮岗等形式，实现特定岗位上人才的更有效匹配，以避免因个人原因而造成关键岗位的固化或僵化。

迭代和升级企业文化

企业文化对于企业的发展和经营具有非常重要的意义。企业文化除了可以提高员工凝聚力和归属感、塑造品牌形象和企业形象，对于促进战略实施，提高经营效率和效益也发挥着重要作用，是企业成功发展的重要人文保障。

在企业发展的不同阶段，企业面临的主要问题亦有所不同，如图2-1所示。

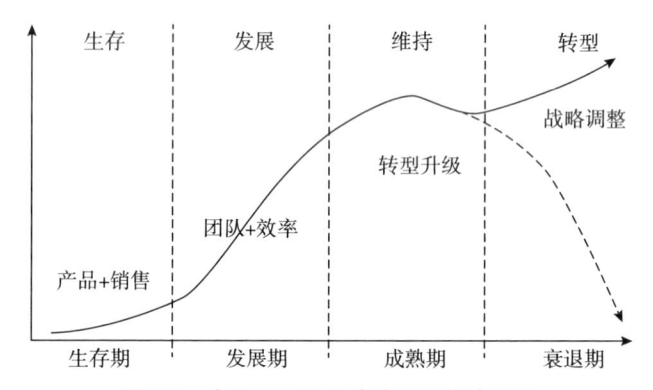

图2-1 企业不同阶段的核心和共性问题

企业文化对于企业阶段性目标的实现是形成助力还是构成阻力，不仅取决于文化本身，还要与企业所处的发展阶段和背景相结合。

因此，企业经营需要有意识地保持企业的文化活力，以持续激发员工的热情和创造力，提高员工的工作效率和生产力。一个充满活力的企业文化可以让员工更加投入工作，感到工作有意义和价值，从而增强员工的归属感和忠诚度。同时，充满活力的企业文化还可以让企业更具竞争力，吸引更多的优秀人才和客户，促进企业的快速发展和持续壮大。

企业文化的升级与迭代包括两个方面的含义：

一是保持企业文化内涵的与时俱进，即企业文化倡导的核心理念要与时代背景及企业的发展阶段结合，随着时代的变迁和市场的发展，及时调整和完善，以确保企业文化的时代性，保持其生命力和竞争力，并使之能对企业战略目标的实现产生助力。

二是企业文化落地的深植方式、方法要进行创新和升级，将企业文化贯彻到人员企业生命的全过程，不断明确和细化标准，以团队喜闻乐见的方式展开，促进团队发自内心的接受和认同，并通过日常工作环节进行传递和强化。

比如，在招聘环节，就候选人的价值信念与企业文化的匹配度、可塑性展开评估，并据此优化是否留用的标准。在此阶段，选择大于培养。在入职后到离职前的整个职业生命过程中，持续加强和体现出企业文化对于个人的影响力，并不断进行深化和细化。

对于落地过程中方式、方法的建议：

以团队带动团队的方式进行，即通过帮助团队确立共同的、清晰可及且具有挑战性的目标，让大家都能明白努力方向。通过提升过程中团队整体的参与度，促进团队在过程中的激发与共创，以真正提升其认同感和获得感。

基本的落地形式有：团队竞赛、团队共享与交流、组建跨团队项目小组、设立专项激励、开展积分排名等多种形式。

总之，只有通过多种形式让团队成员间完成互动，实现深度交流和相互影响，才能真正保证企业文化的时代先进性和有效性。

持续优化过程管理

企业作为一个系统，其目标和功能的实现离不开有效的过程保障。对现有的工作流程、机制进行梳理、完善和改进的过程，称为过程优化。

事实上，过程管理最终是要创造一种组织环境，让每个人都能真正发挥自己的才能。在内外环境剧烈变化的当下，企业的经营管理需要从传统刚性的"强管控"模式，逐步走向强调柔性和协同的赋能管控模式，即不仅仅要引导团队做正确的事，还要思考如何帮助其正确高效地做事。

企业的过程优化管理通常包括以下六个方面。

> 注重规划与计划，尽量事前消除不确定性。
> 保持简化，并持续追求极致。
> 强有力的跟进和控制系统，确保过程和结果处于可控状态。
> 以行动为导向的组织，促使团队解决问题而非"坐而论道"。
> 追求最佳的运营策略，确保有效产出的更大化。
> 创造有利于团队自我发展的运营环境，实现系统的稳定和可持续性。

在系统运营管理升级中，过程优化是以"三个流"（即信息流、资金流和价值流）的有效管理与优化为中心开展的。

以典型的生产制造型企业为例，如图2-2。

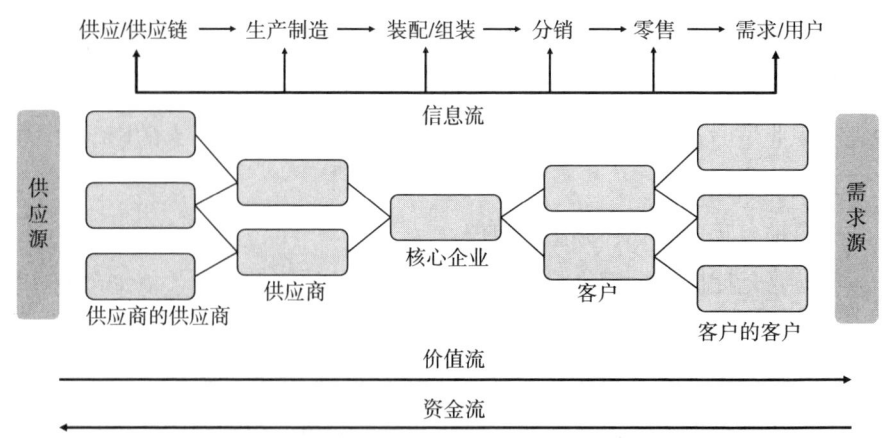

图 2-2 企业运行中的"三个流"

过程管理优化其实就是围绕业务流的改善（主要解决事上的科学性、合理性问题），辅以保障体系的优化（机制、流程、规范，主要解决人的积极性与创造性激发）。即在企业的运营管理过程中，如何更好地保证以上问题的有效解决，能不能更优？其中，信息流管理的核心是要实现过程中的必要共享。现有的信息共享是否足够、及时？如何助力业务的顺利开展？如何助推组织目标的实现？对于资金流和价值流的管理，永远问：整个过程是否足够快捷？是否全程都保持着单向流动？如何避免停滞或是出现回流？

为了解决企业面对新环境的适应性，突破现有管理模式的局限性，企业需要不断反思现有的业务和管理过程，并根据内外的变化及条件重新设计，以便在衡量组织绩效的关键指标（如质量、成本、速度、服务、柔性、士气）上取得突破性的改变与跃进。因此，优化过程管理不仅是一项策略，更是通过不断的发展、完善和优化，保持企业竞争优势的需要。其实现的基本逻辑：在现有的基础上，提出改进后的实施方案，并对其作出评估；针对评估中发现的问题，再次进行改进，开始试行和验证，直至满意后正式实施并固化为标准。

优化过程管理的一般方法有四个：取消、合并、重排和简化。

①取消不必要的工作环节和内容。运营管理过程中，需要基于组织目标和客户价值，对工作内容的必要性进行确认并提升其相关性。根据价值贡献与必要性，通常可以将工作内容分为：增值活动（必要）、不必要的非增值活动（浪费）、必要的非增值活动（无法取消，只能保留）。作业时间构成如图 2-3 所示。

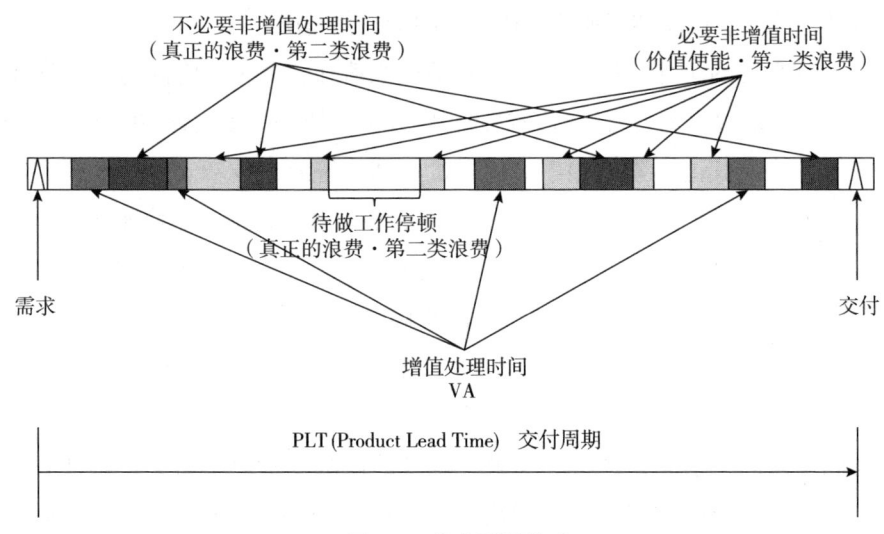

图 2-3 作业时间构成

所以，对过程工作内容的性质区分是关键。某项工作、某道手续或工序，首先要研究是否必要，能否取消？

不必要的非增值活动，以及可取消的工作，不必花时间研究如何改进。

比如，在很多运行信息管理（ERP 及类似）系统的企业中，存在着一种共性的现象：为了符合公司的信息化要求，员工需要同时维系多个体系（线下+N 个线上系统）。很多时候管理层对此习以为常，甚至认为理所应当。员工则怨声载道，系统也往往运行不佳，甚至迟迟无法实现正常运转。解决这个问题的办法其实特别简单，即如能避免员工二次或多次录入，并将员工的日常业务场景在单一系统中进行有效覆盖，则这个问题就可以得到彻底的解决。

②合并必要的工作。在组织内，实现工作目标通常是通过分工和协作的方式实现的。如工作环节不能取消，可进而研究能否进行合并优化。

组织分工的目的主要有两点：一是通过专业分工实现规模效应，进而提高单一工作的效率；二是因工作量超过了个体能承受的合理负荷。若非如此，则需要进行合并。有时，如二者不能兼顾，可能需要重点考虑如何保持满负荷工作，甚至不惜牺牲局部效率。

比如，有的企业生产交付的流程不是"一个流"，即工作负荷不平衡，中间存在明显的瓶颈环节，那其他的部分就需要做出"牺牲"，以"服从"这一瓶颈，从而使得整体上最优。

总之，合并必要工作的核心目标是为了实现整体目标，而使各环节的工作负荷更合理，从而实现总体产能或整体资源的最大化利用。

③重排必要的工作。所谓重排，就是在取消和合并（即将问题尽量简化到必需和必要）以后，还要将所有必要的程序或工作任务，按照合理的逻辑重排顺序，或者在改变其他要素的顺序后，通过规划与统筹，重新安排工作顺序和步骤，以使所有的活动整体上更顺畅、更高效，更有利于价值流的快速流动。

在此过程中，还可以进一步发现是否存在可以取消和合并的内容，从而使工作更有条理，效率更高，结果的实现更有保障。

④简化必要的工作。实现过程的优化与持续迭代，还需要建立"一切皆可变""一切皆可推翻"的工作理念与思路。

在此理念的指引下，才不会受限于现有的做法或拘泥于当下，而是敢于以"全新设计"的立场，视"当前的做法是最差的"，并不断反思、检讨与调整，进行反复的迭代与升级，从而实现整体的更高效。否则，很容易陷入证明和维护现有做法合理性与正当性的怪圈，而无法获得实质性的突破与改变。

对于过程管理的改进，除去可取消和合并的工作内容之外，对于剩下的必要部分，还可以进行简化。这种简化是对工作内容和处理环节本身的简化。理论上讲，所有的工作均具有无限的改进空间，即可以优中更优，越做越深入和细致，直到实现极致高效。

2.2　持续提升企业的整体盈利能力

企业的经营与管理是通过综合运用人力和其他资源，以有效地实现目标的过程。因此，运营管理升级的根本目标只有一个：通过组织能力的系统建设与强化，实现和提升企业整体及持续的盈利能力。

为了保障企业持续盈利能力提升这一核心目标，运营管理须以企业战略目标的实现为主线，推动企业核心业务的升级与突破，不断提高企业的整体产出水平，并实现销售（收入）的最大化，同时系统优化与升级企业的核心业务流程与组织功能，使得运行费用最小化，进而实现企业整体盈利的最（更）大化，并不断和持续增强这一能力。

2.2.1　迭代和升级企业的核心业务

企业是围绕战略愿景和经营目标的实现而存在的组织。因此，任何企业的核心经营目标应该只有一个：现在和将来持续赚钱。

要实现这一目标，企业的核心价值就需要在市场中得到客户的承认。其中，核心业务过程即"需求→现金"流程，是保障企业核心经营目标实现的关键。它是从理解和发现客户的目标、需要、愿望及期待开始，通过内部运营体系整合各种资源对其予以满足，实现收入（现金流）回收，并最终实现客户满意的全部过程和相关要素的集合。

企业核心业务相关的迭代和升级主要包括：重新定义客户价值、明确战略目标及定位、梳理核心业务流程蓝图和优化关键业务管理过程。

升级业务战略，重新定义客户价值

为了更好地改善企业经营，实现业绩的可持续增长，企业的系统运营升级首先要从重新定义企业的客户价值开始。

重新定义客户价值是指通过重新看待和审视市场趋势与客户需求，在"否定"企业现有价值定位的基础上，基于客户需求的变化及差异化竞争的需要，对企业的客户价值及其实现过程重新进行设定的过程。

最简单的做法就是带领团队共创：我们不是做什么的，而是做什么的，即"否定"现有的价值定义，并赋予新的、更高的意义和价值。

实际上，企业业务模式的迭代与升级首先是要重新定义企业所处的市场或战场，主动升级难度提高竞争门槛，这是行业头部企业的战略首选这是行业头部企业的战略首选：将企业经营活动所涉及的范围及过程，拓展为更高层面（更为宏观和系统）、更大范围（涉及到更多、更大的领域）、更深层次（客户更想要和更极致）及更长周期（更可持续或更长久）的产业/行业/客户价值链活动，即"搞更大的事"，简称"高、大、深、长"，以建立和增强企业的系统性优势，帮助企业快速摆脱低层次、同质化的竞争困境。

从这个意义上讲，有多大的客户价值定义，就会成就多大的企业。这个价值的选择过程是持续进行的，而且越是持续和持久，业绩倍增的效果越明显。

选定目标战场，明确自身的战略定位

很多企业在经历多年的市场实践与生存考验后，通常情况下都能找到自己相对明确的市场位置，即企业作为行业市场的参与主体，其实已经基本形成或找到了属于自身差异化的市场定位。只是这种定位往往只存在于少数人头脑中，还只是某种经验式的感觉，缺少系统性的总结与有效提炼，从而使得其独特性无法得以凸显，或者团队集体性的不自信，甚或不相信。

基于此，在完成对客户价值的重新定义后，企业需要进一步明确其战略目标及发展定位，对未来三到五年的业务边界、范围进行框定。只有定义清楚了要做什么和做成什么样，才能真正做到有所为有所不为，从而为组织的发展和团队的行动指明前进方向，并通过资源聚焦，强化企业的独特价值定位，沉淀出企业的核心竞争力。

因此，企业的运营管理升级应致力于企业战略构想的实现，并在结合企业战略实践（利用其已有成功和资源）的基础上，通过共创的方式带领团队重新梳理和明确企业的发展目标，确保所有成员朝着共同的目标努力。整个过程需要高层领导的深度参与和全员共识，确保战略目标既具有前瞻性又能够落地实施，最终推动组织实现持续发展和增长。

树立客户导向，梳理核心业务流程蓝图

基于公司的战略和市场定位，在市场需求调研和客户细分的基础上，梳理完整的核心业务流程蓝图，系统建立以客户为中心的业务与管理流程体系。

为了推进企业的转型升级和变革，需要将重点放在"需求→现金"流程的持续优化上，即围绕持续盈利这一核心目标，聚焦于为核心业务过程提供有力的保障，并以此将各个部门、岗位的工作进行有效连接。这是对客户价值实现影响最大的流程，应该成为企业所有成员的共识。

在企业运营管理实践中，全局思维和系统思考通常是普遍欠缺的，职能型的本位思考往往更为普遍。很多管理者拘泥于眼前的业务，过于关注细节并被各种琐事缠身，甚至沉迷于"做事"带来的成就感，纠缠于现实的细枝末节不能自拔，从而忘记了要带领团队去往何方。当然，也有部分相对开明的管理者，已经开始意识到只关注眼前所带来的局限，却无法突围而出。

核心业务流程蓝图正是为了解决这些普遍现象而产生的：通过带领团队放眼未来和关注全局，围绕战略目标的实现进行以终为始的长远思考，系统规划并搭建企业整体的业务发展框架，结合当前和后续发展需要，分步骤、逐步实施，从而实现从现实走向战略未来的有机结合。

快速取得成效，优化关键业务管理流程

基于企业的基本属性，企业的首要任务其实是持续、快速发展自身业务。成长型企业正值上升的关键阶段，更是如此。

在企业的运营过程中，为了保障核心业务结果的有效输出，是流程决定组织，而不是组织决定流程。通过消除全过程中制约整体目标实现的因素，提高整体的运作效率，以最大限度满足客户不断变化的需求，并建立起以客户为中心，对市场快速反应的企业敏捷运作模式，从而构建出企业的系统运营管控模式和组织结构，为企业的可持续发展奠定组织基础。

在发展核心业务的过程中，成长型企业通常会遭遇以下三个与核心业务流程相关的典型困难。

一是客户/市场的开发与管理能力欠缺。前端市场开发过程中，现有的业务开展模式通常是点式打法，不成体系且缺少有效的过程管理。过往赖以成功的经验和做法不再高效甚至无效，产品和技术思维严重，亟需升级形成高效的系统性打法。同时，已有客户资源的管理缺失，老客户流失严重，整体活跃度不足，甚至形成对少数客户、少数人员的严重依赖，企业经营风险明显增加。

二是产品和服务的竞争力不足。企业产品线、服务线布局不合理，面对市场和客户需求的变迁，未能及时作出调整，无法有效覆盖潜在目标客户的新需求。其次，产品、服务长期未进行有效更新，功能单一或存在明显的局限，导致产品和服务的市场竞争力不足，无法对客户形成有效吸引。由于在产品和服务方面存在的问题，导致无法有效满足客户不断提高和变化的需求，从而造成了市场营销工作的难度，进而导致客户的黏性不足，客户资源流失严重。

三是前后端的不协同。由于过往长期快速发展的"安稳"态势，企业内部职能化管控的倾向越来越明显，不成熟的绩效管理模式更是加剧了这一趋势，前端业务团队的时间、精力大量被内部协调所占有和消耗，导致客户体验感不佳，业务团队的信心不足，前后端出现越来越强烈的冲突和不信任，并且长期得不到有效解决。

以上问题都会对企业快速和持续发展业务造成阻碍，使得企业在新的市场环境下无法抓住机会，从而错失大好的发展机遇。

实际上，很多企业是基本具备实现其业务目标和结果的核心基础的，只是需要进行部分的业务管理过程优化：部门间、环节间、岗位间的连接不明确、不清晰，或者在影响流程结果的关键管控点未明确关键活动及其工作标准，导致过程失效或低效，无法有效保障流程最终结果的取得。

因此，在运营管理升级过程中，需要对业务过程中的主要矛盾进行梳理：先确保整体的相对通畅，再优化局部和深入细节，强化与此相关的组织功能保障，逐步细化核心工作流程和标准，以实现目标状态与实际的有机结合，从而推动企业组织能力的整体提升，促进企业核心业务的快速和可持续发展。

2.2.2 发展和完善企业的组织能力

何谓组织能力？

管理中的组织一词有两种不同的含义。

一是指由若干个体或群体所组成的具有共同目标及一定边界的社会性实体。它是在特定的环境中（或背景下），为实现某种共同的目标而按照一定的结构形式、活动规律结合起来的，具有特定功能的开放系统（意指与外界环境发生关系和相互影响）。简言之，组织是由两个以上的个人以特定关系构成的具有共同目标的群体。

组织的另一层含义，则是指组织内特定的、结构化的活动系统。通过组织设计、分工协作、人员培养与任用、绩效管理、激励机制、团队文化建设及运营管控等方式和手段，整合组织内的个体及群体活动，以更加有序和高效的方式共同实现目标的过程。

所以，所谓组织能力其实是指企业为了更高效地实现其战略目标，灵活地运用各种方式、方法，将各种力量合理地组织和有效协调起来的综合能力。它是企业实现其战略构想的重要基础和成功关键，是企业核心竞争力的重要构成要素。良好的组织能力意味着企业在与竞争对手投入相同的情况下，能以更高的效率、更高的质量和更低的成本，将各种要素投入转化为有效的产出。

企业的组织能力主要包含两个大的方面。

一是组织保障的基础。企业组织能力建设的核心目标和目的，是为了保障系统有稳定的产出。主要包括：流程与标准、分工与协同、赋能与激励、运行与管控，以及企业文化与团队氛围。统称为"组织硬件"或组织体系。其中，分工与协同主要通过组织架构和流程的形式体现，是一种能使组织成员为实现组织目标而在一起工作并履行职责的正式体制。科学、高效、合理分工、职责明确以及配套机制健全的组织体系，是组织实现目标的重要保证。

企业的组织硬件是一种"组织记忆"和群体行为模式。一旦确定，便在一定的时间期限内保持相对稳定，个体通常难以与之对抗。因此，具有一定的稳定性和传承性，并使得组织得以有效降低对于个人的依赖。这也是企业开展组织能力建设的重要出发点。

二是与"组织硬件"相对应的"组织软件"。它是指企业拥有与组织硬件相匹配的人力资源保障能力，即企业具有可持续的人才成长与输出能力，以及关键和重要岗位的人才供给保障能力，从而能够基于组织发展的需要，提供及时、足量和胜任的人才供给，从而得以让"组织硬件"有效发挥作用。

事实上，组织软件和硬件的有效结合，是企业组织独特性的重要来源。二者相互配合、缺一不可。

优化组织设计，补充和强化关键组织功能

从接触到的众多案例来看，很多企业在组织系统方面存在三大共性问题。

一是组织功能的缺失或薄弱。

在新的市场环境下，企业内部的管理机制、流程及方法等，不能有效匹配新阶段的需要，也没有人或岗位对此进行系统性的改进与变革推动，从而使得企业核心业务的发展受制于相关组织功能。

比较常见的现象是团队把几乎所有的精力和时间，都投入到短期性目标上，而对于长期性、长效性的工作却不予重视甚至视而不见。长此以往，就会导致企业在特定领域出现严重的缺失，从而制约自身的长足发展。

二是团队能力的集体和普遍缺失，不能匹配岗位需求。

首先，各层级管理者调整缓慢，针对新的组织需要表现出不同程度的不适应，现有能力与组织及团队需求不能匹配，在"能人化"的道路上越走越远，甚至因个人能力和认知的局限，成为了所在组织单元乃至企业的"天花板"。

其次，在团队方面则主要体现在思维方式固化，自我中心和本位主义严重。缺少必要的客户和市场意识，无法或不愿有效满足内外部客户的需求，从而无法适应企业在新的发展阶段对人员敏捷性需要和要求。

当然，在公司层面则缺少系统性和持续性的人力资源开发与利用投入。团队的成长主要靠"自然生长"和个体自觉，从而导致很多部门普遍出现"无人可用"的被动局面。

三是运营管控模式低效，不能匹配现实需要，制约了业务和团队的发展。

很多企业的管理者习惯了所谓的"结果管理"，只要结果，不顾及其他，甚至只要结果好，其他的都可以接受。因此，无论是工作计划、考核指标的设定，还是日常的业务开展过程，都缺少必要和有效的过程干预。很多时候，管理还停留于"口头汇报"的模式。只凭当事人一张嘴，说什么就是什么。缺少必要的质询，更谈不上有效跟进。

同时，面对不断变化的内外部问题，仍然习惯于采用经验式和程序化的管理手法开展工作。管理动作低效，缺少目标指向性，个人的缺陷在此过程中无限被放大，甚至因此引发团队的抵触情绪，使得员工的自发性和内驱力逐渐被磨灭，并渐渐丧失工作激情和活力，从而引导不必要的动荡。

基于此，运营管理就需要从顶层的组织设计上，完成对以上问题的有效规避和系统解决：对组织长期目标与短期目标进行兼顾，完整规划组织功能，实现"事事有人管，事事有标准"，并追求整体优先与局部平衡相结合。

推动"众神归位"，发挥核心团队的组织价值

很多企业中还存在另外一种非常普遍的共性问题：管理层的集体错位。

最典型的管理者错位主要表现为：高层管理者喜欢事无巨细，喜欢"一竿子插到底"，并美其名曰深入一线，躬身入局。管理者深入一线，了解实际问题及收集相关信息当然是必要的，但越俎代庖则会挤占下属的成长空间。

从基于组织分工的需要出发，高层管理者应致力于全局性问题的决策与推动解决，并为组织及业务的可持续发展营造良好的组织环境与氛围。否则，好不容易建立起来的组织体系也会在瞬间被摧毁，使得企业的发展更加依赖于少数人（往往是高层）。于是，就有了一种戏谑的说法：董事长往往"不懂事"，总经理经常"总是不管事"。长此以往，下属中将再无"能人"，并最终导致企业出现"无将可用"的尴尬局面。

同时，中层管理者未能发挥承上启下的枢纽作用，出现问题时热衷于"上传下达"：把自己当成"传声筒"，将日常工作中出现的各种问题简单地向上传递，甚至还会把自己做成"民意代表"，代表基层与上级谈判、提条件，以为自己是在向上级反映"一线的真实声音"，并认为只有这样做才能赢得团队的"拥护"，全然忘记了自己的职务是被任命而不是被选举出来的，应该"向上靠拢"而不是丢掉自己应有的责任与担当。实际上，当员工在向管理层反映问题或是抱怨时，管理者的核心作用其实是解决问题，消除或弥合企业要求与个人期待之间的差异，而不是简单地"向上推"或"往外推"。

在面对平级或跨部门横向沟通时，则存在另一种典型的错位：缺少全局观。对于跨部门、跨职能协同或协作要求，不理解、不尊重、不配合。不重视"内部客户关系"，"本位主义"，喜欢在小事上扯皮，在重要的问题上却习惯性地"踢

来踢去",不履行应有的职能、职责或流程责任,甚至互相拆台。

此外,基层管理者作为组织管理中最直接抓手,肩负着对组织内基础业务单元和基层团队的直接管理责任。他们是企业战略目标和组织功能设计在一线得以体现的最重要推动者,本应尽可能解决一线业务单元的相关问题,包括指导一线员工有效开展工作,并对团队进行日常管理,落实上级的指示与工作安排。然而,很多基层管理者喜欢或习惯于"听话照做",只是一味地"贯彻落实"。做任务而不关心最终的结果,缺少改善基层业务和推动团队进步的主动性,甚至沉浸于自己过往的业务或专业上,并认为只要自己继续做好"业务表率"就足够了。殊不知,自己的角色和岗位已经发生了变化,应根据组织需要重新定义自己的价值。

事实上,以上种种的管理者角色错位及表现,通常是企业各种管理乱象和业务发展受阻的重要原因。管理者作为组织功能发挥作用的关键枢纽,其最大的组织价值就是承载组织功能的落地,并承担起推动组织体系完善和团队发展的使命。唯其如此,企业才能真正成为有战斗力的高效组织,将自身的战略目标不断向前推进,并在市场竞争中赢得持续性的竞争优势。

优化运行机制,持续迭代组织能力

组织能力是反映企业组织整体运行效率和效果的能力组合。它帮助企业以更具竞争力的成本、更高的效率、更快的响应速度以及更高的质量标准,将各种要素投入(团队、资源等)转化为更受客户欢迎的产品和服务。

基于此,完整的企业组织能力建设应该包括如下内容。

组织功能规划:基于战略目标的实现,需要哪些组织功能?

组织结构设计与分工:如何利用好现有人力资源并实现有效协同?

团队的选拔、培养、任用与激励:如何找到合适的人,并使其保持活力并不断发挥组织价值?

规定团队成员活动、关系和相应责任的规则:哪些是正确的事?

组织的日常管控(标准、人与业务的结合):怎么做能保证高效?

组织稳定运行和持续迭代的机制:如何让团队持续保持活力并实现高效协同,实现组织的可传承与可持续发展?

针对以上组织能力建设能力,还需要通过持续、深入地思考以下问题,不断加以调整或修正：

　　组织功能规划是否支撑企业当前及未来的长远发展？
　　组织架构设计是否体现企业战略构想并支持战略目标的实现？
　　组织运行机制是否使组织内部协同和外部响应更快捷、更高效？
　　是否实现了组织内人员、资源的充分运用和更大潜力的发挥？
　　企业业务模式是否具有持续迭代能力且具有未来适应性？

　　在实现企业战略目标的过程中，从便于管理实操的角度出发，面对所有目标与现实之间的差距，都可以做出如下两类基本归因：一类是组织的问题，另一类则是人的问题。管理者在遇到任何问题时，从组织能力建设的角度，首先要回归组织优化方面的思考。

　　为什么会出现这样的问题？
　　我们的组织到底在哪里出了问题？
　　如何改进或升级？

　　而且，组织层面的管理活动均是由人主导和承载的。在社会性组织系统中，人其实是最为重要的主体和核心因素，而人的意愿和能动性是决定成败的关键。因此，组织管理的重心最终都应回归到激发人的意愿上来。

　　事实上，企业发展过程中的大部分问题与机制的不匹配相关，即现有的机制或流程不适应当前的需要，因此造成了一系列的内外冲突和矛盾，并以各种形式或现象呈现。而且，由于机制通常是组织内部相关方影响力及利益平衡的结果，牵涉的范围更为广泛，影响也更为深远。因此，机制的调整往往也是企业转型升级过程中关键性的影响因素，也是最大的阻力所在。

　　鉴于此，领导者在推动系统运营管理升级的过程中，需要先坚定改革决心和意志。只有营造好了足够的内外部改革氛围，在团队具备了较高的接受度和应该改变之心理预期的前提下，才适合推动机制相关的改革。并且，在满足客户中心的基础上，充分考虑相关方的合理诉求和要求，从而使得组织的内部改革或变革成为了一场全员拥护的团队共识。

　　此外，为了保证企业组织能力的持续迭代和升级，还需要在日常管控过程中，对现有的运营体系及做法进行有意识的检视：基于整体战略目标的实现，企业现有的组织功能规划及设计，与企业的资源特点、团队能力及企业核心业务的发展是否匹配？所有不能支撑或不能体现企业战略意图的做法，均应加以改变。在整体规划的基础上，根据企业当前的形势判断，分步实施，逐步细化，以使企业的组织能力得以持续提高。

在此，特别强调和强化一个系统运营的观念：永远不要追求一步到位。

事实上，观念或战略思考其实是可以快速实现共识的，但团队和组织的调整则通常需要经历一个必要的过程。否则，可能欲速不达。

为了配合这一目标的实现，企业还需要在企业中营造开放和持续改善的组织文化与氛围，打造有进取心、能够不断面对和突破自我的核心团队。只有在业务发展、组织能力建设和团队成长三个方面同步调整并持续深入，以使三者有机结合起来，才能真正推动企业组织能力的长远发展与系统提高。

2.2.3 建设和发展企业的人才梯队

人是组织体系发挥作用的关键。领导者只有真正理解了人对于组织活力保持的巨大作用，才会关注和重视企业的人才梯队建设。

理解组织绩效实现的完整逻辑

组织运营的基本逻辑是以目标的定义为起点，通过分工与协作的方式，依靠特定的内部约束机制与规则，实现群体目标的最大化。

企业组织作为一个复杂的系统，人员行为对企业组织的影响通常具有时滞性。人员行为要发挥出完整作用和产生影响，通常需要时间和过程，并可能引发系统性的反馈。因此，无论是组织绩效还是个人绩效，往往都是指最终结果与过程成效的结合。同时，由于驱动业绩增长的因素总是会随着内外环境的变化而发生变化，所以，员工个人绩效的实现并不一定总能保证组织是有绩效的。

从经营管理的角度，人员绩效包括两个方面：个人绩效和团队绩效。其中，个人绩效主要表现为与个人岗位职责相关的岗位成就和关键性的绩效行动或行为；团队绩效则主要是指个人根据职责分工和流程需要，通过团队协作实现的工作成果，即流程成果。

所以，从某种意义上讲，组织绩效的有效实现与团队和个人有效的分工、协同有着重要的关联。企业运营管理升级就是要促进个体、团队在组织目标实现过程中有效分工和协同。

组织绩效的实现逻辑与过程如图 2-4 所示。

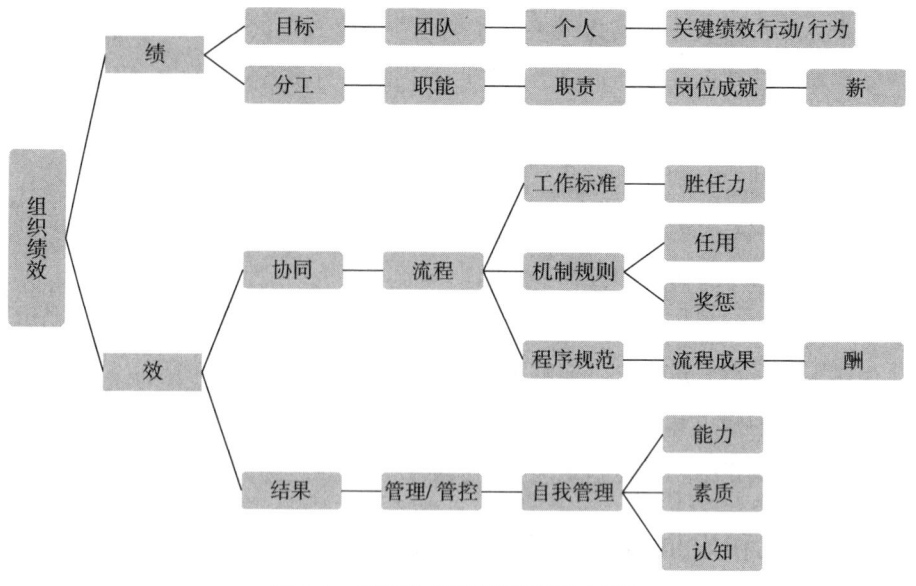

图 2-4 组织绩效的实现逻辑与过程

绩：从字面上理解就是业绩，体现为业务目标和组织分工。其中，组织目标需要转化为团队目标和个人目标；组织分工则主要体现为部门职能的区分和岗位职责的承接。二者分别落地于个人绩效的两个方面：一是关键性的绩效行动或行为；二是岗位成就，即个人对于岗位目标的自我定义，我要把工作做成什么样？做到什么程度？岗位成就的定义水平不同，往往代表着员工自我驱动力量的差异。岗位成就定义越高，通常代表个人的意愿度越高，自驱力越强。

效：本义指持械训诫、教诲，可引申为效法、效验和检验。管理学上则可引申为标准、规范、规则等，即依照相关的标准，通过特定的行动或行为达成某种期望的状态和要求。

基于企业的组织属性，所有个人和团队的行为均应围绕组织目标展开，建立和维护可持续实现稳定、更佳结果的过程，并最终达成结果。

其中，个人和团队之间的有效协同，是实现这一目标的重要基础。基于此，围绕目标和结果实现的过程管理就要求参与其中的个体、团队，形成和按照特定的工作标准、机制规则、程序规范运转，并通过流程带来稳定的结果。

同时，为了保证流程结果的取得，需要相关人员具有相应的能力、素质和必要的业务技能，以匹配相关岗位的胜任力要求，从而促使个人（或团队）实现组织层面的整体协同，即只有有效的流程和合适的人员，才能带来稳定、高效的整体产出。为了巩固和强化这一正向反馈，需要对过程中相关人员的表现进行及时反馈，以影响其朝着组织希望（或既定）的方向前进。任用和奖惩于是成为了最简单、最基础的保障措施；按照流程要求开展工作，实现目标或者超额完成目标可以获得奖励，比如奖金、提成、更好的职业发展机会等。

所以，所有的管理活动其实都是保证措施或举措，以促进围绕组织目标而展开的分工与协同能实现有效运转。这就是组织绩效实现的基本逻辑。

搭建企业长期的人才供应链

在瞬息万变的商业环境中，企业要保持其领先性，必须实现人才与业务发展的有效匹配。这就对企业的人才供给能力提出了要求。

当企业的业务模式调整到一定阶段后，企业面临的共同挑战往往是人才供给不足，有时甚至会出现"无人可用"的局面，由此不得不从头开始，即临时突击招募和集中补充人员。

因此，企业在系统运营管理的过程中，首先要解决的问题就是人才供给的问题，使企业在发展业务时永远有适量、合适的人员可供选用。丰田称之为精益模式，也就是所谓的准时化生产（Just In Time，JIT），即将必要的零件以必要的数量在必要的时间送到生产线。

由于个体差异、环境适应等影响，个人的成长及发挥作用需要一个相对较长的过程。因此，为了保证在发展过程中随时拥有必要的人员供给，企业需要基于公司战略目标及业务发展需要，提前开展长期和动态的人才规划，并通过灵活的人才盘点、批量化人才培养模式，实现适时足量的人才补给。

针对成长型企业的业务与资源特点，采取"骑驴找马"的模式是一种不错的选择，即基于业务发展需要，从现有的人员中选拔出相对匹配的人员，先干起来再说，边使用边培养。这是一个"矬子里拔将军"的过程。无论企业或个人，真正的战略是在正确的方向上努力。即企业要想实现其战略构想，首先要"上道"；而且，人是具有可塑性的。"屁股"（位置或角色）会从某种程度上决定"脑袋"（出发点及思考问题的角度，进而引导行动的变化），环境可以一定程度上塑造人。更为重要的是，人是具有向上向善之心的。

这种尝试的成功率其实是很高的，而且过程中经常会有意外惊喜。唯一要打破的，是管理者心中的完美主义情结与狭隘的个人成见。如果通过这个过程，相关人员能基本胜任或满足岗位需要，则可保持任用甚至分配更多更重要的工作安排。如不能胜任，甚至出现了比较明显的拖后腿情况，则需要快速进行组织架构的调整，重新划分其能力可承受范围内的工作职责，并物色新的人员补充相关的功能缺口。

这个过程没有标准的时间建议，一般是 3~6 个月。当然，有些企业的领导者缺少耐心或是市场机会太好，可能也会在 1~3 个月内就做出调整。我们认为没有对错，系统优化的过程，本身就是一个判断—验证—调整的持续升级过程。相对于远大的战略目标而言，起点不那么重要，迭代的速度才决定高度。

持续推动组织内部的人岗匹配

随着各行业竞争的加剧，企业核心竞争力的体现不仅依赖于资本和技术实力，其主要焦点还在于组织和团队落实企业战略意图的能力。

回归到人力经营的层面，企业如何对人力资本进行有效配置和合理使用，实现人与岗位的有机结合？即为岗位找到匹配的人，把合适的人放在合适的岗位上，从而实现"岗得其才，人得其岗"以实现组织效能的最大化。

只有结合业务发展需要，对企业的人力资源进行优化配置，才能促进企业现有资源的最大化利用。所以，组织内部人员与岗位匹配程度的高低，直接影响企业内部其他资源的有效利用和整体配置效益，对企业能否持续、稳定、快速发展有着重要意义。

从人岗匹配的基本涵义可以看出，人岗匹配主要包括人员和岗位两方面的影响因素。成长型企业由于其发展阶段的特点，资源丰度相对较低，体现在人员的综合素养和能力方面，通常说来是比较薄弱的。因此，在这样的背景下，在推动企业开展人岗匹配工作时，首先会在岗位方面下功夫，即优先考虑能否通过岗位设计和设置，降低对人的要求，并且在设计组织功能时，就充分考虑到企业现有的人力现状和特点，而非以理想的标准岗位要求定义部门职能与岗位职责。

而且，在进行组织架构和岗位设计时，始终强调核心价值的回归。部门和岗位的核心价值到底是什么？由此延伸出来的相关核心要求或特质是什么？现有候选人的个人的特点、特质等能否很好地与之有效匹配？有否有备选或替代方案？补充或保全措施如何？

其中，需要重点强调的是，人岗匹配过程中要弱化或避免过度追求所谓的"经验"。事实上，经验的背后往往很可能意味着固化与僵化，或曰可塑性差。企业在用人过程中常会发现那些"经验丰富"的员工其实并没能展现其应有的价值,甚至辜负了企业最初的期望。反而,一些"前期不被看好,实在是没有办法"的用人尝试,却经常会带来惊喜。

实际上,企业运营管理的升级其实是在做一件"全新的事",过往的经验并不能保证未来。因此,在企业改革或升级过程中,可能根本没有现成的完整经验可言。因此,在进行人岗匹配时,要从强调过往的"做过"到重点关注候选者,或后备人员是否具有足够的发展潜力,并且在过程中及时给予反馈,提供培训、指导和其他赋能,提供合适的环境与条件,协助他们成功。

从运营管理的角度,人才是引发组织一切变化的根本动力源泉。只有明确了岗位核心价值并形成相关的共识,人员选择和匹配方案就会变得相对简单。只有敢于颠覆过往,才有可能拥抱到全新的未来。

2.3 系统升级企业的运营方法论

企业的运营升级要体现出真正的威力,解决各种现实的困境,离不开底层方法论的赋能,即需要通过形成完整的运营管理"套路",才能发挥出组织运营系统的整体价值。

这些完整的"套路"通常包括:升级对组织系统的基本看法、回归运营管理的底层思维,以及遵循运营管理的工作主线。只在系统层面进行方法论升级,才能真正意义上快速实现整体突破。

2.3.1 树立系统运营的"新三观"

以整体观代替局部观

所谓整体观,首先是指思考问题的出发点与角度:永远要从全局的角度考虑问题,用整体的观念观察和理解周围的事物,把企业看成一个有机的整体,看到要素间的内在关联及相互影响,条理清晰地梳理复杂关系,确保不遗漏重要主体,并从有利于整体目标实现的角度去思考和处理问题。

其次,系统观还代表一种思考问题的基本逻辑:即考虑问题的顺序永远是先从整体和全局出发,再考虑局部,最后才深入细节。以确保在解决问题、推动事物发展时的大前提是成立和正确的。所以,从这个角度出发,作为领导者遇到问题后,一定不能先进入细节,反而应该先跳出来。

此外，整体观还包括在做管理决策或采取行动时，要基于长远思考以发展的眼光看待之，而不能就事论事，即看到任何决策、做法在更长周期和更大范围内，可能造成和带来的更深远影响。

企业是人员、资金和物质条件的结合体，其核心价值是通过人力及其他资源的有效运用实现组织目标。在专业分工的时代背景下，几乎没有什么工作是完全靠一个人就能完成的，合作成为了开展很多工作的不二选择。合作过程中一旦出现问题，经常就会出现相互推诿：销售做不好，就归因于产品不够好，价格还太高；产品部门不愿"背锅"，就会推到供应商质量不佳、生产部门不给力、公司资源投入不足……推来推去，每个人好像都"没问题"，于是乎问题只能出现在外部：客户太挑剔，竞争对手太厉害，或是大环境不好、政策限制、行业下滑、市场不景气……从而，就获得了心灵上的"解脱"。

系统运营要求在出现任何问题时，管理者要学会从组织系统和人的角度共同寻找原因，即人与系统根本就不能在此中"独善其身"。

最后，在企业经营的过程中，追求发挥全体员工的整体力量，包括经营理念的一致性、目标的团队共享以及团队合力的发挥，以一致性和整体性的做法来实现企业经营目标。

在整体观的指引下，我们可以清晰地看到：瓶颈或关键环节的制约或损失，其影响往往是系统性的。局部的效率或效能最优，往往并不代表整体最优，造成的损失也可能是整体性的。

系统运营管理着眼于帮助企业和组织实现系统性的优化，追求整体最优，而不是局部最优（或局部效率）。所以，只有拓展视野并丰富视角，不断打破个人的思维狭隘和部门的利益局限，才能有效避免"深井式"思维和组织"近视"，从而拥抱更为广阔的前方。

以产出观代替成本观

作为商业组织和社会经济活动的主体，企业的根本目标是实现盈利。然而，相对于客户不断变化的需求及人的欲望而言，企业可支配的资源总是相对有限的。正是基于"资源有限"这一假设和事实，管理的核心价值就主要体现在如何利用有限资源，实现盈利目标的最大。

传统管理的成本思维认为：价格 = 成本 + 利润。

基于这样的理念，企业要想实现利润目标，一味"拧毛巾"式的压缩成本以获取利润,成为很多管理者的"通识"甚至唯一的"执念"。在接触众多成长型企业的过程中,我们发现很多管理者对此存在明显的误区,甚至到了让团队都感觉是"饮鸩止渴"的不正常状态。

在传统管理思维看来,降低成本等同于削减支出、减少研发、减少材料费、减少用工、降低劳务费、降低福利、控制劳动作业时间……

于是,很多即便是拥有"高科技认证"的企业,其研发投入也很低,甚至面对激烈的市场竞争和越来越低的毛利,好多年也没有像样的新产品、新技术上市了。表面上看,似乎是企业没有能力投入,实际上是企业经营层为了短期利润目标,冒着伤害企业长期发展的风险,而采取的所谓"明智"选择。

这其实可以称为"经营近视"。

系统思维主张完整看待投入与产出的关系,并认为:

$$利润 = 产出 - 成本$$

从系统运营的角度,比压缩成本更重要的其实是创造利润。因为只有利润才是企业经营所真正需要的结果。

实际上,管理有两个不同的思考出发点:一个是解决问题,即将注意力聚焦于对当前现状的改善上,在现有的框架逻辑下加以"改良";另一个则是创造机会,即追求在更高层面、更大范围、更深层次以及更长周期内寻找更优解。真正能力挽狂澜于既倒,将企业带入新的发展阶段的领导者,往往都不是仅靠压降成本(以解决现金流危机),而是通过创造更多机会(新的定位与增长点)来使公司重现生机的。前者通常是战术性的,后者则是战略性的。

很多管理者在实际经营和管理的过程中,会忽略"创造机会"这个维度,管理工作流于"见招拆招"和"就事论事"的应付性、程式化状态。这样往往会导致在解决一个问题时(很可能并未真正解决问题),引发出新的、更多、更大的系统性问题,并在疲于应付和"救火"中消耗企业宝贵的资源、错失机会,以至于企业整体的竞争力逐渐丧失。

现代企业的竞争是人、财、物、信息及时间等要素的综合竞争,企业作为一个系统,对生产经营全过程的管理范畴应该相应扩展。

在产出方面,如何打破现有的业务与价值局限,围绕客户深层次需求和隐藏诉求,在提供更具独特客户价值的解决方案上升维思考,以实现回归客户需求本质的降维打击?只有实现了更独特和更高客户价值的业务模式突破,才能在白热化的同质竞争中脱颖而出,并拥有更高的整体产出水平:对外实现高溢价,对内实现更高的效率水平。

同样，在成本观念方面，要打破生产成本局限，将管理成本、机会成本、边际成本、时间成本等纳入考量。在加速变迁的时代背景下，尤其时间竞争的重要性更为凸显，关于时间的浪费其实很多时候成为了看不见的隐性成本。系统性的运营管理要求管理者必须学会运用机制和流程，激发和引导团队的成本控制意识，发挥其现场作用与能动性，将成本压缩的责任与压力从职能部门和管理层身上，逐步回归到成本产生的现场和当事人身上。

总之，企业系统运营管理的核心主线，就是要通过不断强化企业的组织能力和团队建设，使组织的整体产出水平不断提高，并在此过程中同步降低企业的整体运营成本，以增强企业的盈利能力。

以逻辑观代替经验观

企业作为市场经济活动的重要主体，必须适应相应的市场环境与条件，才能成为时代的企业而实现自身的发展目标。因此，在不同的时代背景下，对于其核心能力有着不同的要求。

在各个行业基本上都进入了存量市场博弈的阶段，原有的供需平衡被打破，同质化竞争加剧，客户时代强劲到来。企业不得不在组织和管理模式上作出改变与调整，以适应这一变化。

鉴于中国众多企业的成长得益于行业和时代红利，组织管理基础整体薄弱的现状，我们对企业经营管理过程中所涉及的基础和核心的底层逻辑进行了系统梳理和总结，以帮助企业在资源和团队能力可承接的范围内，形成完整、可复制且具有特定适应能力的运营管理体系。

过往传统的组织管理，业务发展与职能管理通常是割裂的，信息封闭或不能实现实时共享，部门间各自为政。在面对市场发生变化时，无法做出有效的反应，甚至出现了长期无法逾越的发展瓶颈。

系统运营管理正是针对这一现实，系统推动企业的组织管理以客户为中心，进行组织内的信息整合和行动协同，并以"目标—现状—差距—原因—行动"为底层工作逻辑和基础方法论，强化对目标实现过程与影响因素的有效管理，强调在工作过程中以缩小目标与现实之间的差距为主线，始终围绕目标的实现不断识别问题，找寻问题背后的原因并据此引导和调整团队的行动，从而使得团队能做出敏捷反应，紧紧围绕目标的实现与优化展开行动。

此外，经验式的成功关注已知的方法和做法，而往往会忽略问题的背景和条件。因此，往往会因为情境的变化而导致现有做法的失效。逻辑观强调的则是永远基于现状和资源条件，即强调结合现实情境的思考与行动，往往没有终点和结论，更关注持续性的改进与提高，并围绕着差距做出适应性的调整，通过持续的迭代和不断的自我调整，实现更高目标，而不是固守方法和做法，从而使得团队的工作思路和方向聚焦到特定的目的上。

因此，在逻辑观看来，所有不利于目标实现的做法和方法，都可以被改变；所有不符合目标的机制与流程，都应该被优化和调整。

简言之，系统运营管理将团队工作方法论的集体提升和有效管理过程，作为企业业绩突破的关键来源。用可复制的方法论，替代过往过分依赖个人能力和经验的做法，用科学的管理思维及逻辑过程取代经验和感觉，使得企业的运营管理能够得以不断地适应时代和环境变化，保障有效的运营结果，从而帮助成长型企业从"能人"依赖走向组织管理，提升企业的市场生存能力。

2.3.2　更新运营管理的底层思维

系统运营管理有两大底层思维，如图 2-5。

图 2-5　运营管理的底层思维

一是系统思维，围绕企业的战略目标，通过整体规划与设计，推动企业业务模式的迭代与升级、组织能力的系统建设和团队的集体成长。在动态发展的过程中，促成此三者的有机结合，实现整体和持续匹配。

二是流程思维，即通过流程化的方法思考和解决问题，从而使得目标实现的过程可重复、可追溯。流程思维的核心是将思考从整体展开到局部，再从局部深入到细节的工作过程。运用要素清单化、工作标准化及节点控制技术等，将一切相关的工作/业务步骤或者内容进行完整梳理，最后再进行不断优化、升级的思考模式。换言之，流程化思维就是通过建立框架，对碎片化的信息、要素等进行系统性组合优化，以将目标实现的路径逻辑化的过程。

系统思维：视企业为一个整体

作为商业组织，企业本身是具有特定功能的完整系统。

组织系统有两大基本功能：一是营销功能，其核心目标是对外完成企业对客户的吸引和创造，为企业赢得利润的终极来源；二是运营功能，即为客户提供产品与服务，是实现企业盈利的内部过程。

两大组织功能的有效配合，是实现组织系统目标的关键。一般而言，在企业系统运营升级的过程中，通常是以率先放大企业的营销功能为起点的。现状永远只是暂时的，组织长期目标的实现必须以营销功能的足够强大为前提。

企业的系统运营管理是一个从客户需求到客户满意的端对端价值创造与传递的完整且相互关联的过程。贯穿和持续稳定实现这两个功能，依靠企业的核心业务流程、组织功能保障和人员匹配。企业的业务子系统见图2-6。

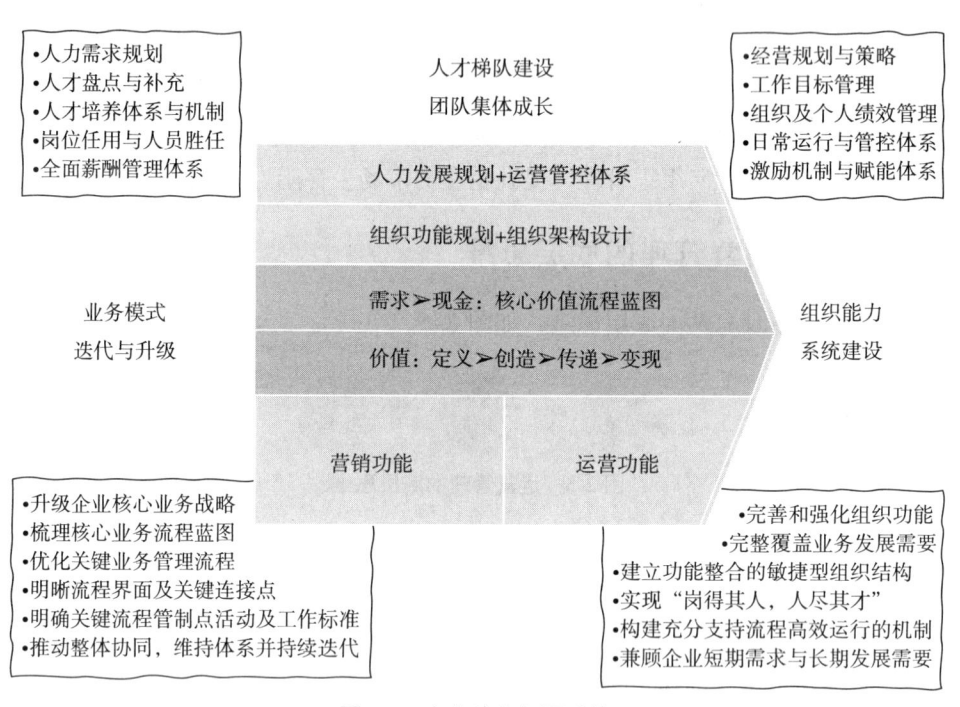

- 人力需求规划
- 人才盘点与补充
- 人才培养体系与机制
- 岗位任用与人员胜任
- 全面薪酬管理体系

人才梯队建设
团队集体成长

- 经营规划与策略
- 工作目标管理
- 组织及个人绩效管理
- 日常运行与管控体系
- 激励机制与赋能体系

人力发展规划+运营管控体系

组织功能规划+组织架构设计

业务模式
迭代与升级

需求➤现金：核心价值流程蓝图

价值：定义➤创造➤传递➤变现

组织能力
系统建设

营销功能　　运营功能

- 升级企业核心业务战略
- 梳理核心业务流程蓝图
- 优化关键业务管理流程
- 明晰流程界面及关键连接点
- 明确关键流程管制点活动及工作标准
- 推动整体协同，维持体系并持续迭代

- 完善和强化组织功能
- 完整覆盖业务发展需要
- 建立功能整合的敏捷型组织结构
- 实现"岗得其人，人尽其才"
- 构建充分支持流程高效运行的机制
- 兼顾企业短期需求与长期发展需要

图 2-6　企业的业务子系统

企业要想稳定并最终实现企业与客户的商业价值交换，需要持续优化业务管理流程，明晰关键业务流程部门间的连接，并明确流程管制点的关键活动及工作标准，以确定业务流程畅通、高效，且时刻围绕目标的实现运作。

为了实现以上目标，企业须从组织层面上进行功能规划，根据业务发展需要建立起快速响应、功能整合的组织结构，设置和强化相关的部门职能、岗位职责，以充分支持业务的开展与流程的高效运行。

此外，无论是组织功能的有效发挥，还是流程的高效运转，都离不开合格胜任的人员匹配，即企业只有拥有足量合适的人才，组织的高效运转及持续活力才有基础和保障。

所以，管理者需要根据系统的整体目标与现状判断，从业务结果、人员绩效和组织系统三个层级，识别出整个企业运营系统的瓶颈，并围绕此约束建立相应的运营评价体系，建立确保人效的员工培养机制，从而形成一个围绕组织目标实现的完整系统。

流程思维：把一切结果过程化

流程的基本含义是指为实现特定目标的一系列活动和过程。

管理大师、企业再造之父迈克尔·哈默认为，业务流程是把一个或多个输入转化为对客户有价值的输出的活动。

流程具有目标性（即有明确的输出）、相关性（活动是互相关联、相互影响的）、动态性（流程活动具有时序关系，且可能会随时间发生变化）、层次性（流程活动中还可以有子流程，可以越来越细小和微观），以及结构性（即流程的串联、并联和反馈）的特征。

为了实现客户需求（或特定目标）而设计的业务流程，通常需要强调协同与配合。为了保障整体产出水平的稳定，需要随着内外环境的变化而被持续优化，即确保目标的实现过程能始终围绕目标的实现而持续改进和完善。

事实上，企业所有的管理及业务活动都是由各种流程组成的。

在企业运营管理升级过程中，流程思维主要体现在两个方面。

一是目标和业务结果的过程化，即为保障特定工作目标和结果的实现，需要有意识地将相关工作任务程序化和流程化。

事前：根据大的或是整体目标（通常长期目标需要专门设立业务成就），对工作目标进行有序分解，然后设定保障目标的部门（岗位）成就、关键绩效行动（或行为），再根据此要素设定预案（工作计划和行动方案）。

事中：执行预案，记录活动过程并在过程中根据实际情境进行针对性调整，直到实现目标。其中，过程记录是保证管理活动具有可追溯性的重要依据，也是实现管理基于现状水平提升的重要基础。很多企业在运营升级过程中遇到的重大挑战，就源于过程记录的缺失或不完整。

事后：对过程和结果进行评估或评价，并针对业务开展过程中出现的问题进行总结和沉淀，针对经常性发生或常态化的业务情形，形成机制、规范或标准加以固化；针对现有的标准之外的例外或无效情形（也称为异常），升级相关的标准或规范，使得现有的系统能够有效应对新的变化。

二是工作方法的程序化和逻辑化。

企业发展到一定阶段后，掣肘发展的核心问题往往会聚焦到人身上，即发现企业最缺的其实是人才。

为什么会出现这样的现象？

实际上，这些企业所缺少的是"业务通才"，即对公司、对业务有完整理解和系统认知的少数人。具备完整业务知识与技能的"能人"，实际上是企业在发展过程中长期历练和沉淀的结果。当企业处于快速发展期时，就特别需要这些既认同公司又对业务拥有完整理解的"全能型"人才。在不确定的市场环境下，他们更是显得弥足珍贵，于是就出现了所谓的"人才短缺"。

所以，系统运营还要推动企业在内部形成用科学的思维和方法，培养具有胜任力员工的高效环境和系统性方法，建立成长型企业特定阶段的人才培养和成长模式；通过流程化的方式，帮助员工梳理和明确实现目标的完整路径、关键节点或要点，有效降低员工失败的风险，提高其成长和发展成为胜任岗位要求的合格员工的概率，以缓解或消除大量企业"大进大出"的人才困境。

一个完整的流程，通常包含以下 8 个关键要素。

①输入。流程活动过程所伴随的物流、信息流及资金流。

常见的输入要素按类别区分有：

> 信息：客户需求、订单、指令、文案……
> 物料：原材料、零部件、半成品、产成品……
> 资金：应收账款、应付账款、费用支出……

②输出。输出是流程活动所产生的物流、信息流及资金流，与流程的输入类似。

③活动。所谓活动，是指流程运行的基本环节。通常是流程的细化或更小的流程。

根据需要，流程中的活动可以进行无限"拆分"，直到可以解决问题。

④活动关系。流程中的活动之间，有三种基本的关系：串行、并行和反馈。

串行：即活动或环节按照顺序依次进行，如图 2-7。

```
活动1 → 活动2 → 活动3 →
```

图 2-7　串行流程活动

并行：即两个或多个活动同时开展，如图 2-8 中活动 2 与活动 3 之间的关系。

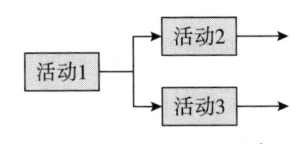

```
活动1 ─┬→ 活动2
       └→ 活动3
```

图 2-8　并行流程活动

反馈：即随着活动的进展，某个环节须向另外一个前面的环节提供反馈，如图 2-9 中活动 1 与活动 3 之间的关系：

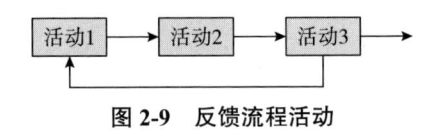

```
活动1 → 活动2 → 活动3 →
  ↑_____|
```

图 2-9　反馈流程活动

流程优化的基本工具与方法，就是通过对活动或环节次序的改变，即通过改变活动的先后顺序和逻辑关系，提高对内外部客户的响应速度、效率以及结果输出的稳定性。

⑤业务规则或约束。所谓业务规则，实质上可理解为开展业务所需接受的约束条件或需兼顾的多个目标，也可以理解为不同业务环节的特殊情境和个性化要求。

通常包括与业务相关的操作规范、管理章程、规章制度、行业标准等。

> 流程活动的执行标准。例如：产品检验时使用的质量标准、规范等。
> 流程活动的方法与要求：QFD、FMEA……
> 其他规则：地点、审批权限、特殊 / 个性化要求……

⑥资源。流程中涉及的资源通常包括：可见的物质条件，包括人、设备、场地……，以及有利于流程开展的条件或前提。

⑦价值。价值是相对于客户或下一环节有用而言的。

> 流程活动的输出所产生的效果。
> 传递给客户或下一环节的价值与利益（对后者有用的东西）。

⑧客户。流程输出的接收者，包括外部客户和内部客户。

为更好地帮助团队理解流程，并进行有效的过程管理，可以对流程进行分类。美国生产力与质量中心(American Productivity and Quality Center，简称 APQC)曾提出跨行业的流程分类框架。

APQC 从业务发展和运营管理两个维度，将企业所有的内部流程进行了归类。它可以作为企业在梳理流程体系时的参考标准。

所谓业务运作（运营）类流程，是指面向客户和市场的日常经营过程，体现企业和团队的市场导向，以客户为中心。具体包括以下五类流程。

规划愿景与战略
产品／服务开发与管理
产品／服务销售与市场
交付产品／服务
客户服务管理

管理及支持类流程，则是指面向内部管理，体现企业文化的核心取向，以效益为中心。具体包括七类流程。

开发与管理人力资源
管理信息技术
管理财务资源
物业获得、建设与管理
管理企业风险、遵从与弹性
管理外部关系
知识、改进与变革管理

2.3.3 打通经营改善的"目标—差距—行动"主线

从目标实现的角度，企业的所有运营管理活动都要遵循一个基本的逻辑主线：目标—现状—差距—原因—行动。它是指运营活动以目标为出发点，在还原现状的基础上，通过发现导致差距的原因，采取针对性的有效举措，以缩小差距的持续和系统性努力过程。

遵循这一主线是有效提高企业的运营效率，改善经营效能的关键所在。

目标：一切的起点

围绕目标行动是组织管理的根本逻辑，也是企业运营管理的基本出发点。

目标是什么？

目标是人们对于未来的自我定义。所谓组织目标，则是指组织在未来一段时间内要实现的目的，是组织及其团队对于未来的设想与预期。

事实上，目标是管理者和组织中一切成员的行动指南，它规定了个人或组织单元在特定时期内要完成的具体任务。宏伟的目标往往能激发人们奋发向上的力量，从而使团队的工作能在特定的时刻充分地融为一体。

在此，需要特别强调目标与任务的区别。很多管理者会错把任务当成目标。在布置工作时，出于简单、直接的考虑，习惯性地进行所谓的层层"目标分解"，对员工提各种要求甚至强加"目标"给团队，进行"胡萝卜加大棒式"的"威逼利诱"。事实上，目标是团队主动的自我追求，而任务却是被动的，是他人"强加"或是被要求而来的。

因此，管理者赋能和激发团队对于目标的渴望，才是实现组织目标落地的关键。目标只有通过对人们相信和相信程度的激发，并让其看到达成的希望及实现的可能，才能使之成为个人发自内心的追求。管理者只有激发出团队对于目标的内在追求和足够渴望，在目标实现的过程中团队才会变得更有动力且更持续。否则，被动、消极的所谓"执行力"问题和现象，就一定会层出不穷。

德鲁克在《管理的实践》中指出：企业应该在影响其健康发展的所有方面都建立目标，并据此实行自我控制，将"以工作为中心"和"以人为中心"有机结合起来，以把个人的努力凝结成为集体共同的努力。

在经营管理的过程中，根据阶段和作用的不同，目标可区分为组织目标、绩效目标和行动目标三大类别。其中，组织目标是企业经营所要达成的业务成果，是一系列经营活动要实现的最终结果，通常包括经营成果和业务成就；绩效目标则是在实现组织目标过程中的绩效结果，包括个人的绩效结果及团队的绩效结果；行动目标是实现绩效结果、达成组织目标所需采取的关键和有效行动及行为，是改变结果的最重要结果的基础，也是管理目标落地的最终抓手。

现状：改变的基础

所谓现状是指事物当前的实际状况、情形，反映事物在当下所处的状态、发展程度以及呈现出的各种特征等。

在企业运营管理中，现状所涉及的范围主要指企业在组织、业务及团队等方面当前的实际状况、情形。主要包括：业务与绩效水平、组织系统的整体运行效率、业务流程的有效性与畅通程度、组织功能的完善程度、激励机制的有效性、团队意愿度与协同状态，以及企业文化与氛围的接受度等。

能否对现状做出准确而具有前瞻性的判断，往往体现了管理者水平的高低，并体现其管理经验的有效性。这需要管理者保持足够的目标感和信息敏感度，以能有意识地收集评估、还原现实所需的必要信息。

因此，管理者对现状的解读和判断能力，首先应体现在整体和系统层面。对于企业内外部的态势、基本面和全局相关信息，其解读和看法是否能有效反映出整体的相关特征和趋势，给出的判断或结论是否能够指明后续行动的方向和目标？即宏观和整体上要看得准，定性判断要对。

比如，组织当前的氛围是正向积极的，还是负面消极的？是合作性的，还是对抗性的？团队对于公司现况是满意的，还是不满的？而且，对于当前制约企业目标实现的系统性瓶颈和关键点，是否有着清醒而客观的认识，并能带领团队明确地加以识别？

事实上，关于现实的基本看法是体现领导者眼界与格局的重要维度。

其次，管理者对于局部问题和子系统的实际运行情况、有效程度等能做出相对客观的评价，并能引导团队得出能反映出相关部分真实情况的正确判断。

管理者可以通过听取工作汇报、收集信息报告、与团队成员沟通、一对一谈话、小组会议、请教上级领导、工作现场观察、听取上下游反馈或客户心声等方式，有效收集相关的信息，以形成对现状的"完整"看法和初步判断。

这需要管理者形成敢于大胆假设，小心验证的良好工作习惯。愿意深入现场和一线，通过了解工作环境、实际的操作过程、真实的运行状态等，直观地了解实际情况，并懂得利用自身对于目标、工作流程、标准、规则与机制等的深刻理解，对当前状态与常识、过去或理想的情况等进行对比分析，从而形成对可能差异的快速识别和判断，从而为团队的工作指明正确的方向。

最后，管理者还原现状的能力还体现在对于运营底层逻辑的理解深度上。其形成的经营管理相关的核心看法，是否抓住了运营问题的本质和核心。

从系统运营管理升级的角度，还原和了解现状的目的，其实是为了更好地改变现状。为了更好地实现这一目的，通常通过设立一系列的指标、标准方式，对各项工作的现状、进展和结果进行有效衡量,并以此作为对运营系统的关键性评价参照。运营管理的核心工作就是建立和完善这一体现经营核心的参照体系,并据此对企业的运营现状进行是否偏离参照的评估和改进。

问题:工作的重心

关于问题这个话题,很多人会表现出特别的敏感。有的人只要听说自己的部门或工作过程中有问题,就会心生抵触和反感。更有甚者,还会将别人提出问题上升为对自己的否定,并因此产生激烈的行为或反应。

其实,大可不必。它是所有工作的重心。

事实上,所谓问题是指工作、生活等应有的理想状态(目标)与现在的真实状态(现状)之间的差距与差异,见图2-10。

即:问题=目标(应有的状态)-现状(已有的状态)=差距。

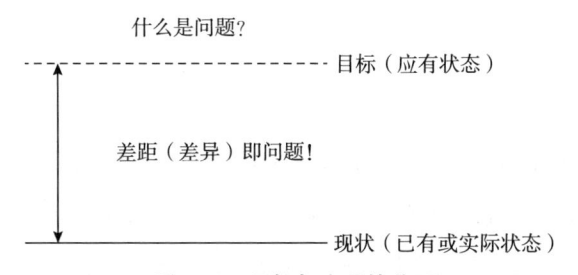

图 2-10　目标与实现的差距

本质上,问题是个中性词,它只是对于某种差距的描述和还原。而且,由于个体对于同一项工作的目标定义会有所不同,所以即便是在同样的现状之下,每个个体所面对的问题其实是不一样的。这也是人与人、企业与企业产生差距的重要原因。

很多时候为什么管理者无法有效发现问题?

主要原因有二:一是无法描述目标应有的状态,即对于工作或事物应该发展成为什么样的状态没明确或更高的设想;二是无法正确认识现状,包括不敢正视现状,甚至刻意隐藏、含糊事实或忽视现状及其变化。

标准思维是识别问题的最重要思考工具。

在标准思维的指引下,遇到任何的事情或情形,正确的第一反应永远是首先确认:现在是什么情况?然后确认:应该是什么情况?最后才会思考和分析二者之间的真正差距或差异到底是什么,有多大?即识别问题。

其中,识别问题的重要前提是在于标准必须足够明确。所以,在目标管理的过程中，通常有一句话叫"能量化的要量化，不能量化的要质化"，并以 SMART 原则来定义目标（事物）应有之状态，即具体（Specific）、可衡量（Measurable）、可达到（Attainable）、相关性（Relevant）和时间期限（Time-bound）。其中，时间约束是经常容易被忽略的目标要素。

管理学大师彼得·德鲁克曾直接指出："管理就是要可衡量"。

实际上，一个好的标准通常应该涵盖三个重要维度。

一是要有明确的应有状态：理想或预期的状态是什么样的，做到什么程度才算好或合格？

二是要有明确的时间约束：预计需要多长的周期？什么时间开始，什么时间结束？中间的关键节点有哪些？

三是要责任到人：即谁负责，负责什么？提供何种独特价值，以及以何种方式承担相关职责？

只有标准越明确，管理才会越简单。

原因：行动的方向

原因指的是造成现状与目标之间差距的阻碍，或者导致工作发展、进展未及预期（即应有状态）的各种制约条件或要素。如果不能找到解决问题背后的根本原因，通常在于管理者不知道什么是对的问题，即对于现状的判断不准确，或是对于目标的定义不清楚，或者二者兼而有之。

在经济活动中，资源的高效利用通常是最主要的考量因素。所以，我们在运营管理中通常所说的原因，主要是指制约目标实现的核心条件或关键要素，即根本原因，以此简化问题并实现有限资源条件下的产出更大化。

比如，现场管理过程中，在遇到问题后通常需要围绕六个要素展开分析，即所谓的"5M1E"：

人（Man）：指操作过程中的涉及到的人员，其意识、技能、积极性、身体状况等是否符合岗位要求。

机器（Machine）：指生产中所使用的设备、工具等辅助用具，是否运作正常，效率进度达到了设定的标准。

材料（Material）：指过程中涉及的材料、物料等性能、功能是否达到预定的标准，能否满足相关的要求。

方法（Method）：主要是指生产工艺、设备选择、操作规程等是否明确、有效,人员操作是否符合标准或要求。

测量(Measurement):主要指测量时采取的方法是否有标准,标准是否明确、正确和有效,工具和工作流程是否有效。

环境(Environment):工作场所的环境和条件是否安全,能否满足实现工作目标相关的条件和要求。

企业生产管理过程中,结果(产品质量、成本、效率)和目标的获得是通过对最基本的环节—工序的有效过程控制、持续的标准化改进(不断提升执行标准)实现的。这样的标准和原因分析逻辑,对于其他的管理也具有很重要的参考意义与借鉴价值。

类似的通用原因分析方法还有非常成熟的 5W1H(六何分析法),即围绕项目管理、问题解决、计划制定、决策分析、工作流程改进等,从对象(何事 What)、地点(何地 Where)、时间(何时 When)、人员(何人 Who)、原因(何因 Why)以及方法(何法 How)六个方面提出问题进行思考,不断递进和深入,以找到问题或现象背后的根本原因。根因思考逻辑见图 2-11。

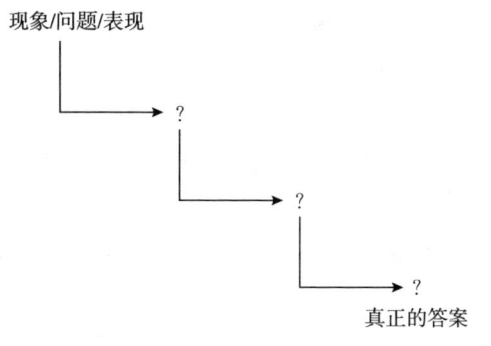

图 2-11　根因思考逻辑

通过 5W1H 分析法,可以确保在处理任何事务时都能够全方位地系统思考,有助于逻辑清晰地规划和执行,提高工作效率和效果。这种方法简单实用,能够帮助个人和团队更好地组织思路,明确方向,从而在工作和生活中做出更有效的决策,是一种非常重要和基础的思考方法和创造技法。

从系统运营的方法论出发,通常将阻碍目标实现的原因归纳为如下三个层面:环境层面、组织层面和个人层面,见图 2-12。

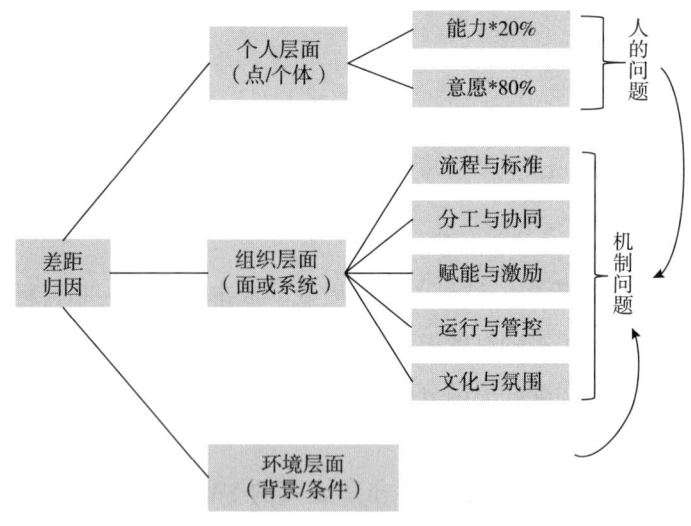

```
                        ┌── 能力*20%   ┐
         ┌─个人层面─────┤              ├─人的问题
         │ (点/个体)    └── 意愿*80%   ┘
         │
         │              ┌── 流程与标准  ┐
         │              ├── 分工与协同  │
  差距──┼─组织层面─────┼── 赋能与激励  ├─机制问题
  归因   │ (面或系统)   ├── 运行与管控  │
         │              └── 文化与氛围  ┘
         │
         └─环境层面
           (背景/条件)
```

图 2-12　问题及其归因

①环境层面。从心理学的角度而言，人是环境动物。

人们对于自身处境（所处环境）和发生在工作、生活中的事件是如何看待的，以及由此逐渐发展形成的对事物的普遍看法，会影响其行为并进而影响其认知，认知又反过来影响其对于环境的理解和解读，如此反复。尤其是在互联网时代，外界环境对于个人的影响变得更加频繁且微妙。这对当代的管理者提出了新的挑战和要求。

与此同时，人又具有一定的自我选择能力或特点。换言之，人又并不总是环境的动物，即面对同样的环境或事件，不同的人可能会做出不一样的"选择"：产生不同的感知、解读和理解，并据此作出自我调整而采取不一样的行为或行动。这种"选择"通常很快就能形成一个"特定的个人环境"，对人的情绪乃至心智产生潜移默化的深远影响，而且是不知不觉的。这种人对于环境的适应与选择性特点，是个体具有可塑性的天然基础，即每个人都是可塑的，个人的能力是可以改变与提高的。

这也构成了企业人才培养的重要前提和基本假设：在企业发展的特定阶段，基于业务发展需要，充分理解每个个体在环境作用下的"不饱满之处"（与岗位素质模型要求的差异），然后针对性进行训练或"补齐"，帮助其实现人岗的有效匹配，让正确的人在合适的岗位上发挥其最大化组织价值，从而实现企业整体运营水平的系统性提升。

由此，所有企业的发展首先是人的集体成长。所以，营造和升级企业的持续成长环境，才是实现企业业绩倍增的真正组织能力来源。并且，只要方式、方法得当，人人皆可为人才。

同样，随着人类社会经济和科技的快速发展，当前和未来的社会外部大环境具有越来越明显的乌卡特性，因此企业应针对外部市场环境的变化和客户需求的变化，主动作出系统性的组织调整，并借此机会让这种"自适应能力"发展成为企业组织能力的一部分，以实现企业从"自我中心"向"客户中心"的组织模式转型，从而实现"以不变应万变"的效果，即以组织能力的确定性（系统、持续）成长，应对外部环境的不确定性。

正是基于以上的基本假设，我们认为环境层面对于个体的影响完全可以通过组织内部的适应性调整，加以有效解决。这也是企业组织能力的重要体现，往往决定了企业综合竞争力的强弱和未来。

②组织层面。所谓组织层面的原因，主要是指在企业内部排除个人因素影响，对组织目标的实现造成阻碍和制约的因素，即企业内部组织能力的不足或欠缺，需要在流程与标准、组织分工、激励机制、日常管控及文化与氛围五个大的维度寻找原因和解决之道。

一般来讲，组织层面的首要原因通常会体现在流程和标准层面，即现有的系统不符合实际的情况、新的条件或情形，无法满足组织目标实现的需要，甚至客观上起到了阻碍作用。管理是一个疏导结合的过程，流程和标准是做好管理的重要起点，也是评估现有的系统是否通畅的重要参考。作为英明的管理者，遇到任何问题时，第一反应永远是先在流程和机制上找答案，以从根源和整体上系统解决问题，防患于未然。

很多企业在面对急剧的外部环境和市场变化时，都会出现事情"责任无主"、"投诉无门"的情形，甚至不少销售人员经常会反馈一种"共同的感受"：感觉公司搞得好复杂，做客户反而更简单。内部办事越来越难了，常常需要"求爷爷，告奶奶"，甚至要"低三下四"地到处"求人"办事。

此外，针对新的内外环境变化，通常需要不断调整和优化内部的组织机能以适应这种变化。然而，由于这种改变涉及面通常会是系统性的，仅凭单个人或小范围的局部调整，往往无济于事。尤其是在遇到同质化竞争加剧，组织整体业绩表现不佳时，伴随着以薪酬、绩效、KPI为代表的大量管理工具的盲目导入，导致很多企业出现"公司考什么，团队就只做什么"的尴尬局面，从而使得推诿扯皮、不作为的现象愈发严重……出现这种现象，其实就表明企业当前正面临着组织功能缺失或不足的窘境。企业必须从组织功能的丰富和完善上下功夫并作出有效调整，才能从根本上解决类似问题。

第三个阻碍企业目标实现的组织原因，是企业已有机制的低效或无效。最为突出的表现是在涉及员工根本利益的激励机制方面，通常只是鼓励或"保护"了少数人，而非更大范围的团队。

很多企业的激励办法从系统运营管理的角度看，是不具有完整的激励作用的，即很多现有的激励办法通常只是完成了对部分人、部分（或局部）工作的鼓励和激励，而同时又打击了另外的一部分人的积极性与主动性，甚至还因此造成了团队内部不必要的分化与对抗。究其原因，主要还在于激励政策在制定过程中的底层逻辑错误：往往不是基于现状的逐步提高（或提升），而是基于政策制定者自我错误假设（或主观臆想）基础上不切实际的"强行要求"，即政策的制定未充分和综合考虑目标、当前与未来核心矛盾的解决、资源条件的约束、团队现状与接受度等相关影响要素的整体平衡，从而未真正找到基于现实和更高团队接受度的新共识。

当然，在系统运营管理的过程中，组织功能的保障、人员积极性的保证，还需要通过日常的管控加以维系和强化，即在企业的日常管理过程中，通过面谈、例会通报、指标监控、节点检查、专项研讨与报告等基本的管理形式，对真正影响系统性目标和目的实现的关键要素、过程、结果等，进行全程的有效管控，以保证其发展方向和进展符合预期。

只有通过有效的过程管理，才能确保在结果出现偏差时，及时进行适时调整并使工作重回预设轨道，从而实现人和事的有机结合，进而使得组织系统对目标实现的保障作用持续有效。

最后，除了以上相对"硬性"的要求外，有效实现组织能力对于系统性问题的解决，还离不开"软性"文化与氛围的保驾护航。企业和团队基于新的内外部环境与条件，为了更高效实现目标，通常还需要改造甚或重塑部门和组织文化，剔除现有文化与团队氛围中不符合新要求的元素，提炼或引入新的文化元素，从而让团队在工作过程中更好地主动追随，发自内心地愿意实现与公司或团队的文化同频和行动同步，以不断减少和消除内部的对抗，持续打破"本位主义""部门墙""职能深井"，化阻力为合力，实现组织从各自为战向整体协同的转型升级。

③个人层面。德鲁克认为，管理就是通过人力资本的增值来实现其他资源增值。

个人层面影响目标实现的核心因素有两个：一是意愿，二是能力。所谓意愿是指愿不愿意，即为了达到某个特定的目标和方向，个人是否愿意为此付出努力、持续深入思考、付诸行动并不断调整自己，直至实现目标。意愿可以理解为个人对于目标想要的程度，即个人围绕目标思考和行动的动力是否强劲和足够，这决定了个人多大程度上能真正愿意投入其中，并围绕目标全力以赴。

影响个人意愿的原因，首先跟个人的目标感有关。它其实是每个人对于未来想要成为的那个自己的渴望（程度），目标定义的内容本身只是载体。没有对目标的足够渴望，就难以有突破现状的强烈意愿，更谈不上足够的行动力。

此外，个人的意愿还跟其所处的外部环境有关系，包括组织环境与大的外部社会环境。关于此部分内容后续将在组织层面和外部环境层面再行详解。

需要强调的是，相较于能力而言，意愿因素对事情成败的影响更为关键。结合"二八定律"，其占比高达80%，甚至更高。这是个人动力源的内在驱动部分，也是个人行动力的重要力量源泉。

能力则是指个人的思维方法、做事方式和技能是否与所从事的岗位、所承担的职责相匹配，是否具备在特定条件下产生高绩效的相关潜力。

关于个人能力的定义，从运营管理的角度可以系统梳理为三个方面：科学的思维、正确的做事方式和必要的业务技能。其中，科学的思维主要指能够正确认知事物及其特点，并有助于快速识别问题、迅速找到问题解决之道且指导有效行动的思维方式和方法。

科学思维的基本要求是回归更底层的原理和基础，遵循因果逻辑，对事物和问题进行本质思考。特斯拉和 SpaceX 公司的 CEO 埃隆·马斯克（Elon Musk）称之为"第一性原理思维"。

对此，他有着自己深刻的思考和理解：

运用"第一性原理思维"而不是"比较思维"去思考问题是非常重要的。我们在生活中总是倾向于比较——别人已经做过了或者正在做这件事情，我们就也去做。这样的结果是只能产生细小的迭代发展。"第一原理"的思考方式是用物理学的角度看待世界的方法，也就是说一层层剥开事物的表象，看到里面的本质，然后再从本质一层层往上走。这要消耗大量的脑力。

回归运营，只有认识到事物是处于不断发展和变化的，放下先入为主的经验判断和主观臆断，敢于质疑已有的假设与前提，永远保持自己只掌握部分真理的假定和好奇心，并愿意付诸努力寻找更底层和更根本的解决之道，才是有效解决问题的关键。

过去不代表未来。只有不断还原事实和真相，才能引导自己和团队更深入地理解现状，并找到问题背后的根本原因。再以创新（打破现有假设）的方式，重新解读事物间的联系和相互关系，并在影响结果的原因上持续探究和努力，才能有效应对实现目标过程中的各种挑战。

在个人层面错误的做事方式也是导致很多目标无法有效达成的重要起因。所以，通过建立正确的做事方式，也是解决问题背后原因的重要途径。

何谓正确的做事方式？是指在一定的背景下，基于特定的目标和目的，为特定的群体所接受和共同认可的，有利于达成目的的通用行事方法和形式。所以，如果背景、目标不同，群体不同，做事方式的正确标准就必然存在差异。

从企业经营的角度出发，正确的做事方式主要涉及两个方面的评断标准。

一是以企业愿景、使命、战略目标及核心文化理念为中心的组织内在价值导向。不同的企业有不同的文化价值导向，个人只有充分理解和接受，才能在其中真正实现文化同频和行动同步，并于中更好地发挥个人价值。不同的企业和不同发展阶段的企业，其做事方式也会有所不同。这也是为什么很多企业空降的履历亮眼、哪怕是同行业企业的优秀人才，通常也难以存活的原因。

另一个判断做事方式是否正确的标准，则是基于时代或社会背景而言的商业共识。主要指在商业时代背景下，关于职场的基本商业共识，又称商业启蒙或职业素养。比如：以终为始，永远围绕着更大的结果和目标思考自己和团队当下应该怎么做；以客户（价值）为中心，将个人的价值根植于为他人（组织）解决问题，提供对方需要的帮助和价值等。同样，在面对问题和困难时，永远正向和积极思考，保持持续成长心态，心存好奇并不断改变与调整自己，才能用不懈的行动赢得更优结果。

在系统运营管理过程，有一项重要的工作就是要在运营升级的过程中，持续进行基于结果导向、客户价值、自我管理与独立担当的商业启蒙，以带动团队完成从社会人向职场人的做事方式转变。

只有具备了这些共性的、能为更大范围合作伙伴所接受的做事方式，才可以更好地实现个人与团队、组织、客户以及社会的多方共赢，以更好地帮助我们每个个体有效地在大的时代背景下和小的企业文化环境中，获得更长足的发展，并赢得更有竞争力的未来。

当然，团队底层的做事方式对于很多问题的解决，也起着至关重要的作用，那就是开放。

我们发现，很多企业和个人的问题，之所以长期存在和不能有效解决的一个共性原因，就与当事人的不开放有着莫大的关系。

开放到底是什么？现实中有很多人尤其是管理者，对于工作过程中存在的问题不敢暴露，有时甚至还会讳莫如深，生怕别人知晓；有的部门负责人一旦被人指出本部门的问题，就会习惯性地加以反驳，甚至暴跳如雷地"据理力争"，为团队"打掩护"，以保护自己及团队的颜面，避免可能的尊严伤害。

这些想法和做法，从个人的角度出发，其实都是可以理解的。

从个人成长的角度出发，开放首先是一种心态，一种勇敢面对自己的勇气与魄力。这其实是每个人走出自我，正视和面对自己的过程。此外，开放更是基于还原系统现实和真相的组织需要。

通常，困扰我们的往往不是问题本身，而是我们对其的看法与认知。问题本身只是一个中性的概念，是基于目标出发的客观存在，也是个人在组织中体现价值的重要机会。在实现目标的过程中，面对不确定性和变化，每个人要学会视一切问题为正常，大可不必预设困难和前提。

只要秉承"遇到问题，解决问题"的基本原则，并相信"所有的问题都是可以解决的"信念，就可以先从内心真正接受现实，并帮助自己迅速进入行动状态，然后再在行动的过程中，让自己越来越相信：一切问题都是可以解决的，一切目标都是可以被实现的！一旦进入这样的"相信"状态，人就可以持续保持开放的心态，让自己始终处于倾听和学习的状态，并敢于进行自我否定，持续扩展认知边界，做到从善如流、择善而从的接纳，从而让自己和团队看到无限可能，化一切问题为机会，进而有效推动公司或组织长期、系统性问题的解决，让自己和组织变得越来越强大，打开不一样的世界。

最后，关于个人能力的第三个构成要素——必要的业务技能，主要是指个人在开展工作过程中，所应该具备的行业知识背景、基础的业务知识与技能，如公司介绍、产品知识，对所从事业务要领的完整和准确理解，包括工作流程、标准，以及通用性的工具和方法等。

行动：成功的关键

"目标—现状—差距—原因—行动"逻辑的最后一个要素是行动，是指在识别到目标与现状之间的差距后，围绕目标与现状之间差距的缩小而采取的针对性举措和展开的有意识的动作或行为，包括工作计划与行动方案设定以及付诸实践的执行过程与调整。其中，工作计划与行动方案中还应该创建一个对照期望（应有状态）来检验结果的体系，包括至少两个检查节点：过程节点和终点，并据此作为时间管理的基础，为过程和结果反馈提供时间参照。

很多管理者在面对新的目标或问题时，不关注现实情况是否发生了改变，问题的背景或前提条件是否发生了变化。他们采取的管理动作或举措通常是经验式的重复，即过去怎么做的，现在依然还是那么做。或者喜欢采取"放之四海而皆准"的"通用"做法，简单照搬他人的所谓成功经验，有时甚至是基于感觉的主观臆断。

在系统运营管理方法论看来，所有的行动应该是具有特定目标指向性的行为，即基于目标实现而采取的针对性行为，否则就是在浪费资源。有效的行动把不成熟的想法或关于现状的判断、假设（假定）以及关于目标实现路径和方法的设想具象化，并通过验证行为使之逼近事实真相或本质，即有效的行动是始终围绕目标设想、现状判断、差异原因分析，找到核心阻碍或关键成功要素而采取的验证行为。它是目标设想→问题判断（或成功假设）→行动验证（检验）→修正与调整→再判断→再调整→直到实现目标闭环的关键和枢纽。

事实上，行动计划只是关于意愿的陈述，而不是承诺。因此，不能让它成为执行或行动过程中的束缚，而应当经常对它进行修改与调整。所以，从这个意义上来讲，计划不是用来执行的，而是用来指导执行的。因为每一次行动，无论是成功还是失败，都会带来新的机会。

而且，商业环境、市场状况的变化，特别是企业内部人员的变化，也会带来新的机会——所有这些变化都要求对计划进行修订。因此，在制订书面计划时，应当预先考虑到它需要一定的灵活性。此外，计划过程中的假设与条件是否与实际情形不同？不根据实现情形做调整或改变，却期望好的结果发生，上演活生生的现代版"刻舟求剑"。

爱因斯坦说："用同样的方法做同一件事情，但是期望获得不同的结果，这就是荒谬。"

在实现目标的过程中，问题及其解决的条件和前提，通常会一直处于变化之中。管理者必须对此保持足够的敏感和关注，永远假定自己仅掌握了一部分真理或信息，并永远要假定现有的做法或方法可能是最差的，需要不断加以调整和改进。只有保持这样的好奇心和谦卑，才能不断看到实现目标的无限可能，并不断地提高自身行动的有效性。

只有有效的行动和持续尝试，才能带来过程指标、最终成果的不断向好变化，即形成正确假设→行动验证→过程调整→结果向好（目标逐步实现，包括进展和成果均达到甚至超越预期）的正向循环。

第 3 章
企业系统运营升级的组织基础

即使是最好的企业战略，如果没有组织能力的支撑，也无法取得成功。

——杰克·韦尔奇

组织是企业内部的运行框架，决定了企业资源的分配和工作的协同方式。组织犹如企业战略的传导神经，是企业实现其战略意图的关键抓手。

合理的组织架构是企业高效运作的基石，不同类型的企业在不同的发展阶段需要选择与之相适配的组织架构。

3.1 组织功能与组织架构

组织管理是企业完善其组织功能的基本需要。

清晰的组织架构和有效分工，可以将企业战略层层分解，转化为具体的工作任务和目标，分配到每个岗位和员工身上，从而实现企业战略意图层层传递。系统的组织建设和管理，构成了企业运营管理的组织系统基础。

3.1.1 理解组织权力

组织是由两个以上的人，为达成共同的目的或目标而组合起来的群体。

正式的组织包含三个最基本的构成要素：一是共同的目标，二是团队成员的意愿，三是信息沟通。

为了实现特定的目标，群体通过职责范围区分、责任与权力约定以及相互关系的界定等，形成具有一定岗位层次、人员隶属关系的权责角色结构。

其中，具有类似功能或围绕特定目标设立的小群体，构成基本的组织单元。

组织单元间再通过特定的从属、平行、协作及约束等关系，形成特定的结构，即是组织结构，也称组织架构。这种组织关系通常是自上而下定义和推动实现的，即企业高层为了实现特定的战略意图和目标而展开的顶层设计。

开展组织设计，要从明确和识别组织内的基本权力类型开始。

正式的组织权力通常有三种。

直线权力：通常所指的是指挥权，即直线主管（上级）通过层级关系，或自上而下的指挥链，对下级所拥有的发布命令及执行决策等的权力。直线权力关系是组织中的主要关系。直线主管所拥有的指导、监督、指挥和管理下属的职责与权力，根据层级不同，其职权的大小及范围有所不同。

为了保证组织整体的有效运转，直线职权通常需按照等级原则，通过指挥链逐级行使，即在各自的职权范围内人人说了算，特别忌讳越级指挥。只有这样，才符合组织分级的初衷，以保持和促进各级人员的积极性、主动性，从而更有利于组织决策的有效执行、岗位职责的履行以及信息的流动与共享。

同样，作为下级应该充分行使自己的职权，即在职权范围内作出决策并勇敢承担相应的责任，只有当问题的解决超越自身职权界限时才向上提报。不胜任的管理者则习惯于当"甩手掌柜"，甘于把自己当成"二传手"和"传声筒"，简单地把一切问题上交或直接推托给上级，自己则仅仅起到"交换台"的作用，从而造成上级忙于应付具体事务或承担不应该承担的工作。

在企业运营管理升级的过程中，需要帮助每个人实现其核心的组织价值，即实现"众神归位"。这也是赋能团队集体成长的核心指导原则。

参谋权力：是指某个职位或部门为实现组织目标，协助直线人员有效开展工作所行使的辅助性职权，通常包括为直线管理者提供咨询、建议等。

参谋权力是适应企业经营管理复杂化和专业化的需要而产生的，其设立的主要目的主要是希望通过利用集体智慧，提高管理决策的质量与效果，从而避免因直线管理者个人局限而对组织可能产生的不利影响。

参谋权力可以是个人行使，也可以由专业的组织或部门承接，共同构成直线主管的"智囊团""顾问班子"。通常，会随着时代的进步及问题的复杂程度而发生改变。当然，在组织的指挥链条中，参谋权力和直线权力之间的界限往往是相对的。个人既可以是直线人员，也可以同时是参谋人员。这取决于其行使的职权及所起的作用。

参谋职权要想真正发挥其作用，做到有职有权，需要做到以下三点。

明确关系：明确直线与参谋的关系，分清双方的职权关系与存在价值，从而形成相互尊重、互相配合的关系。

授予权力：以正式或非正式的形式，明确授予参谋人员及机构必要的职能权力，以提高参谋人员的积极性。

提供信息：直线主管要为参谋人员提供必要的背景信息和条件，以便能从参谋人员处获得真正有价值的建议和支持。

职能权力：为了应对日益复杂的管理活动，基于专业分工提高管理效率和改善决策质量的需要，管理过程中可将主管人员所拥有的部分权力分配给参谋人员或专门的部门。这部分职责与权力即为职能权力。

事实上，职能权力是组织职权的一个特例，可以认为它是介于直线职权和参谋职权之间的特殊存在。由于其主要的设立初衷是源于专业分工的需要，所以职能部门负责人的专业度往往决定了该职能能否真正发挥出应有的作用与价值。部门职能的缺失，就相当于人体缺少必要的营养元素，往往会带来一系列的系统性后果，并最终严重影响组织整体的有效运转。

很多企业的职能部门之所以无法发挥出其应有作用，很重要的一个原因就是高层领导对于职能负责人的任命不是基于专业的原则，而是出于所谓的"信任"，即很多领导者习惯任用跟随自己工作多年、配合度和忠诚度更高的"老部下"，反而会弱化对其专业度（核心价值）的要求，从而导致职能失能。

3.1.2 规划和设计组织功能

组织是实现企业战略目标的重要工具或手段，需要将组织目标实现所涉及到的人、事、物有机结合起来，才能真正发挥出其应有的作用与价值。

一个运转良好的组织，通常具有以下特征：

明确的共同目标。
具有不同层次的有效分工与协作。
有机的整体。

从管理学意义上讲，组织架构设计的本质是为了保障组织功能，通过个体及群体间的有效分工与协同，实现组织的业务需要：即通过分工获得专业化优势，通过协同实现规模效应，从而实现个人力量所无法企及的目标，以更好地实现组织的整体目标。

事实上，无论出于何种考虑或目的，所有组织架构设计的核心与关键在于找到组织单元自主性、灵活性（实现业务目标的需要）和组织整体性（实现整体竞争力的需要）之间的新平衡，以提升组织整体的环境与目标适应性。

企业史学家、战略管理领域奠基者之一的艾尔弗雷德·D.钱德勒，在研究20世纪美国大型工业企业的发展历程后认为：企业的管理只有两种基本的组织结构，即集中的、按职能划分的结构和多分支、分权化的结构。

一般说来，组织架构设计主要涉及两个方面的内容：即横向的部门设计和纵向的层级设计。

在进行组织架构设计的过程中，主要的考虑因素有三个。

一是复杂性，即分工的必要性和分工的程度。通常情况下，分工越细，层级越多，管理协调的难度和挑战就越大，对管理人员的要求就越高。

二是规范化，即依靠规则和程序引导员工行为的程度。一般说来，组织使用的规章条例或各种规范越多，在组织运行过程中人为干扰因素的影响越少，其组织结构就越规范。

三是集权化，即决策权的集中与分布。决策权限高度集中的组织，即集中式的组织，决策往往需要层层传递给少数的高层管理人员。这样的组织安排通常就会降低组织的适应变化的能力，并逐步使得组织失去活力。相反，如果决策的权限下放到一线的业务单元，其成员可以根据现场实际情况及自身掌握的信息快速做出决策，则这样的组织就是分权式的。

不少企业在组织设计方面会出现两种典型的倾向：一种是完全根据企业现有的人员和能力，因人设岗；另一种是理想化的"高大上"，即不考虑企业的人力资源现状，片面追求完美，甚至照搬照抄。这两种倾向的共同问题在于，企业的组织架构因缺少必要的条件和功能，不能满足企业业务对于组织功能的核心需要，从而无法真正有效运行起来。

因此，企业组织架构的设计与选择，必须与企业所处的外部环境及当前所拥有的内部条件相结合，尤其是企业的人力现状相匹配，才能更好地发挥其功能作用，进而助力组织目标的有效实现。

3.1.3　掌握组织架构的基本形式

随着商业和社会环境的不断变迁，企业的组织架构形式呈现出多样化的趋势，但最基本的结构形式其实只有五种，即直线型、职能型、直线职能型、事业部型和矩阵型。

理解了五种最基本的组织形式，就可以很好地理解所有可见的组织形式。

实际上，其他的各种组织结构形式，均可视为以下五种基本组织结构形式的组合或基础上变形而来。

直线型

所谓直线，即上下级关系，主要体现为直接的从属关系。

直线型组织结构，又称军队制组织架构，是一种自上而下，讲究层层管控的组织模式。组织中的一切管理工作均由领导者直接指挥和管理，不设专门的职能机构，职权直接从高层开始向下"流动"，经过若干管理层次直达组织的最低层。所以，直线型组织架构最典型的特征是：明确的上下级从属关系，强调下级对上级的绝对服从。如图 3-1 所示。

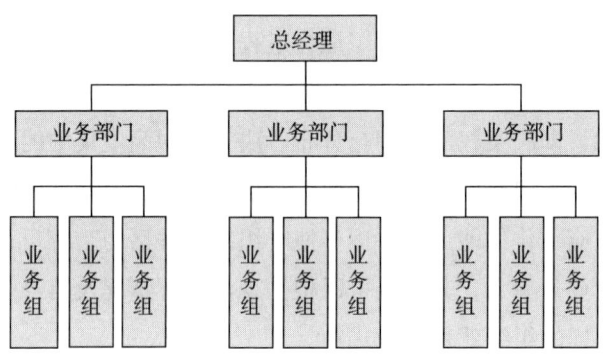

图 3-1 直线型组织架构

直线型组织架构具有明确的层级和集权式特点，层级分明、分工明确，管控效率高。权力集中在最高管理层，决策由高层管理者做出，有助于提高决策的效率，但也可能导致决策的局限性。员工按照等级划分，形成自上而下的垂直领导关系，每个等级的员工都明确知道自己的上级和下级，有助于确保命令的传递和执行。

直线制沟通渠道较为简单，信息传递直接，每个员工只有一个直接上级，避免了命令的冲突和混乱，员工只需关注并执行上级的指示。员工可以直接向上级汇报工作进展，上级也可以直接向下级传达决策和指示。

一般适合人数不多、规模不大，业务内容相对简单的组织或初创型企业，通常由 3-4 个层级组成。

职能型

职能型组织结构起源于 19 世纪末 20 世纪初亨利·法约尔在其经营的煤矿公司担任总经理时所推行的组织结构形式，故又被称为"法约尔模型"。

职能型组织结构以工作方法和技能作为部门划分的依据，将公司从上至下承担相同职能的管理业务及人员均组合在一起，实行高度的专业化分工，各自履行一定的管理职能，并为整个组织提供服务，从而形成所谓的"U 型组织"。如图 3-2 所示。

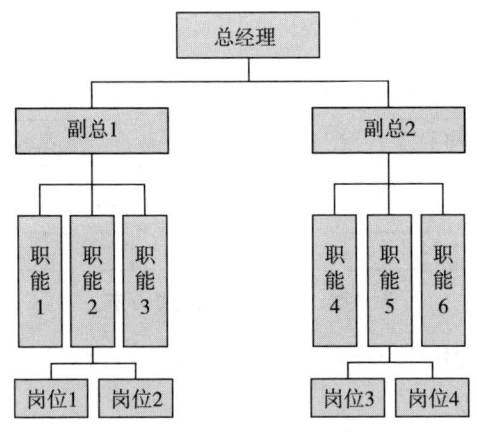

图 3-2 职能型组织架构

该类型组织结构把管理职责和权力交给相关的职能部门。各职能部门在自己的职能范围内对下级单位进行业务指导、监督，并提供专业服务；为同级直线指挥人员出谋划策。

在职能型组织结构下，企业生产经营的决策权往往集中于最高领导层，主要是经理身上。而且，由于职能部门各自承担独立和特定范围的职能，各职能无法对下级及同级单元发号施令，即对其受众缺少直接领导的权力，因此存在结构分散，各自为政的可能。

同时，由于在企业实际运作过程中，各职能通常都会有绩效改善和提升的压力，因此往往会倾向于选择对自身有利（对部门或实施人来说最省事或最为习惯舒适的做法）而不一定对组织整体目标最有利的决策。

所以，职能型组织结构要想运作良好，往往需要更高层级主管或代理人的整体协调。否则，就会出现权责落不到实处，相互推诿、扯皮的问题。

直线职能型

直线职能型组织结构，是一种以直线型结构为基础，在各级主管之下设置专业管理（即职能）部门的组织结构形式。

职能部门相当于主管人员的参谋和助手，对下级机构开展专业相关的指导与监督，但不能进行直线指挥和命令。如图 3-3 所示。

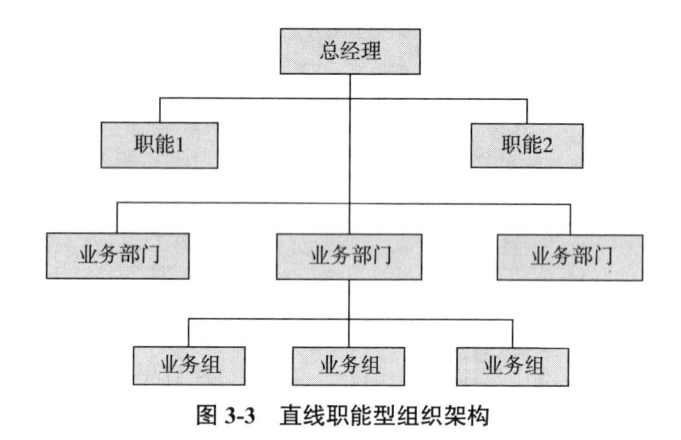

图 3-3　直线职能型组织架构

直线职能型组织架构实际上是企业发展到一定规模后，组织对专业分工产生强烈需求的结果和产物。

职能部门承担着重要的作用，具体表现在以下方面。

> 为直线主管提供情报和决策依据；
> 把直线主管的想法或方案具体化；
> 把决策转化成命令并传递给下属；
> 根据职能要求，为未来可能出现的情况准备行动预案；
> 监督命令的执行，指导下级部门开展业务工作等。

直线职能型组织架构是现代企业中最常见的一种结构形式，在大中型组织中广泛采用，拥有两大显著特点：一是业务主管统一指挥与职能参谋/指导相结合。下级机构既受上级部门的管理，又受同级或上级职能部门的指导与监督；二是业务单元实行层层向上逐级负责，高度集权，即直线主管对下级业务单元具有良好的控制力。

直线职能型组织结构对于大批量、业务模式（产品/服务品类）单一，以及决策信息少的企业，非常有效。

事业部型

事业部型组织结构最早由美国通用汽车公司总裁艾尔弗雷德·斯隆于1924年提出，故又称"斯隆模型"。

它是一种高度（层）集权条件下的分权管理体制，即在总部的整体控制下，所有的事业单元采取分级管理、独立核算、自负盈亏的方式"独立经营"，类似于美国的联邦制。因此，也叫"联邦分权化"，如图3-4所示。

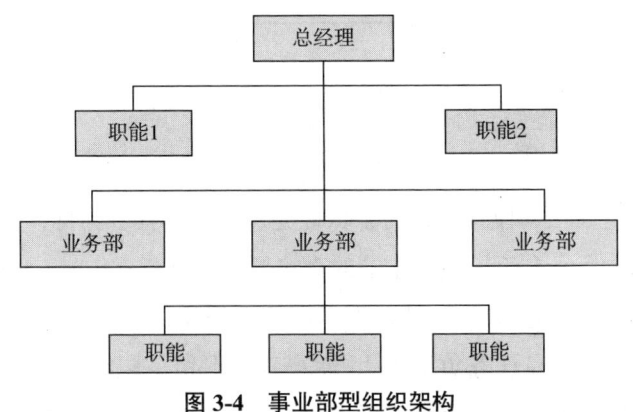

图3-4　事业部型组织架构

事业部型组织结构有多种划分形式，通常会按区域、产品类别、客户类型等不同的要素进行区分，并将从产品/服务的设计、原材料采购、成本核算、生产制造，一直到销售以及售后服务等完整的业务功能，全部划归事业部及所属单元负责，而总部仅保留部分功能，如人事决策、预算控制和监督等权力，并通过利润等核心经营指标对事业部进行控制与要求。

事业部型组织结构由于各事业部具有几乎完整的各项组织功能，因此对于人员配置的要求更为全面，通常适用于规模庞大、业务品类繁杂、技术复杂、人力资源相对充沛的大型企业。

当然，基于业务长期发展的需要，也有相当一部分成长型企业会按"准事业部"的模式，孵化和培育其业务单元，提前储备和培养骨干人员。这是很有必要的。

矩阵型

矩阵型组织结构是把按职能划分的部门和按项目（或产品、服务、任务等）划分的业务单元相结合，使同一个员工既同原职能部门保持组织与业务联系，又同时参加项目或产品小组工作的组织模式，二者的组合构成了一个交叉的矩阵，如图 3-5 所示。

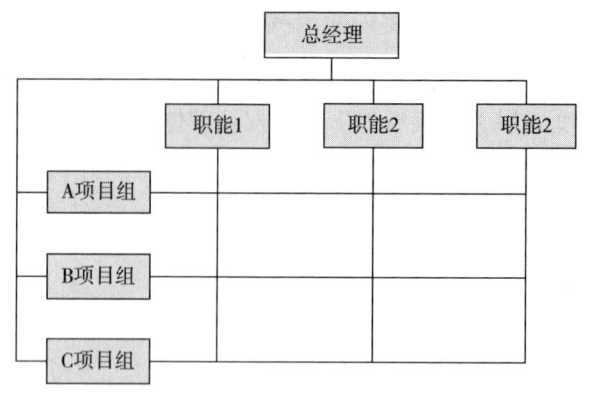

图 3-5　矩阵型组织架构

在矩阵型组织结构模式下，为了保证完成特定的任务目标，每个项目/任务小组都设有负责人，在组织最高主管的直接领导下进行工作。

实际上，矩阵型组织结构是在直线职能型组织结构的基础上，通过增加横向的领导关系（项目/任务负责人），使得其既保留了职能型组织结构（发挥专业分工优势）的特点，又拥有任务型组织结构（根据任务快速反应）的特点。而且，由于团队成员可以通过两个渠道（项目经理和职能经理）反映情况，所以这种组织结构在改善沟通，促进问题快速解决方面也有相当的优势。

此外，在矩阵型组织中，职能部门的人员通常需要在几个同时进行的项目任务中承担角色，即多个任务共享员工的工作时间和技能。这一方面可以通过充分利用员工的工作时间，减少人员闲置而全面降低用工成本；另一方面可使组织公共的基础性和核心的技术资源或专业能力得到充分利用，从而提高企业整体上的资源利用能力。

当然，矩阵型组织结构中，由于团队成员有两个汇报关系：任务/业务上向项目经理汇报；在行政管理方面，仍要向他们的职能经理汇报。所以，如若组织中信息和权力等资源不能有效共享，项目经理与职能经理之间可能会为争取有限的资源或因权力不平衡而发生矛盾。员工则可能会因存在多头领导，而导致其工作的重心和优先次序无法有效平衡，从而产生各种冲突。

因此，应用矩阵型组织结构的组织，最好能明确相关的工作纲领或协同机制，以实现项目经理与职能经理的平衡，并对团队成员开展人际沟通能力和平衡协调能力相关的技能训练，以确保不会因此影响组织运转的效率。

3.2 构建完整的企业组织系统

从系统运营的角度，组织要发挥出应有的作用，需要构建组织系统，并通过系统性的努力与功能整合实现企业的战略意图。

企业的组织系统是基于战略目标的实现，围绕企业竞争力的提升而形成的系统性组织保障体系。

它包括组织功能规划、人力资源规划以及运营管控体系。三者的有机结合是保证企业运营功能系统、高效的重要基础，如图 3-6 所示。

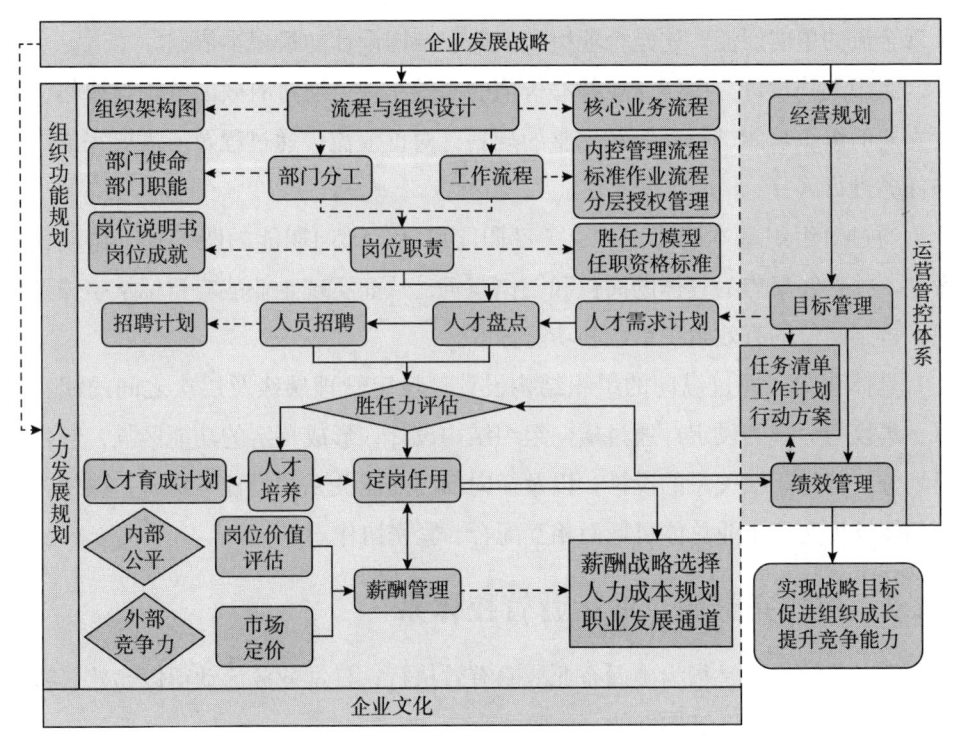

图 3-6 企业的组织系统

3.2.1 系统规划和完善组织功能

组织功能规划主要是指企业需要从战略目标和经营目标的实现出发，对企业核心客户价值的实现过程进行总体设计，梳理和确认组织的功能需要，并通过组织架构的设定使企业的战略目标和战略任务得到组织上的落实。

为了实现这一目标，在组织功能规划过程中，需要从分工、协作的及时性、可行性和有效性等角度，找出企业在组织功能设定及运行过程中存在的问题，并据此作出针对性的调整。

组织功能规划的核心目标是从组织设计与安排的层面，完成对公司战略目标的有力承接，即围绕战略目标的落地，以组织行为的方式（分工 + 协同）设定组织单元及组织成员所应承担的责任与义务，并据此匹配相应的权力与资源。

组织功能规划的核心内容主要包括流程与组织功能的设计。

核心业务流程的规划与设计。以企业核心业务价值实现过程的整体高效为中心，在分工协作基本理念的基础上，结合企业的业务和资源特点，对企业的核心业务流程蓝图进行完整梳理和设计，实现价值流的快速传递、信息流的实时共享及现金流的单向回流。这是企业组织框架和结构设计的最根本依据。

组织架构设计。围绕企业核心价值的高效实现，通过有效的分工与协作，对所需要的组织功能进行系统和完整的规划，对价值流传递过程及所需要完成的工作任务进行区分。

通过对组织基本职能设计、关键职能设计，部门职能的明确及工作流程的设定，并最终聚焦为具体的岗位和工作职责，从而实现企业战略目标从整体到部门，再到岗位的有效组织承载和功能分解。

具体包括：通过纵向的组织结构设计，设定管理层级及层次之间的相互关系、集权与分权的设定；通过横向组织结构设计，形成特定的功能区隔，包括部门划分、部门职权关系的设计，以及横向部门之间关系的设计与协调，以使各个部门能够为实现企业总体目标而相互配合、紧密协作。

3.2.2 构建完整的企业运营管控体系

运营管控体系是指为确保企业战略有效执行，日常业务活动得以高效、有序开展而设计的系统性管控框架。

一个完整的运营管控体系包括：经营规划、目标管理和绩效管理。其中，经营规划往往是以企业的年度经营规划，或更短期的整体规划方式展开。它是企业的运营系统对企业长期战略的阶段性目标的聚焦。

年度经营规划承担着承接企业阶段性战略目标的重任，是企业结合具体的市场环境和内部资源条件而做出的系统性经营安排。它为企业特定阶段的工作指明方向并明确相关的工作重点。通常包含对企业工作方向的明确，对企业阶段性目标、当前核心矛盾和问题的界定。

目标管理则是基于经营规划重点基础上形成的针对性任务清单、工作计划及行动方案。其核心在于提高员工的积极性和责任意识，通过增强团队合作，提高组织的整体效率，以及更好地实现战略目标。

绩效管理则是在明确目标的基础上，通过监控进度、提供反馈、评估结果以及根据这些信息采取相应措施的持续绩效优化过程，其目的在于创造一个使员工能够发挥最大潜能，高效且有效地完成高质量的工作环境。

完整的绩效管理工作主要包括如下内容。

绩效计划。制定清晰、具体、可度量的绩效指标和目标，与团队一起讨论并确定其在一定时期内需要完成的关键任务。

绩效辅导与沟通。通过一对一沟通、定期的运营会议等形式，确保团队理解他们的角色和职责，并获得必要的支持和资源来达成目标。

绩效评估与评价：基于预先设定的标准、关键任务要求、关键绩效指标（KPIs）等，周期性地对员工、团队的表现、进展及成果等进行评估与评价，并形成相关的结论。

绩效反馈。向员工提供关于他们工作表现的反馈，包括优点和改进建议，以便员工能知晓其绩效表现，明确改进方向。

绩效结果应用。根据绩效评估的结果，做出相应的决策，如晋升、奖金分配、培训和发展计划等。

绩效目标提升。使用绩效管理的信息作为基础，识别提高个人和组织绩效的机会，制定改进计划。

总之，一个有效的企业运营管控体系通常需要配套一系列的流程、机制、工具和方法，以使其保持足够的灵活性，得以有效支持决策制定、风险管理和绩效改进，并能根据外部环境的变化和内部需求的发展进行适时调整，以确保组织整体处于有效执行其战略意图的状态和过程中。

3.2.3 整体布局企业的人力发展规划

组织业务的发展，离不开人力资源的有效保障。为此，企业需要进行前置性的人力发展规划。

所谓人力发展规划，是指企业基于实现其战略目标而制定的，以人岗匹配为中心，在人才供给、储备、发展及有效运用方面的系统性安排。

有效的人力发展规划需要在组织的不同层面展开，并与公司的整体战略紧密结合。具体体现在针对不同层级的发展需要，及时提供足量的人才供给，以保证其组织和业务发展需要。

从企业运营管理升级的角度，人力发展规划相关的工作主要包括：人才盘点、人员招聘与培养、岗位任用、胜任力评估与提升及薪酬管理。

其中，人才盘点是对企业内部人力资源现状的一种评估和动态管理过程。通过定期和不定期的人才盘点行动，对企业当前及可预见未来的人力需求的满足程度进行系统性和前瞻性的管理，对于帮助企业更有效地管理和使用现有人力资源，提升企业的整体竞争力具有非常重要的意义。

一般来说，企业的领路人要重点关注企业内部经营型人才的发现、发展与任用问题。推动部门负责人重点梳理部门内部的业务骨干、后备苗子，了解相关人员的优势和特点，并推动各用人单元对相关高潜人才进行针对性的培养与使用。只有充分了解并优化员工的能力、潜力和绩效，完成对重点人员即关键人才的有效运用，企业各层级的运转才能变得更高效，从而使得组织具有更加强大的发展潜力。

企业的人力发展规划本质上是基于企业的业务发展需要，有意识地规划、补充、培养和任用人才，为组织发展所需提供及时、足量的人才供给，并持续和整体提升组织内各岗位的人岗匹配度，从而为组织的高效运转提供持久保障，最终为企业的可持续发展提供有效的人力保障。

这是一个动态和变化的过程。基于资源的有限性，企业人力资源规划的工作重点应聚焦于影响企业核心价值实现的关键岗位的人岗匹配、重点人员的合格胜任，即重点关注对组织目标实现有重要影响的少数关键并持续提升。

3.3 组织系统内部的协同与保障

企业的组织系统是企业内部各要素之间相互作用和协调，以实现企业战略目标的组织保障。

从系统运营管理的角度，与企业组织系统相关的核心要素主要有五个方面：企业的战略和企业文化，以及与之相匹配的组织发展规划、人力发展规划和运营管控体系。

其中，企业的战略目标是组织系统存在的根本原因，即其他要素要为组织目标服务；企业文化则"约定"了企业应该以何种方式（秉承信念）实现目标，也可理解为企业实现其战略目标的基础约束条件或基础。

组织发展规划则是围绕企业战略目标的实现，在企业文化的约束下，以组织的形式和方式承载相关功能和要求，并呈现为组织架构、流程、标准、职能、职责等外在形式；人力发展规划则是对保障组织发挥相应功能，有效运转的关键枢纽 - 人，进行持续影响的抓手；运营管控体系则是将企业的战略目标任务化，并实现业务与组织、人员的有效互动和有机结合。

总之，企业组织系统的运作是一个动态、复杂的过程，它要求企业不断进行自我调整和优化，以便在竞争激烈的商业环境中保持领先优势。

3.3.1 系统理解企业的战略目标

战略目标是什么？

战略目标是对企业长期经营活动所预期取得的主要成果的自我定义。

通常，战略目标是从宏观角度对企业的理想设定，着眼于未来和长远发展，它绝不是一蹴而就的，而是要经过相当长的努力才能够实现。它是对企业使命、愿景和经营理念的具象化展开，是对企业经营目的、社会使命的进一步阐明和界定，也是对企业在既定领域所要达到的水平与高度的具体设定。

战略目标的设定实际体现为企业战略期内的总体任务，它是企业对未来发展状态的一种总体设想，是企业整体发展的总任务和总要求，规定企业整体发展的根本方向。因此，企业的战略目标通常是高度概括的。

战略目标是企业战略落地的起点和核心，决定着战略重点的选择、战略阶段的划分和战略对策的制定。科学的战略目标，总是能实现对现实利益与长远利益、局部利益与整体利益的有效兼顾。

此外，由于战略目标是一种整体性要求，因此往往是相对稳定的。特殊情况下，战略目标需要根据客观需要及情况的发展而作必要的修正与调整，以使之既能着眼未来，又能兼顾当下和实际。

而且，战略目标作为一种总目标、总任务和总要求，是可以分解成某些具体的目标、任务和具体要求的。这样，企业的战略目标才可以在时间维度上把长期目标变成一个又一个阶段性可操作和可实现的子目标。

最后，由于企业战略的落地实现离不开相关利益人（一般包括股东、经营与管理层、员工、客户、合作伙伴、社区与政府等）的共同支持。因此，企业在制定战略目标时，一定要注意协调各方利益与关系，使企业的战略目标能被各方所理解并找到各方利益的动态平衡。

总之，只有符合各方利益期待的战略目标，才更容易形成战略合力而使之更易于被实现！否则，很可能会带来不必要的消耗甚至内耗。

3.3.2 完整定义企业的战略目标体系

企业的发展是一个兼顾短期生存与长期可持续的过程，所以，既要有"活下去"的现实考量，也要有"诗与远方"的梦想追求，二者缺一不可。

企业长期目标与短期目标的兼顾程度越好，越是能符合实际，就越能体现出企业的长期发展潜力。

完整的企业战略目标设定，包括五个大的维度。

经营目标

经营目标是指企业或组织经营的最终成效和成果（表3-1），一般体现为企业的关键财务指标。

表3-1　　　　　　　　　　　企业经营目标

目标类别	目标说明
营收目标	关于营业收入总量规模及增长、增速等相关的要求
利润目标	围绕利润以绝对值或相对比例设定利润相关的目标
投资回报目标	对投资回报设定目标，如总额、回报率、回报周期等

市场与客户目标

市场与客户目标主要用来衡量企业在对外发展过程中所要实现的结果（表3-2）。通常有三个重要的类别。

表3-2　　　　　　　　　　　企业市场与客户目标

目标类别	目标说明
市场目标	从市场的角度对企业战略周期内的表现进行定义。包括：市场覆盖水平、市场占有率（水平）、行业排名、影响力等
客户目标	与客户相关的结果定义，包括客户总量/增量、客户结构、重大/重要客户的开发与占有、占比，以及客户满意度等
业务规划与布局	主要指围绕企业业务优势的确立所预期实现的一系列目标。包括：产业、行业与业务领域布局、产品及技术规划与领先、服务与解决方案升级等相关目标

组织目标

组织目标的设定主要是指企业围绕组织能力的系统建设，而进行的关于关键工作目标及成果的设定（表3-3）。

表3-3　　　　　　　　　　　　企业组织目标

目标类别	目标说明
流程与标准	即从标准的建立、过程规范与完善等方面进行定义，实现组织经验和知识的标准化和规范化沉淀，减少团队摸索成本的同时，让工作更简单、高效，从而提升团队间的协作效率
分工与协同	从企业的治理结构层面进行顶层设计并设定目标，以优化组织功能和人员分工，发挥团队人力资源的最大化潜力。如提高流程效率、完善与强化某些组织功能、岗位胜任力评估与提升、实现人效的系统提高等
赋能与激励	即针对团队在个人成长、技能提升、工作开展、晋升发展等方面加以持续投入，以提高团队的积极性、主动性与创造性，并提升团队的整体满意度。通常表现为对团队进行成长帮扶、提供和创造有利于工作开展的内外部环境与条件，对员工的工作与表现给予及时反馈，提供内在薪酬激励、外在薪酬激励等，以促进团队在组织中的持续成长与潜力发挥，从而为组织发展提供持久的人员动力
运行与管控	即围绕组织分工与协同的有效运转，企业经营规划及与之相关的目标管理处于可控且高效的运行状态，设定标准和提升目标。如敏捷性要求（响应变化或要求的速度、快速反应能力、减少流程时间等）、任务清单的执行率、目标的及时达成率
文化与团队氛围	主要指企业在文化与团队建设方面的成就定义，包括战略目标的理解程度、团队目标的一致性、企业文化认同度评估、工作满意度（工作过程中的成就感、团队间的认同感、沟通与协作的意识）

团队目标

团队目标如表3-4。

表3-4　　　　　　　　　　　　企业团队目标

目标类别	目标说明
团队成长与发展目标	团队在一定时期内希望达到的发展状态或成就，诸如团队规模、人员构成比例的优化、团队效率提升及团队的能力成长
团队的满意	团队成员对团队工作环境、团队氛围、团队合作、团队目标达成情况、个人收益预期满足等多方面的满意程度

社会目标

主要是指企业在环境与社区方面要承担的责任。

企业在追求经济效益的同时，考虑其经营活动对社会的影响，积极履行社会责任，以使企业的经营活动与社会的发展要求保持一致，如建立良好的企业形象、维护与社会各界的良好关系、对社会与社区、环境等承担责任。

3.3.3　实现组织系统的内部联动

企业组织子系统相互关联的因素主要包括：公司战略、企业文化、组织功能规划、人力资源规划与运营管控体系。

企业组织功能的发挥与保证，离不开相关关联因素的整体联动与匹配。

组织功能规划与战略的关联

关于战略与组织管理的关系，战略管理领域奠基者之一的艾尔弗雷德·D. 钱德勒提出了"结构追随战略"的观点。

他认为，企业的经营战略应当适应环境—满足市场需求，而组织结构又必须适应企业战略，并随着战略的变化而变化，即"战略决定组织"。

这是在有限条件下，变量因素相对较少的时代背景下的逻辑假定，即有人相信企业可以设计出一个相对"完美"的战略，进而再去设计组织模式。然而，在信息爆炸和变化更具不确定性的大变局时代背景下，所谓"好的战略"常常变得遥不可及。而且，在激烈的市场竞争条件下，企业的战略调整周期变得更短，而战略在组织内的传递和运行却往往需要更多的时间。

这就给组织管理提出了更高的挑战。

实际上，企业战略为组织管理提供了指导和框架，明确了企业的长远目标和规划，为组织的决策和行动提供了方向。如果没有战略，组织功能规划就缺少必要的依据和说服力。组织功能规划则是基于实现核心战略目标的需要，将各部门和层次有机结合在一起的企业内部的特定安排。

因此，战略的制定也需要考虑组织的资源、能力和市场环境等因素，而企业的组织管理则需要根据战略的要求进行组织结构、流程设计和人员配置等方面的相应调整。二者相辅相成，相互作用和影响，不可割裂看待。只要保证战略的大方向基本正确即可，重点要放在如何使组织和团队通过快速迭代与升级，使战略与实际实现有效的匹配。所以，企业战略和组织功能规划不应该是静态、固化的简单"决定"关系，而是一个快速、动态变化的契合关系。

具体体现在企业在制定战略的同时，需要根据自身的发展方向、资源条件等进行核心业务流程的梳理，并据此设定组织架构和区分部门职能及岗位职责，并且不断地完善，以使其战略落实到每个过程和环节，实现战略企图。

人力发展规划如何支撑战略

在企业运营管理升级的过程中，常常会遇到一种新的"尴尬"：当企业完成一定程度的转型并渐入佳境时，会发现最大的挑战不再是外部的市场机会，而是自己在关键岗位上的人员储备严重不足，再一次"受制于人"。

为什么会出现这样的问题？

这其实是企业人力资源发展规划与战略的脱节。

实际上，企业在制定可持续发展战略时，应该意识到有效的人力资源供给和同步匹配，才是实现这一目标的关键。

而且，在企业的发展过程中，随着战略目标的调整与逐步落地，企业需要不断调整自身的组织系统以适应新的变化。与之相伴随的是企业需要通过定期和不定期的人才盘点，动态评估企业的人力资源现状是否足以支撑当前及未来一段时间内企业的发展需要。

因此，作为落实企业战略的重要保障措施，企业的人力发展规划往往是先于业务的。无论企业当前有多么"困难"（通常是相对的），都建议优先规划和补充关键岗位的人力需求，即人力发展规划一定是"因事设人"。一旦战略上有需要，资源和行动上就应快速跟进。只不过资源实力强，就可以"大干快上"。资源不足或条件有限时，就适当缓和一点，但一定要先付诸行动。只有行动上改变了，才算得上是真正的变革。否则，就是"假战略"。

一旦进入行动状态，则要学会"因人设事"，即打破一切条条框框大胆任用，重新定义岗位职责，并根据人员条件和实际使用过程中的状态和结果不断优化，以使关键岗位上的核心人员真正发挥出其优势并释放出更大的潜能。唯有如此，才能真正在资源有限的条件下，持续和最大限度地推动企业的经营改善。

事实上，企业人力发展规划优化最大的阻力，往往源于高层先入为主的自我设限或成见。

运营管控体系如何承接战略

在应对未来不确定性时，企业通常需要通过两种规划或计划来指导其工作方向：即所谓的战略规划和经营规划。

其中，企业的战略规划或称整体发展设想，是企业为应对内外部不确定性而做的宏观思考，以促进企业自身的健康和可持续发展为目的，通过创新经营、适应环境变化等方式创造经营成果。它是经营规划的根本指导。

企业年度经营规划又称年度经营战略，也叫年度商业计划或年度战略地图。它是企业战略落地组织子系统的一部分，承担着承接企业阶段性战略目标的重任，是企业结合具体的市场环境和内部资源条件而做出的系统性经营安排，以产出最大化为目标，持续推动企业战略规划的逐步实现。

事实上，年度经营规划就是企业以年度为周期，系统谋划企业阶段性的战略目标及其实现路径：从理解和执行企业的战略意图出发，到如何实现阶段性的战略目标，展开系统性的梳理与探讨，并实现从公司到部门/业务单元，再到团队和个人的层层目标与行动传递。即，年度经营规划更多的应该是贯彻企业的长期战略意图。

通过这个过程，帮助团队认识到：自己所做的工作与企业战略有无关系？关联度如何？让团队明确年度工作的主线，看到实现战略目标的可能性，并由此产生坚定的集体"相信"，从而持续推动企业长期战略规划的逐步实现。

由于经营环境的易变性和不确定性，企业经营活动的内容和内涵因此也不能是一成不变的，即企业的年度经营活动需根据实际情况作出针对性的调整。通常，领导者需要与核心团队就年度战略目标，以及实现目标的关键成功因素展开详细讨论，从而就如何实现年度战略目标形成共识，并在此基础上进行规划和分工安排，形成一系列的重点工作任务和待办清单，并将其纳入组织目标与绩效管理。以此实现企业年度战略与运营管控体系的有效结合，让战略重点落地和根植于企业的日常运营过程。

人力发展规划与运营管控的结合

本质上，企业只是市场资源配置的一种方式，其竞争力的强弱在于组织（管理）成本的高低，即提供同样的客户价值，组织实现价值的成本是关键。

从这个意义上讲，企业成功 = 战略定位 × 组织能力。

基于市场竞争的需要，企业只有在组织能力具有相对竞争优势的时候，其战略意图才更有可能胜出。即企业间的战略可以是类似甚或雷同的，但只有"能做到"的组织，才能真正实现其战略意图。因此，任何片面强调所谓"战略先进性"的意图，不过是单方面的自嗨而已。

所以，组织的系统能力决定一家企业的长期市场竞争力。组织系统的本质作用只是实现组织内人与事的有机结合，并使其实现高效和可持续的产出。

那么，人与事如何结合？组织分工与流程协同！

从组织的层面，企业对战略目标的承接是通过分工与协同的方式实现的，并最终体现在每一个具体的工作岗位上。因此，企业人力发展规划的核心目标就是要确保人员管理与组织需求保持适当的动态匹配，即基于战略目标实现的需要，实现岗位人员的胜任合格，以及由此带来组织绩效的稳定和高效。

基于企业战略的企业年度经营规划，以及由此而延伸出来的目标管理内容，其重点也是关于特定情境（即企业年度战略目标和阶段性重点目标）的针对性行动，因此也是运营管控的核心，是有效落地企业战略的关键。

这是所有运营管理的基础和中心。

一般说来，企业经营过程中的工作内容按照性质及特点可分为两大类：一类是相对确定和固定的部分，即常规和程序化的工作内容。另一类工作内容则会随着情境不同而发生动态变化。前者因不存在过多、过大的变数，过程和结果相对确定，因此其运营管控的核心主要聚焦于如何提升完成的效率和质量，并降低实现的成本；后者由于具有一定的随机性、突发性及情境化等特点，常常伴随更多的不可控影响因素，从而使得产出具有更大的不确定性。因此，在运营管理过程中，需要给予重点关注并采取针对性的应对措施。

针对不同类型的工作内容，基于运营管控的有效性，就需要相应的人力支撑：一是要选对的人，让尽可能"合适"的人上岗。二是要针对人员在岗位上的表现做出有效的管理反馈。从人员选拔、培训培养、目标与绩效管理、再到薪酬激励和定岗任用，展开全方位的系统性努力，以真正实现人岗匹配。

以企业文化赋能整体经营

在系统运营管理中，企业文化扮演着重要的角色。它定义了组织成员应遵循的价值观和原则，对于减少决策过程中的混乱和冲突，规范团队的行为，以及促进员工之间的团结和合作，使组织保持一致性具有积极而关键的作用。对于企业的长期发展也意义重大。

韦尔奇曾说："如果你想让列车再快 10 公里，只需要加一加马力；而若想使车速增加一倍，你就必须要更换铁轨了。资产重组可以一时提高公司的生产力，但若没有文化上的改变，就无法维持高生产力的发展。"

海尔集团的张瑞敏也认为：只有先盘活人，才能盘活资产，而盘活人的关键就是更新观念。

事实上，企业文化对于企业经营的改善与促进具有重要的作用。

企业文化对运营效率、员工满意度、客户体验和最终的商业成功都有着深远的影响。用企业文化赋能经营可以视为优秀企业的共通做法。强大的企业文化以共享的价值观和目标提升员工的归属感，使其更愿意为实现共同的愿景而努力工作。而且，具有独特、积极文化价值理念的企业更容易吸引与之相匹配的优秀人才。积极、健康的企业文化可以激励员工更投入地工作，并提高他们的满意度。这反过来又会降低员工流动率，节省招聘和培训的成本，从而使企业得以在竞争激烈的招聘市场中保持某种竞争优势。

此外，企业的文化升级是一个持续的过程，并需要随着企业的发展不断调整、完善和更新。以企业文化价值理念为核心，对内不仅可以帮助传达企业的长期战略，影响员工的行为、决策方式以及他们对企业的忠诚度和承诺程度，还可以引导团队在企业文化假设的基础上探寻问题形成的根源，系统梳理问题解决的对策，并快速达成文化共识，从而促进问题的高效解决和团队效能的提升。对外方面，正面积极的企业形象一方面可以吸引外部人才，另一方面可提升客户对于企业的信任度，增加业务机会。

所以，培育和维护一种健康、积极和有影响力的企业文化，对于任何希望实现长期稳定增长的企业来说都至关重要。它不仅能提供一个稳定的运营环境，还能为企业的持续发展注入动力，作为一个强大的驱动力来推动经营业绩和持续的成功。创建和维护一个积极、一致的企业文化，因此成为企业管理者的重要任务之一。

第 4 章
企业文化升级与经营理念的与时俱进

资源终会枯竭，唯有文化生生不息！

——任正非

4.1 理解企业文化的真谛

在企业的系统运营体系中，企业文化并非只是一些口号或标语，而是具有深刻内涵的企业灵魂所在。

它是企业在长期发展过程中，通过企业的日常经营、管理实践以及团队协作逐渐沉淀而成，具有引领团队方向、凝聚团队的作用，有助于促进企业业务模式的创新与升级。

4.1.1 被泛化和虚化的企业文化

企业文化是一个经常容易被泛化和虚化的概念。

什么是企业文化？

当我们进入一个企业或组织时，就会感觉到某种与其他企业不一样的"氛围"。这是企业通过自身生产、经营的产品与服务，反映出的企业特有的群体意识、价值观念和行为规范，这种氛围实质上就是企业文化。

"企业文化"一词最早由美国麻省理工大学斯隆商学院教埃德加·沙因于1992年提出。沙因将组织文化定义为：群体在解决其外部适应与内部整合问题时习得的一种共享的基本假设模式。它是在处理此类问题的过程中发明、发现或发展出来的——由于运作效果好而被认可，并传授给组织新成员以作为理解、思考和感受相关问题的正确方式。

威廉·大内则认为："一个公司的文化是由其传统和风气所构成。这种组织文化包括一整套的象征、仪式和神话，它们把公司的价值观和信念传输给组织员工。这些给原本就稀少而又抽象的概念添上血肉，赋予它们以生命。"

组织行为学权威斯蒂芬·P.罗宾斯将企业文化定义为企业全体员工在长期的发展过程中所培育形成的并被全体员工共同遵守的最高目标、价值体系、基本信念及行为规范的总和。

由此，我们可以将企业文化理解为：企业在长期生产经营过程中逐步形成与发展出来的、具有自身特征且为员工所普遍认可和遵循的一套价值体系，包括共同意识、价值观念、行为规范、道德准则、意识形态等。

简言之，企业文化是企业全体员工经过长期实践所形成并普遍遵守的价值标准、基本信念及行为规范，体现的是企业共同的信念和统一的做事方式。它是在企业核心价值体系的基础上形成的，具有延续性的共同的认知系统和习惯性的行为方式。这种共同的认知系统和习惯性的行为方式，使企业员工彼此之间能够达成共识，并形成心理契约。

实际上，任何企业都是有文化的，在企业中像空气一样存在。没有没有文化的组织，只有不同文化的组织。通常，企业文化是企业领导人/创始人或领导班子倡导的、全体员工共同遵守的价值观和不断革新的一套行为方式，并具有独特性、难交易性、难模仿性的特质，从而使得文化成为企业核心专长与技能的源泉，是企业可持续发展的基本驱动力。

美国社会心理学先驱、传播学奠基人库尔特·勒温认为：一个人的行为，是个体在需要和环境外力相互作用下的结果。同样，对于组织成员而言，企业文化是组织成员思想、行为的依据。

张瑞敏在分享海尔经验时曾说："海尔过去的成功是观念和思维方式的成功。企业发展的灵魂是企业文化，而企业文化最核心的内容应该是价值观。"关于他个人在海尔充当的角色，他认为"第一是设计师：在企业发展中如何使组织结构适应企业发展；第二是牧师：不断地布道，使员工接受企业文化，把员工自身价值的体现和企业目标的实现结合起来。"实际上，海尔的扩张主要是一种文化的扩张：收购一个企业，派去一个总经理、一个会计师、一套海尔的文化。

所以，文化其实是企业战略实施的重要手段，也是企业战略成功的重要保障条件。从这个意义上讲，企业文化之争是更高层次的企业竞争维度。

4.1.2　厘清企业文化的基本内涵

首先，企业文化是形成组织效能的共同认知系统。

企业文化是团队（通常是动态变化的）从共同的经历和学习过程中习得的共同思维模式、信念、情感和价值观，最终会形成共享的心理默契，使每个人知道企业/组织/领导倡导什么、反对什么，怎样做才能符合组织的内在规范要求，怎么做可能会违背企业的宗旨和目标。

其次，企业文化是团队共同认可的习惯性行为方式。

在企业日常的经营管理的过程中，通常除了流程、规范、机制等"硬性"要求，团队的有效驱动还离不开"软性约束"——企业文化的助力，即大家共同认可的做事方式。企业管理最基本的差异其实最终表现在企业价值观和对人的看法上，即不同的企业文化假设下，就有不同的管理方式和差异。

任何组织都是有文化的：或消极，或积极；统一或是离散；强势，抑或弱势；潜藏隐含，或成文有形。它是促进和引导团队按更高标准要求自我的重要基础。因此，管理者要充分关注企业的人文环境和团队氛围对于团队管理的作用。优秀的组织文化形成过程，往往是企业经营理念的自然沉淀和人为设计有机结合的结果，即领导人重视什么，部属就会注意什么；领导人喜欢用什么样的人，企业就会展现出什么样的做事风格。

再次，企业文化还包含隐含在价值观背后的一系列基本假设，即对一些基本问题的看法或人为假定。这些基本假设，往往决定了企业文化的走向与导向，并进而影响企业经营管理活动的基本原则和具体做法。

最后，企业文化还代表着企业成员间达成的心理契约。

从社会学意义上讲，所谓的契约（即约定）通常有两种：法律上的和道德上的。前者通常以文字、合同的有形形式呈现，是需要强制（被迫）执行的。后者则主要是精神层面的，往往通过无形的精神和心理压力影响相关人。

回归到企业内部，事实上也存在类似的"约定"：一种是明确而具体的各种制度、规范、准则、机制、流程及工作标准等，可统称为制度文化。通常带有不同程度的强制属性，主要解决人们的意愿问题并做方向性的牵引。另一种则是约定俗成的习惯和日常做事方式，即文化价值信念，解决团队价值取向的问题。良好的企业文化让人安心，良好的机制则让人动心。二者共同构成了团队成员之间的心理契约，共同促进彼此间的相互期待。

4.1.3 挖掘企业文化的经营价值

企业文化是经营管理活动重要的人文环境基础，其背后蕴藏着重要和多方面的经营价值，对于成长型企业的稳定和可持续发展有着重要的作用。

凝聚人心，促进组织认同

企业的使命、愿景和核心价值观共同定义了"我们是谁？"并使企业形成了有别于其他组织的"身份角色"。

从某种程度上，企业文化定义了企业的发展方向与目标，决定了企业的经营模式，并对企业的经营管理活动产生重要的导向和指导作用。

处于成长阶段的企业，由于其所处的特定历史阶段，在快速发展中追求稳定是其最为突出的特点。在这一时期，企业在业务方面往往获得了长足的发展，人员规模开始膨胀。随着新生力量的不断进入，会带来不同于原有团队成员的文化价值理念及做事方式，从而经常引发新老结合的团队出现各种文化冲突与对抗，并带来内部合作成本的增加。

在此情形下，企业文化可发挥引导与塑造员工态度和行为的积极作用，使之更趋向于合作，促进团队成员放下个人和局部利益的考量，共同围绕组织目标付诸努力，从而化对抗为合作，直接降低管理和沟通的成本。

此外，强势的企业文化对内、外部客户都可以产生积极影响，帮助企业塑造和强化企业在内、外部客户心目中的积极形象，从而形成内外部的吸引力：对内，传递给组织成员一种身份的感觉，即自豪感；对外，对外部成员或潜在的进入者产生羡慕、向往和期待。

激发活力：提升组织竞争力

企业通过组织文化将组织推崇什么、反对什么、鼓励什么、惩罚什么等信息传递给员工，并在潜移默化中约束和塑造员工的行为。

良好的企业文化氛围能为团队赋能，激发员工的工作热情，有效提高团队的参与感，有效激发团队的活力和潜力，增强员工工作的自主性、自觉性和创造力，让共享企业核心价值理念的员工在工作中更具创造力和活力，从而提高员工的工作效率和质量，使之成为企业进一步发展的宝贵资产。

而且，企业竞争力提升源于持续不断的创新能力，即在面对内外部环境变化时，组织及团队快速做出调整和改变的变革能力。强势的组织文化有助力推动企业变革，并将团队统一到共同的方向和目标上，从而有利于提升企业的竞争力，让企业更好地做强、做大和做久。

改善经营：倍增组织绩效

企业文化对企业长期经营业绩的提高具有重大的促进作用。

美国企业领导与变革领域的权威约翰·科特教授与其研究小组，历时11年就企业文化对企业经营业绩的影响进行研究。结果表明：凡是重视企业文化因素特征（消费者、股东、员工）的公司，其经营业绩远远胜于那些不重视企业文化建设的公司。

企业文化价值观可以有效的改进组织和个人的重要绩效。

一般来说，企业文化的导向越是清晰、明确，团队的执行力越强，越有利于将企业战略落地到实处，从而提升企业的整体产出效果。

其原因在于，企业文化可以有效帮助团队在执行过程中强化方向，并优化工作方式。企业文化从精神层面定义了员工的工作和做事方式，即以更高的标准要求自己，并扮演好在组织中的角色。这是个体实现其岗位成就和流程价值重要的基础，这是促进企业战略落地，提升组织盈利的重要保证。

4.2 剥开企业文化的"伪装"与外衣

根据企业文化要素的不同性质及呈现形式，由外显到内在，再深入到底层，企业文化可以分为外显形式、内在观念和深层假设三个不同的表现层次（图4-1）。

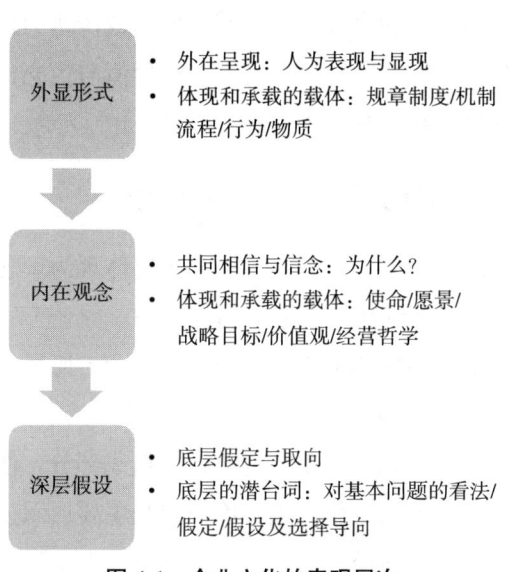

外显形式
- 外在呈现：人为表现与显现
- 体现和承载的载体：规章制度/机制流程/行为/物质

内在观念
- 共同相信与信念：为什么？
- 体现和承载的载体：使命/愿景/战略目标/价值观/经营哲学

深层假设
- 底层假定与取向
- 底层的潜台词：对基本问题的看法/假定/假设及选择导向

图4-1 企业文化的表现层次

4.2.1 外显形式：人为表现与外在呈现

企业文化最表层的体现为外显形式，即人们在接触团队的过程中看到、听到和感受到的群体"氛围"。这些形式能让人们在身处其中时"有感觉"。

企业文化最常见的外显形式有：团队及个人行为、习惯，诸如团队的着装、待人接物、人际关系、情感表达方式、工作过程中的沟通方式、仪式、要求、办公环境等。

这些外显形式如通过组织有意识的推动，则可能成为各种人为的要求，并形成遇到类似情形后的处理惯例，进而固化为管理制度、规范、工作流程与标准、文化仪式及其他的文化载体。

其中，常见的用以传达企业理念的管理制度包括：组织与决策制度、培养与任用制度、分配与激励制度等。

行为规范是明示企业员工在日常工作、学习和生活中应有的具体行为，按国际惯例及国情、风俗、领导者的偏好等，规定出企业员工应遵从的礼仪、岗位纪律、工作程序、待人接物、环卫与安全、素质与修养等。

文化仪式：主要包括各种会议，如表彰会、纪念会、庆典、招聘、晋升、退职仪式、迎新送旧会、文体娱乐活动等。

文化载体：主要包括企业口号、企业文化手册、制度文件、企业出版物（如杂志、刊物、报纸、墙报、漫画等）、网站、多媒体、面对面沟通、演讲、企业展览会、公关活动、新闻报道等。

企业文化所呈现的外在的表现形式，所要传递或传达的与感知者感受到的未必一致。只有融入其中，深入了解其背后潜在的价值与信念，才可能真正理解其所代表的文化含义。这也是企业文化的魅力所在。

4.2.2 内在观念：共同信念与内心相信

企业文化的第二层体现方式为内在观念，主要体现为理念与目标的共识，是团队的共同相信和信念，共同构成企业的信仰体系。

内在观念的呈现形式与载体主要有：企业的使命、愿景、战略目标和核心价值观，以及与之相匹配的企业经营哲学与企业精神。其中，企业的使命、愿景、战略目标和核心价值共同构成了企业文化的核心组成部分。使命和愿景体现企业的理想与追求，是企业的未来定位；核心价值观则主要展示公司最重要和最持久的指导原则，是企业的思想路线。

一般而言，企业在推动变革时，通常会遭遇各种不同的声音。尤其是前期，各种"不可能"的"反对"之声会格外突出。

为什么会这样？

这看上去是针对具体工作问题的做法举措差异，其实是双方文化上的"冲突"，最终会落脚到价值信念与底层假设的不同。

事实上，内在观念是外显形式所应传递的文化内核，它才是一家企业真正的文化之魂。内在观念选择的不同，才是企业文化深层次的差异之源。

企业文化的外显形式，只是从某种程度上反映企业"原始"的文化信念和价值观，即企业文化的外在表现形式，对于企业文化价值与信念内核的体现是不完整的，存在"失真"。

那么，面对类似的"文化"冲突，如何才能让团队真正理解企业的文化内核，并愿意做出有效改变？很多企业面对核心人员的不理解，总是习惯于用说服甚至强制的方式让对方接受，并为此制定了一系列的"规章"和"制度"。

只有带领团队采取共同的行动，并且观察行动所带来的结果，才会产生共享信念的基础，即帮助团队自己感受到不同做法背后的观念差异。

这也是验证领导者方案有效性的重要途径和方法。

我曾亲历过一个关于建立共享信念的经历。当时，公司花重金聘请日本丰田的老师来现场指导精益生产。基于行业的技术水平和工艺特点，在生产过程中往往会产生一定比例有质量问题的产品。行业通行的做法是在大批生产任务结束后，进行返修或二次调校，这样就能保持产线生产的连续性。

结果，当现场残次品堆积到一定程度后，日本老师突然问翻译：总闸在哪里？然后，他径直冲向电控柜并拉下了总闸。就这样，整个生产线都停了下来。现场50多名员工，加上观摩学习的管理层二三十人，全部直接呆住了。

在那一刻，我才真正懂得了什么叫深入骨髓的质量意识！

4.2.3 深层假设：底层假定与基本取向

企业文化所涉及的内在观念差异，到底是如何产生的？

从认知角度，人们为了消除内心的焦虑和不安，会想方设法让世界和事情变"简单"，于是倾向于把自己感知和相信的当成客观事实。

这种最根本的"自我相信"，就是每个人对于事物的基本假设。

事实上，企业文化所体现出的内在观念背后，还隐含和存在着更深层次的底层假设。它们是与一些基本问题的"正确看法"相关的人为假定或预设，是企业文化表现背后的更底层逻辑。

企业文化背后的深层假设主要涉及和回答组织普遍面临的两大典型问题：如何确保组织存续并适应外部环境？如何实现企业内部的有效整合，确保组织具备持续生存和适应的能力？所以，真正的共识源于底层假设的一致程度。

对于以上两个问题的不同回答，就形成了企业文化的差异，并最终让企业及团队各不相同。只有了解到这些隐藏于价值观念背后的假设或假定，才能更深刻地了解一家企业和团队的文化实质。见表 4-1。

表 4-1　　　　　　　　　　企业文化价值观念背后主要的假设

底层假设	说明
关于使命、愿景和目标的共享假设	我们是谁（即组织存在的理由）？我们到底要做什么？我们如何看待彼此之间的关系（股东、合作伙伴、管理者和员工、社区与政府、客户）？而且，关于这些问题的回答是不断演化和发展的。这也是为什么我们总能感觉企业和团队一直在变的原因
目标共享及其实现方式假设	目标是企业使命与战略目标的具体化，对于目标规划及实现方式的差异，代表企业在相关问题上缺少深层次的共识。目标到底该如何承接企业战略？ 实现目标的顶层设计思考：核心业务流程如何优化？组织功能如何设计和不断完善？组织能力如何系统建设？如何构建企业的人才梯队？当前实现战略目标的关键因素有哪些？如何才能有效实现目标？
低情境与高情境假设	所谓情境是指一定时间内各种情况相对独立或结合的境况。低情境假设也称单一导向型文化，任何事件或结果都是明确的、具有普遍性的含义，即凡事"一刀切"，没有例外。比如，没有任何理由，结果第一；高情境模式下，任何事件仅在一定的情境下才可以得到解释，根据不同的情境而有差别，即凡事"看情况"。很多企业都会存在所谓的"客户保护制度"，往往会设定很多出现冲突后如何判断的情形，就是这一深层文化假设的体现
人与自然/环境的关系假设	即如何看待人与环境、企业与环境的关系？环境是可以被改变，或者环不能够被改变？是顺应接受，或是努力调整适应？不同回答决定了企业对自身所处的环境会采取什么样的行动。同样，企业是鼓励员工自力更生，还是为其创造所有的条件环？员工被表扬就好好干，批评就不干？还是无论别人怎么对待我，我都要对自己负责？这些回答都关乎外在与内在关系的基本假定
人性假设	即对人性的基本假定，如著名的 x 理论和 y 理论，人性是善的还是恶的？是可改变的，或是难以改变？人是愿意努力，还是更愿意偷奸耍滑？是应该用人不疑，选择相信人，还是应该有所防备，保持戒心？不同的人性假定下，就有不同的管理举措

续表

底层假设	说明
人际关系假设	即如何看待团队成员之间的关系？诸如，上下级关系、同事关系等。此外，企业是应该围绕团队和集体来组织，还是要围绕个人来组织？到底是公司成就了员工，还是员工成就了公司？如果个人利益和集体利益发生冲突，我们应该如何做出选择？
事实与真理的假设	事实是什么？如何决定和发现什么是事实？即真理（客观标准）到底从何而来？企业的真理来源于权威、领导、专家，或者某种传统，亦或来源于辩论和实践？ 在领导意志与实际情况产生不一致时，我们到底要怎么办？作为员工，到底是应该"听话照做"，还是要结合实际，"有所听，有所不听"？
团队边界和身份假设	团队的运行和发展，需要成员间相互接受和认同，即进入团队的标准是什么？谁属于团队，谁不属于？这种假设的直接后果就是团队间会据此"适用"不同的规则，并被区别对待。只有进入"内部"，才能得到认同感，并接触到更多隐藏的假设。这也是为什么很多企业新人总是很难融入的一个重要原因
时间假设	关于时间的感知和体验是影响群体运作方式的最核心的方面，包括时间的取向性，即基于过去、现在还是未来？ 时间的单向性与多元性：看重时间，还是看重任务？强调规划、计划和先后顺序，还是看重创新能力和随机应变、即兴发挥？ 计划性与发展性：单向、线性的，有限的且一去不复返，还是发展性的时间观念？事物总有其内在周期与规律，循环的、反复的，无穷无尽？
空间假设	即关于人与人之间距离和相对位置的设定。到底是开放的办公布局好，还是封闭的好？团队沟通工作时，是随意些距离近一些好，还是应该正式一点保持适当的距离？到底是应该充分授权，还是应该专权或集权？职业化好，还是亲情化更好？

4.3 回归企业文化的三大内核

企业文化建设的本质是激发人心，开发团队的"心力"资源。

优秀的企业各有特色，但有一点是共同的：它们都在特定的历史阶段有效实现了对团队要性的集体激发。

顶级成功的企业只是找到了一条更为长久之路，使得人心和人性的力量得到了最大化激发。实现这一目标的关键，在于带领团队集体回归企业文化的三大内在核心：使命、愿景和战略目标。

4.3.1 使命：我们为什么而存在

使命是什么

使命陈述和定义企业的核心目标，指出企业在社会经济发展中所应担当的角色和责任，并为企业目标的确立与战略的制定提供依据。

使命是企业经营的哲学定位，回答的是：我们（组织）为什么而存在？

实际上，使命是企业存在的原因或者理由，指明企业的经营领域、经营思想，确立企业经营的基本指导思想、原则、方向、经营理念等，体现企业创始人或领导者的价值观，并代表企业的自我形象与社会价值定位。

> 我们如何认识和看待自己的事业？
> 我们的经营指导思想是什么？为什么要这么做？
> 我们如何看待和评价市场、客户、员工、伙伴和对手？

企业使命更多的是在尝试着解答：企业到底要解决什么社会、行业问题，或潜在客户的深层次需求，并且赋予了组织行动的正当性与价值的独特性。一个强有力的组织必须要靠使命驱动。企业的使命不仅问答企业是做什么的，更重要的是为什么做，是对企业终极意义和目标的自我定义。

在企业的不同发展时期，或领导团队发生变化时，这样的自我定义可能会发生变化。具有崇高的社会意义、明确而富有感召力的企业使命，不仅能为企业指明发展方向，而且可以帮助企业里的每一位员工了解自身工作的更高意义与价值，从而激发出其内心深处的骄傲与自豪感，找到持久的工作动力。

而且，有效的使命不仅所指明确，其陈述通常易于理解和沟通，能触及人们的心灵并能激发团队改变的欲望。就像灯塔一样，可长期指引团队前进的方向，鼓舞人们为之奋斗。可能永远也无法到达，但却是团队持之以恒的向往。

如何快速沉淀企业使命

企业在梳理使命时，企业的创始人或核心团队需要通过以下几个问题帮助自己及团队明确初心：

> 为什么我（们）要创立这样一家企业？
> 我们的初心到底是什么，真的是这样的吗？
> 我们为什么而存在？我们的独特价值是什么？

我们真的卖的是产品/服务吗？

我们的存在将给社会、行业、客户、员工等带来哪些不一样或改变？

最后，通过对这一系列问题的回答与互动，沉淀和初步形成公司的使命。

总结和提炼企业使命的"标准套路"：

我们不是……，而是……

通过"否定"企业当前正在做的业务或事，跳出来重新看待所从事的事业，从而赋予业务/事业背后的更高、更大的意义与独特价值。

通过这样的对比与反差，促成企业和团队的初心回归，让团队充满骄傲和自豪感。而且，这种比较选择的模式还可以帮助团队在企业发展的不同阶段，不断自我升华，从而持续迭代和升级企业的使命，并让团队获得越来越强烈的使命感，以及引领行业的责任感与既视感。

这也是为什么我们总是能看到很多企业的使命在不断变化的原因。

知名企业使命示例

华为：

聚焦客户关注的挑战和压力，提供有竞争力的通信解决方案和服务，持续为客户创造最大价值（2004）

致力于把数字世界带入每个人、每个家庭、每个组织，构建万物互联的智能世界（2018）

京东：

购物变得简单、快乐（1998）

让生活变得简单、快乐（2004）

技术为本，致力于更高效和可持续的世界（2020）

腾讯：

用户依赖的朋友、快乐活力的大学、领先的市场地位、值得尊重的合作伙伴、稳定和合理的利润（1998）

通过互联网服务提升人类生活品质（2005）

用户为本，科技为善（2019）

阿里巴巴：
让天下没有难做的生意

谷歌（Google）：
组织全球的信息，并让人人都可以获取及有效利用这些信息

亚马逊：
让人们可以通过简单的网络操作获得具有教育性、资讯性和启发性的商品

微软：
致力于提供使工作、学习、生活更加方便、丰富的个人电脑软件（1970）
以赋能为使命：予力全球每一人、每一组织，成就不凡（2010s）

特斯拉：
加速世界向可持续能源的转变

奔驰：
努力使自己成为世界汽车工业的领头羊，公司的任何发展都要顺应时代的需求，不断创新，推动汽车工业的发展

4.3.2　愿景：我们到底要成为谁

愿景是什么

愿景（或称企业远景）是企业对未来的一种憧憬和期望，即在一个特定的时间段内力求实现的目标，是企业努力经营想要达到的长期目标，是企业发展的蓝图，体现企业永恒的追求。

愿景描述的是企业成功运营后的未来成就，描绘了企业未来应具有的形象或战略意图，反映了领导者和团队对于企业未来的期望，是引导企业前进的"灯塔"，其核心是要回答：我们的事业是什么？企业未来想成为什么样的公司？即我们要成为谁？

愿景是一种团队内心的共同愿望，是一种驱动力。本质上，愿景是一种从全局出发，着眼于长期价值的思考，是关于企业未来的持久性回答和承诺。

愿景通常包括两个方面。

一是要选择战场。表明企业意图在哪些行业或领域发展，这是公司对行业规

律的深刻理解与洞察。如果企业能够清晰地阐释愿景，并能够得到团队的大力支持，则愿景就能够激励企业持续前进。

企业只有回答清楚了自身的事业是什么，团队成员才能知道自己在做什么、要奉献什么、将来要朝哪个方向去，以及知晓自己是在为什么而努力。企业若迷失其愿景，则易将生存的目的与手段混淆，甚至导致战略上的迷茫。

二是要找制高点。表明公司希望在该行业或领域发展到一个怎样的位置或高度，这是公司发展野心的体现。有些企业的领路者对此表现得非常"谨慎"：他们不愿意或不敢于明确到底要把公司做到什么程度。他们认为做企业要务实，不能随便立 Flag。而且，万一实现不了，岂不是会令团队失望？

事实上，愿景是公司未来发展的理想境界，犹如灯塔之于航船，对公司的全部经营活动和文化行为具有导向作用。愿景目标应该反映领导者与团队对于未来的共同憧憬，反映的是双方共同的利益。愿景相关的目标是代表公司发展的终极方向，只有足够远大的未来发展构想才能不断吸引人，虽然可能永远也不会完全实现，但却可以引导团队始终朝着其持续努力。

所以，真正的领导者要敢于带领团队畅想未来。为团队共享和认同的愿景，具有激励和鼓舞员工，实现团队凝聚并推动企业持续向前发展的作用。

愿景的三种表述方式

企业作为一种社会组织，不仅具有商业属性，还可从多个维度加以定义。

因此，在描述企业未来愿景时，可从不同角度对"我们到底要成为一家什么样的公司"加以阐述。常见的企业愿景表述方式有三种。

方式一：目标型愿景。

目标型愿景是一种以特定成果为导向的战略规划方法。强调通过直接设定清晰、可度量的企业自身目标的方式，描绘企业未来的发展构想。

目标型愿景设定的方式通常以营收规模、市场份额增长、财务表现改善或行业地位及社会影响力、排名等指标为基础，描述企业自身的战略构想和发展野心，可以帮助企业在特定时间内实现重大成就，并促使整个组织围绕这些目标进行协调和努力。

沃尔玛：在 2000 年成为 1250 亿美元的公司（Become a 125$billion company by the year 2000, WalMart, 1990）

索尼：成为世界著名企业，以改变全世界对日本产品的不良印象（Become

the company most known for changing the worldwide poor-quality image of Japanese products，SONY，1950）

波音：成为商业飞机业务的主导者，带领世界进入喷气式时代（Become the dominant player in commercial aircraft the world into the jet age，Boeing，1950）

方式二：挑战型愿景。

挑战型愿景是一种激进的战略规划方法，旨在通过探索新的商业模式、产品或服务来颠覆现有市场格局，并创造显著的价值增长。

挑战型愿景关注于推动创新、开拓新市场和超越竞争对手。通常情况下，以所在行业的标杆企业或优秀企业为参照，向其发出挑战，即通过将企业的发展目标与强大标杆对象明确对标的方式，体现企业的发展野心。

飞利浦·莫里斯：击垮雷诺兹（美国烟草公司）成为世界烟草行业第一（Knock off RJR as the number one tobacco company in the world）（Philip Morris，1950s）

耐克：制服阿迪达斯（Crush Adidas）（Nike，1960s）

本田：我们要摧毁亚马哈（We will destroy Yamaha）（Honda,1970s）

方式三：控制型愿景

控制型愿景是以达成特定而明确的排他性目标为奋斗方向的企业愿景。

通常强调通过管理和优化企业内部流程、系统和结构等，来实现长期目标和竞争优势，以突出和强调企业在特定领域的控制力或统治力。

通用电气：在我们从事的每一个行业都成为第一名或第二名，我们将通过革命性的变革，既具有大公司的强势又具有小公司的灵活精干（Become number one or two in every market we server and revolutionize this company to have the strengths of a big company combined with leanness and agility of a small company）（GE，1980s）

罗克韦尔：将公司从抵御型转变成为世界上最多样化的高科技公司（Transform this company from a defense contractor into the best diversified high-technology company）（Rockwell，1995）

企业愿景的梳理与共识

如何梳理愿景？企业愿景的梳理，一般遵循如下几个步骤。

①请创始人或核心管理层分享。创始人及核心管理层的核心经营理念与初心是文化梳理的重要起点。

> 如何看待行业、市场及我们的未来？（一般会回顾行业、企业发展史）
> 我们到底要成为一家什么样的公司？
> 为什么我们要成为那样的公司？（回归和强化初心）

关键：请团队中对企业及行业未来有深刻理解的人分享，以加深团队对于企业和行业的理解，尤其是加深对于企业家梦想的理解。这是转型升级很重要的方向来源。理解越是深刻，就越能知晓该如何有效提炼并传递给团队。

同时，帮助相关人员回归初心，加强其战略定力。愿景是一种心中的渴望，光想到是不够的，必须变得足够强烈，甚至是渴望，才能在转型升级过程中当面对现实困难与挑战时保持坚定和不动摇。

事实上，这是企业转型升级重要的成功要素。很多企业无法快速实现转型，一个重要的原因就在于创始人不足够坚定。

②团队分享对于公司愿景的理解。团队需要就以下问题进行思考与回答。

> 我 Get 到了哪些关键词？
> 我是如何理解这些关键词的？
> 我理解的企业愿景（最好有场景期待）

核心与关键：这个环节的核心目的是为了做团队的认同。通过团队的参与，尤其是对关键词的强调，让团队加深对于企业未来发展的期待。同时，通过场景期待（愿景实现时，我在哪里？我为此做过什么？以及与我有何关系？），让团队更愿意接受和认同公司未来的发展设想。没有参与感，就没有认同感。同样，没有认同感，就不会有成就感。

这是团队愿意为企业愿景付诸努力的关键：企业的未来与我有关系！

③总结与提炼。如何才能将企业的愿景有效表述出来，并让团队激情澎湃？

先来看一个案例。

福特汽车创始人亨利·福特曾于1910年制定了福特汽车的愿景目标："普及汽车"。对此，福特本人有着非常引人入胜的描述：

> 我将为一个伟大的目标建造每一辆汽车……，它要很便宜，以使得那些没有

很高收入的人也能买得起，从而使他们能与家庭一起分享上帝赐予我们的快乐时光……

那时，每个人都能购买，每一个人都能拥有，马车将会从公路上消失，有车将会变成一件理所当然的事……。

为此，我们要让大量的工人在更好的收入下工作。

为什么福特的企业愿景能如此打动人心，令人神往？

事实上，总结和提炼出企业的愿景后，还需要有效描述之，其中有几个表述要点和技巧。

首先，要学会用场景化（图景或场景）的语言，描绘愿景实现后是什么样的一种场景。从认知的角度，只有可将人们带入其中的环境／场景／情形，才能让人更有"感觉"，即易于被打动或感动。

其次，要多用情绪化的语言，生动而清晰地进行细节描述（越具象越有感觉，越容易引起共鸣），尽量不使用和少用逻辑化或分析性的语言，即利用好感性＞理性、情绪＞说服的表达沟通原则。只有被接受的理念、愿景，才是团队愿意为之付诸行动和努力的奋斗目标。

最后，在创造企业愿景时，需要学会赋予企业独特的人文价值，即我们要做的事业对于社会、行业、客户、个人等到底意味着什么？只有充满足够意义与价值的事业，才值得去追随和贡献。

同样，只有能鼓舞士气的远大未来，才能真正实现意志的凝聚，引发团队的共同奔赴！这也是使企业愿景能够成功吸引人的另一关键。

4.3.3　核心价值观：我们以什么方式成就自我

核心价值观是什么

所谓核心价值观，是指企业在经营过程中全体成员都必需信奉的信条和最高准则，是在实现目标的过程中执行、思考和判断是非的核心逻辑。

核心价值观是企业哲学的重要组成部分，是用于解决企业在发展中如何处理内外矛盾的本质和持久的一整套原则。如企业对待市场、客户、员工等的看法或态度，它是企业表明企业应该如何生存的独特价值主张。

简单地说，它是企业所推崇和坚守的关键信念，是引领企业一切经营活动的指导性原则，是企业日常经营管理过程中倡导什么、反对什么的基础参照。

此外，核心价值观还有一个很独特的作用。它可以帮助领导者分清谁是真心，谁是假心，即识别团队成员对企业是否真正认同及认同的程度。

通用电气前CEO杰克·韦尔奇对此有过精彩的论述：

在管理他人时，想想你自己，根据经理人的类型来评估你的团队。你们大多数可能还记得，我们以前讲过的4种经理人的类型。

第一类，即认同公司价值观又有业绩，给他们升职。

第二类，既不认同公司价值观又没有业绩，炒掉。

第三类是认同企业价值观，但还没有业绩的，再给他们一次机会。

第四种是你工作中必须小心的，就是不认同公司价值观但却有业绩的。这类人绝不可以出现在这里，这样的人会吸干任何组织的活力。无论是学校、企业、机关以及其他任何地方，到处都有自私的人，业绩非常好看，以牺牲他人为代价，自己永远排在第一位，总是朝上爬媚上欺下。

事实上，组织中所有人的行为都是表象，本质上是价值观在驱动。因此，优秀的企业和领导者懂得以核心价值观来识人、选人和用人。在很多企业流传着一个关于如何用人的基本价值标准：有德有才，大用之；有德无才，善用之；无德有才，慎用之；无德无才，弃用之。

共同的价值理念可以帮助团队在是非错对之间建立一个明确的界限和标准，让团队的工作保持高效、协作更顺畅。而且，由强势价值观驱动的企业，不必依赖于权力和金钱来激励团队，而是可以通过文化的力量让团队保持持久而强劲的前进动力，从而让企业在激烈的市场竞争中脱颖而出。

核心价值观从何而来

企业的核心价值观是真正影响企业运作的精神准则，一方面需要引导和激发团队向上向善的力量，另一方面还必须强调为人处事的底线，以使企业的经营理念能经得起时间的考验。

企业的核心价值观首先是从企业家或创始人身上而来。

企业家在企业发展壮大的过程中，往往起到了不可或缺的作用。并且，在解决业务问题的过程中，通常会扮演精神领袖的角色。因此，创始人因其独特的人生经历所形成的世界观、人生观、价值观以及经营哲学，极大地影响企业的价值理念。这也是为什么很多企业都是老板文化的原因。

其次，公司核心团队的共识也是企业核心价值观的重要来源。

在企业发展和文化形成的过程中，除了企业家或创始人的独特作用，企业核心团队也在其中扮演了非常重要的角色，并对企业核心价值理念的形成有着重要的促进作用。无论是核心价值理念形成的过程中，还是在向团队传递的过程中，核心团队成员都既是参与者，也是重要的推动者和见证者。

除此之外，企业的核心价值观还会受到时代精神及不断变化的团队成员的影响。尤其是团队中标杆和英雄人物的出现，都会从某种上程度上彰显和放大企业核心价值观的影响力，使之在团队中更大范围和更长时间周期内产生影响，并促进团队成员发生积极变化。

当然，以上这些因素共同影响了企业核心价值观，并促进其在过程中不断更迭，从而使企业文化保持持久的活力和生存力。

核心价值观的梳理与共识

企业的核心价值观是基于经营人心的需要，是企业在经营过程，持续努力以使之为团队所接受与遵循的一系列价值观念。

企业的核心价值观是企业创始人及核心高层对于行业和社会关键成功因素的深刻解读，它可以理解为是人文价值观念的商业化应用。践行企业的核心价值观，其实就是在企业内部践行企业的关键成功要素。这些关键成功要素体现为科学的思维和正确的做事方式，如果辅以必要的业务技能，就可以在日常工作中对工作对象产生巨大的影响作用，并取得相关成果。

如何有效梳理和提炼企业的核心价值观，并使之能为企业战略所用？一般可遵循图4-2的步骤展开。

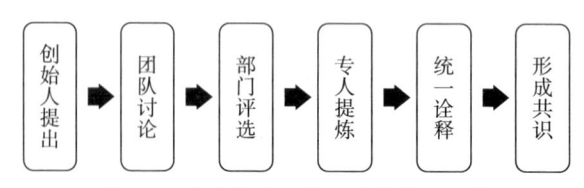

创始人提出 ➡ 团队讨论 ➡ 部门评选 ➡ 专人提炼 ➡ 统一诠释 ➡ 形成共识

图4-2　企业核心文化形成的基本步骤

企业家或创始人往往是企业精神最集中和最典型的代表，是企业的灵魂，不可或缺。在提交团队讨论前，我们通常会与创始人单独沟通，听取其对于企业、团队及未来的思考，并结合企业当前已有的价值信念、重点关注点等综合提炼出企业的核心价值观。然后，再在此基础上召开核心管理层的小范围讨论与共创，并通过创始人的视角解读以下关键问题。

我们到底要成为一家什么样的企业？

企业家个人的核心精神动力到底是什么？

我们到底提倡什么，反对什么，应该坚守什么？

现有哪些核心价值观，是否还缺少什么？

为什么当前的核心价值观能够促进企业的持续成长和发展？

这个解读的过程，是一个相对发散的过程，不追求标准化或统一，而是要让创始人用心传递其内心所想，藉此真正与核心团队"交心"，以使团队能理解企业核心文化理念的深层底蕴并更好地接受。在此基础上，再请团队成员分享其对于公司核心价值观的理解。

这个讨论的过程其实是形成核心团队文化共识最重要的环节，是一个用团队点燃团队的过程，可以极大的促进核心团队间的理念共识。这也是决定一个企业与其他企业差别的关键所在。

从某种意义上来说，企业实际上是不同思想体的结合。一旦核心团队通过共创形成了核心价值观，企业新的组织核心就真正形成了。因此，从文化的角度，企业的运营升级就是整合不同思想体重新形成合力的过程。

为了便于传播和强化团队接受，企业的核心价值观词汇建议控制在4~6个为宜，并且最好不要用诸如诚信、开放等这种简单的通用性词语。一是这些词语通常有约定俗成的含义，不便于企业结合自身实际进行二次解读，即"教育"成本太高；二是难以与其他组织进行有效区分，不利于体现自身文化的独特性。因此，建议用词语进行组合，形成具有自身特色的价值观语言体系，从而更好地展示企业文化价值理念的个性与独特。以独特的文化理念吸引人、感召人，是企业吸引优秀人才很重要的方法和途径。

知名企业的核心价值观参考

华为：

以客户为中心，以奋斗者为本，长期艰苦奋斗，坚持自我批判

开放进取

至诚守信

团队合作

丰田：
上下一致，至诚服务
开发创造，产业报国
追求质朴，超越时代
鱼情友爱，亲如一家

三星：
人才第一
追求一流
引领变革
正道经营
共存共赢

阿里巴巴：
客户第一，员工第二，股东第三
因为信任，所以简单
唯一不变的是变化
今天最好的表现是明天最低的要求
此时此刻，非我莫属
认真生活，快乐工作

4.4　企业文化升级的"四化"主线

企业文化升级有两大核心目标。

一是对企业现实文化的升华，即升级企业现有的核心文化，使其适应时代背景，符合企业新的发展阶段。二是推动企业使命、愿景、核心价值观或企业宗旨、企业精神等原则性的核心理念文化，融入企业的一切经营与管理活动过程中，使之能为团队更好地接受、认可并践行，从而引导和推动企业的健康、良性发展，并让企业的发展成果带上具有企业个性特征的文化烙印。

概括起来，企业文化升级的主线就是：升华企业已有文化，使之与时俱进。所以，企业文化升级其实是推动团队将企业价值信念"内化于心，外化于行，显化于物，固化于制"的实践之旅。

4.4.1 精神文化：内化于心

企业文化中的精神文化，也称为理念层文化，它是企业经营管理的指导思想，是企业价值观的集中表现，是企业之"魂"。

精神文化主要体现为企业的使命、愿景和核心价值观。它是衡量一个企业文化独特性的关键标志，只有成为团队集体的信仰，才能让员工获得精神层面最大程度的满足感。有些企业也将其所有的理念统称为"企业哲学"，是形成企业文化行为层、物质层和制度层的重要基础。

精神文化的内化于心是一个将抽象的理念、价值观、信仰等转化为个人内在信念和行为准则的过程。通常涉及认知、情感、行为以及环境因素的相互作用，实现落地的起点和关键在于赢得团队的接受与认可。

精神文化需要通过开展多种多样的文化活动，让员工参与其中并感知相关的精神内核，从而逐步将外界输入转变为个人内心的认同和指导原则，进而影响其态度和行为，实现真正的"内化于心"。

促进精神文化内化的方式与形式见表4-2。

表 4-2　　　　　　　　　　促进精神文化内化的方式与形式

形式类别	要点说明
教育与学习	加深对精神文化内容的理解，包括历史背景、核心理念、行为规范等的学习，使个体从认知上认同这些价值
情感共鸣	情感是连接理智与行动的桥梁。通过故事讲述、案例分析、仪式活动等方式，激发人们对于企业文化的感情投入，增强企业文化的吸引力和感染力
实践体验	将精神文化融入日常生活和工作中，通过实践活动如志愿服务、团队合作项目、文化节庆等，让个体在实践中体会和验证这些价值观，从而加深理解并形成习惯
榜样示范	领导者、榜样人物的行为对企业的文化传播有着重要影响。通过他们的实际行动可以有效展示精神文化的内涵，同时激励团队效仿，加速精神文化的内化过程
反思与讨论	鼓励团队对企业文化进行反思和讨论，帮助个体在不同情境下理解其意义，形成个性化的认识，使其更加贴合个人价值观
制度与环境支持	构建支持性环境，包括制定体现文化价值观的规章制度、营造相应的组织文化氛围，使得遵循价值观成为自然而然的选择
持续强化	精神文化的内化不是一蹴而就的，需要持续强化和提醒。通过定期培训、表彰奖励、文化活动等，保持其在个体心中的鲜活度

4.4.2 行为文化：外化于形

行为文化是指企业员工在生产经营、人际关系、培训学习、文体娱乐等活动过程中，以个体及团队行为的方式所展现出来的企业精神与价值导向。

企业的行为文化一方面不断向人的意识转化，影响企业精神文化的生成；另一方面，又不断地转化为标志性的文化现象，并最终物化为企业的文化标识，体现在企业向客户提供的产品和服务之中。

在企业的行为文化中，有两个最重要的影响群体：一个是领导者，另一个是典型的员工代表。

在企业的文化建设过程中，领导需率先垂范。一个具有优秀文化的企业，大多是因为企业领导者对企业文化的形成、推动产生了积极正向的巨大影响。对于组织的创立者，很多时候本身就是企业文化的化身，他的价值选择和企业最终的文化选择高度一致；对于继任者或代表，他们对企业文化的高度认同，对企业文化的尊重与敬畏，也会形成很好的示范效应。

同样，在企业经营过程中，某些员工的行为方式、行为规范和习惯等，具有非常典型的代表性，并从某种程度上代表了企业的理念。如能有计划地使用各种手段、方式等进行必要的鼓励、推广，则有利于推动团队对所提倡的价值观念在更大范围内进行传播，从而明确企业的文化导向。

行为文化落地的核心就是对团队新的行为方式、行为规范和习惯等进行激励和强化，以使之得以巩固，并替代旧的不好或不符合时代要求的行为习惯。

4.4.3 物质文化：显化于物

所谓企业的物质文化实际上是指以实物形式展现和体现的企业精神文化，通过多种实物形态和环境布置直接体现企业的价值观、品牌个性和管理理念。

企业的物质文化涵盖了企业创造、使用和赋予意义的所有物质对象。从日常用品到建筑物，都是物质文化的组成部分。如企业的办公与生产环境、办公设备、内部设施与福利（如健身房、休息区、食堂）、品牌形象标识（如企业LOGO、商标、广告牌等）、宣传册、标语口号、员工制服与着装规范、企业吉祥物与纪念品以及由员工创造的产品等。

实际上，物质文化是企业价值诉求的外显体现。这些外显的表层企业文化，从某种程度上代表和体现企业内在的价值信念及底层假设。有些企业为了激发团队的创造性，营造"以厂为家"的工作氛围，往往会提供舒适、安全、功能齐全的办公环境，包括宽敞明亮的办公室、舒适的座椅、先进的技术设备等。同样，另外一些企业为了体现权力和等级文化，会设计宏大的办公空间，并以巨大的办公桌，刻意拉开人与人之间的距离，以彰显权威与威严。

另外，企业在开展企业文化落地时，可以通过召开关于工作环境优化的团队竞赛来改善公司的物质文化，进化体现企业的文化价值理念，即号召核心团队成员，带领其所在的部门和团队成员整理、整顿办公环境。通过这样的文化落地行动，团队的工作效率、团队间的认同与协同会得到明显提升。

所以，企业文化的升级过程就是要重新审视，这些外显的文化表现形式是否能真正体现公司的文化价值理念。它们是否符合当前的企业发展需要？如何对其进行系统的调整甚至改变，以使其符合企业在新阶段的需要。

4.4.4 制度文化：固化于制

组织的行为方式就是把企业的价值信念、经营哲学、目标及与之相匹配的相关要求等进行沉淀和固化，并以制度、流程、规范、标准等形式加以制度化，以形成企业及其成员共同的行为规范。当然，这其中也包括企业内部长期形成的企业风俗、习惯，反映企业组织特定的"游戏规则"。

这是企业协调团队实现组织目标的基本手段。

制度文化是构成企业文化的重要内容，是企业中人的意识与观念形态的反映，又由一定物的形式所构成，是企业塑造精神文化的主要机制和载体。将企业文化的核心理念，完全融入到企业的各项管理制度和规范中去，是企业文化形成组织文化的过程，使之落地、延续和产生持久作用的重要保证，即文化的制度化有利于企业文化在更大范围、更长周期内更好地传递与传承。

很多企业在发展的过程中，会推行 OKR、精益管理、敏捷化、股权激励、薪酬绩效、"阿米巴模式"等各种管理模式，但常常鲜有成效。一个很重要的原因，就在于企业现有的文化与新的管理模式背后的文化价值假设存在冲突。简单地说，就是存在文化兼容性的问题。所以，不升级企业文化，工具、方法只会成为另外一种阻碍企业和团队发展的枷锁。

从系统运营升级的角度出发，企业文化升级过程的制度化过程，不应是简单地设立一系列规范或对团队提要求，反而应该是简化问题的过程。

我们见过很多新上任的管理者，特别喜欢一上来就开始"立规矩"，美其名曰"新官上任三把火"。好像没有规章制度，就无法开展工作，无法体现其权力似的。这种做法通常会带来一系列的显性冲突和隐性对抗，甚至由此引发团队的反感，并导致其领导权力的基础产生动摇。

事实上，文化是制度的内涵和本质，制度是文化的外显和重要载体之一。

企业文化固化于制的核心有二：一是将企业的价值信念注入其中，并通过制度加以固化和持续体现，二是对企业的关键问题（团队冲突、价值选择）的价值标准进行明确和细化。

企业文化通过管理规范加以传递和固化，才能更好和更持续地落地。否则，就会流于形式，并逐渐变形甚至最终消失。相反，针对企业关键问题明确的价值观选择标准，可以有效减少团队内部的不必要消耗。可以用共创的方式把不能接受的文化和行为底线加以明确，形成企业的底线和"文化天条"，并更新到相关机制中去。正所谓：明确即是力量。

这种做法最大的好处是团队间的共识将变得空前强烈，一些过往不良的行为和现象通常会瞬间消失。

这就是团队文化固化于制度的好处。

4.5 "八步法"保证企业文化与时俱进

企业是由人构成的组织，其整体驱动是以价值观为基础的。当企业进入到新的发展阶段，基于企业的总体目标，企业文化的变革就势在必行。

只有建立适宜企业战略的企业文化，才能保证企业战略的真正落地。在系统运营升级过程中，推动企业文化的升级有八个标准的步骤，以确保企业在新的发展阶段拥有与时俱进的经营理念，实现与内外部环境的有机匹配。

4.5.1 组建文化落地团队

企业文化的升级其实是一场关于组织的深层次变革，只有企业的高层领导者支持并参与推动，才能实现对于企业价值观和深层结构的影响。因此，企业的文化升级往往离不开自上而下的推动。高层领导者必须以身作则，以积极的行动向团队传达新的文化导向与要求，并描绘企业的理想和文化前景，以激励员工不仅向往新的企业文化，并且愿意投身其中。

企业文化升级是一个过程，不仅需要在全公司的范围内展开，使之渗透到组织的各个环节。而且，还需要在更长的周期内进行持续迭代与进化，以使之真正成为组织和团队新的做事方式的一部分，并与时俱进。

为了更好地推动企业文化的升级行动，建议企业组建相关的管理机构，如文化改革委员会，以组织的方式持续推动相关变革并最终达成目标。通常情况下，推动机构需要包含至少两个层级：一是公司层级，二是部门或业务单元层级。二者最好形成定期和不定期的沟通与协调机制，以使组织新的文化要求能真正传递至组织的各层级和单元，并最终成为团队新的文化共识。

此外，企业需要从公司现有团队中选拔出一部分对企业文化价值认同度高的少数人员，形成企业文化落地领导小组。通常包括主管领导和推动专员。然后，再在此基础上选择各层级的核心人员、团队骨干及一部分后备人员组建团队，以共同形成推动企业文化落地的中坚力量。

4.5.2 开启文化变革序幕

很多企业的组织变革失败，常常是因为缺乏实施文化变革的能力。

当企业处于新的发展阶段时，内部目标无法有效统一，做事方式不能及时调整，无法将优秀人才的意志、直觉、创新精神及成功经验等转化为团队的共识，就会导致组织内部出现不同程度的内耗。这种内部的自我消耗会极大地毒化组织氛围，影响内部运作效率并最终导致企业与外部环境无法有效匹配。

事实上，运营系统的升级往往离不开企业文化的同步升级与重塑。只有企业的价值观和做事方式改变了，企业才能实现真正的变革与创新。而且，有时企业的文化升级甚至是先行于业务展开的。

从增强企业吸引力和凝聚力的角度出发，企业需要通过文化升级提高员工的积极性和创造性，以此吸引和留住优秀人才，提高员工的心理收益，使他们工作起来更快乐、更有成就感和获得感。

一般说来，企业文化的建设与升级有两个重点时期：一是当企业面临重大危机时。此时是统一思想、凝聚人心、促进组织变革的大好时机；二是当企业摆脱了生存压力业务相对稳定时。此时，企业发展的真正挑战往往来自于内部而不是外部，重塑和重建内部团队正当其时。

如何判断企业是否需要进行文化升级？可以先从对以下典型问题与现象的评估开始。

> 新老团队是否存在"打架"，各自为伍？

内部声音比较混乱，关键时刻没人表态或缺少有担当的人？

人员离职频繁，新员工没希望，老员工动力不足，有"摆烂"嫌疑？

是否存在"部门墙"厚重，本位主义严重的问题，经常性扯皮？

企业想改变但又改不动，推动不了或是改变困难，团队固化严重？

发展到一定阶段后，不知企业接下来该往哪走？

如果以上问题比较突出，甚至成为了一种普遍现象，那么就说明企业变革的时机可能已经到来。寻找背后的深层次原因，着手推动相关变革，就成为了企业转型升级的当务之急。

4.5.3 确定升级工作计划

在完成企业文化推动机构的组建后，首先需要在企业文化落地领导小组范围内，就企业文化升级的目标、范围及工作原则展开共创，形成相关的工作成果，再在此基础上与落地团队的其他成员形成行动共识。

此时，需要思考的核心问题如下。

当前的市场及内部环境到底发生了哪些重大或革命性的变化？

企业的经营哲学是否需要做出相应调整与改变？

经营目标及实现策略是否需要做出调整？

领导者及团队的行为方式是否需要做出改变？

当前公司在文化方面最突出的矛盾和问题有哪些？

此次文化变革涉及的工作范围有哪些？

本轮文化升级的应秉承哪些原则？

一般说来，企业文化的升级首先要从明确企业的核心文化理念开始。包括使命、愿景及核心价值观。

通常情况下，创始人及核心管理层要先行进行小范围内共创。当然，有些企业为了鼓励团队更大范围的参与，也会率先在企业内部召开全员的文化动员，让团队充分发表意见与想法。这种做法需要具备一些前提条件，诸如团队氛围整体是开放且正向的，企业高层不担心会因此失控。

然后，在此基础上列示落地行动计划，将新梳理的文化升级内容，如价值观、准则等，通过组织解读、内部讨论、调研、培训和反馈等方式，逐步为核心团队成员所认同和接受。

为了巩固文化升级的成果，使企业文化能够被广大员工所接受和理解，还需要建立企业文化传播的内外部渠道。通过企业形象宣传、组织内部的培训课程、内外部沟通平台、员工手册、文化主题活动、组织讨论和分享会等方式，增强更大范围员工对企业文化的更高程度的认同感和归属感。

当然，为了进一步推动企业文化的落地，可以建立一套相应的激励和奖励机制。如可以通过设立文化奖项，对在落实企业文化方面做出突出贡献的员工、团队等进行专门表彰和专项奖励，以强化团队对于企业文化升级和落地的重视。此外，还可以将企业文化的落实情况纳入绩效考核体系，将其与员工的晋升和薪酬挂钩，进一步激励员工积极参与到企业文化的落地进程中来。

4.5.4　建立文化传播通道和网络

企业文化的传播网络是指传播公司文化的通道，即将企业文化信息传递给受众的主要渠道和路径，是公司价值观和英雄轶事的"载体"。

传播网络主要解决以下几个与文化落地相关的核心问题，如图4-3。

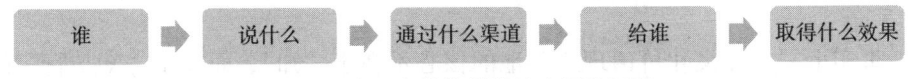

谁 ➡ 说什么 ➡ 通过什么渠道 ➡ 给谁 ➡ 取得什么效果

图4-3　企业文化传播的核心思考要素

企业文化的传播网络是组织中基本的沟通方式，是企业为了推动企业文化建设而有意识地构建的自上而下和自下而上相结合的信息通道。通常既包括公司正式的信息传播通路，也包括公司内部的非正式渠道。

其中，正式传播网络主要是指企业日常管理过程中所依赖的正式组织结构，是企业实现管理意图和传递信息的基础，在企业文化的传播上，也起到了主渠道的作用。当然，现在还有一些企业在团队推动方面还效仿互联网大厂的做法，在现有的业务或行政领导体系之外，建立额外的第三方推动团队（政委或BP），即所谓的"政委体系"，关注团队的思想和行为，将公司及领导的思想要求传达给一线员工，助推企业的业务发展。

非正式的企业文化网络，是以"小圈子""内幕"、故事、猜测、"机密"、小道消息等形式，传播企业文化及其内容的非正规信息传播渠道，常常与非正式的组织联系在一起。企业中非正式组织的存在，是由于人们往往同时扮演着多重不限于组织正式角色之外的社会角色，并构成了一个隐形的文化网络，这就是非正式的企业文化网络。

非正式的企业文化网络与正式组织共同对组织成员的心理、价值观念及行为产生着巨大的影响。为了有效了解和把握团队的动态，及时将公司的发展使命、战略、价值观、企业精神等渗透到企业各层团队，以正视听，正确引导团队动向，企业需要有意识地从以下方面进行企业文化传播网络的系统建设。

　　企业家及管理团队的率先垂范
　　传奇人物的传说与趣闻轶事
　　创业和日常工作中的"奇闻轶事"
　　企业口号及象征物的强化
　　企业规章制度的价值导向
　　企业媒体的宣传，如公众号、网站、宣传栏
　　日常早会、晚会
　　重大活动与仪式的渲染
　　非正式组织的扩散
　　开展文化的培训与考核

事实上，企业文化价值理念落地的核心不在于"知"，而在于"知与行"的结合。其中，坚持和重复传递是关键。即通过多种渠道、以各种形式，促进团队接受并引导其运用于日常工作中，并最终形成无意识的自觉行为。

其中，企业文化的系统培训是让企业的核心价值理念内化于团队内心的重要举措和手段。为了提高团队的文化认同度，企业需要为此制定详细的培训计划，并保证足够长的时间周期。按照认知心理学的说法：21天只能形成初步的习惯，90天才能真正固化为做法。

在定期开展培训和教育活动的基础上，还可以引导团队将企业文化价值观与日常的工作进行有意识的结合。通过导入团队PK、定期开展文化落地回顾和总结、组织团队进行座谈、召开研讨会、开展典型案例分享等方式，让员工分享经验教训、交流心得体会，以提升团队在文化梳理及落地过程中的参与感和认同感，从而使企业的文化建设成为一场全员参与并乐享其中的集体行动。

4.5.5　营造和烘托企业文化变革氛围

企业的文化变革是企业在特定发展阶段，甚至公司战略转型与升级或业务发展需要，而在企业内部推动的自我调整行动。它是关于什么是正确的、什么是错误的，以及团队应当或不应当做什么的新观念。即文化变革意味着对包括心态、思维方式、行为、价值观等因素的改变，是企业内部精神氛围和行为模式的改变。

员工在企业文化变革的过程中，即是文化作用的客体，也是企业文化建设的主体。只有赢得其充分的理解和支持，才能更好地实现企业文化的真正升级与落地。因此，企业首先要召开企业文化的变革动员。通过正式的文化与文件等形式，清晰地传达变革的必要性和重要性：让团队明白为什么要开启变革，变革对于组织的长远发展和成功有何重要意义，以及个人及团队应该就此做出那些调整与改变。

一般而言，企业的变革动员通常是从高层开始的，即少数核心成员先形成变革之共识，再逐步向其他层级和团队成员传导，并最终实现对全员的有效覆盖和传达。在此过程中，一定要利用好公司现有的组织基础，并使企业文化变革活动成为日常工作的一部分。

企业文化变革的开展，通过纯粹自上而下的推动是不足够的。为了更好地实现团队的接受与落地，更离不开自下而上的再创造。这是使得新的企业文化具有活力与生命力的关键。

因此，在完成动员的基础上，开展团队文化落地活动才是让员工真正重新认知、理解和领悟企业新文化的开始。

企业文化只有被员工认可，员工才会在价值观念和工作行为中与企业文化保持一致的步伐，才会愿意对企业尽力，企业文化才会落地。开展团队性的文化落地活动，能够有效促进员工与员工之间、团队与团队之间的相互了解，并培养企业团队成员间良好的人际关系，强化彼此间的相互接受和融入，这是团队得以形成新的统一做事方式的关键。

而且，通过文化落地活动，可以有效将企业文化价值观念传递给员工，在其心中形成一种潜移默化的影响。比如，通过举办企业文化有关的知识竞赛，一方面可以促进员工牢记企业文化的理念精髓，另一方面通过团队间的"对抗"，更能激发团队的吸收欲望，从而进一步强化和加深了团队对于企业新文化的认知。同样，举办非正式的部门间的联谊活动，也可以在轻松自在的氛围中，让员工在娱乐放松的状态下感受到企业文化的迷人之处。

在此过程中，持续营造文化变革的氛围，不断激发员工的积极性和参与度，鼓励员工参与讨论和提出建议，让团队能不断融入其中，并给予他们足够的自主权和资源来实施、推动变革,从而使团队能在此轮变革中不断强化其主人翁的意识,拥有足够的获得感。如能建立起公司层面的相关评估与反馈机制,建立完善、有效的考核评价、奖惩制度为企业文化落地保驾护航。如定期评估企业文化变革的进展和效果,及时调整计划并给予团队反馈和建议,则企业转型升级的进展速度与效果会更加明显。

对于集团化发展或分支较多的组织,这一过程就需要花费更长的周期,并需要通过更为缜密的系统安排来实现。当然,考虑到组织单元成熟阶段的差异和不同,各分支也可以结合自身的特点,进行部分或一定程度的个性化调整。尤其是当企业分支间的业务特点和发展阶段存在较大差异时,不建议简单地"一刀切",以使该过程能真正起到动员的作用,并达成助力组织战略目标实现的核心目的,切不可为了落地而落地。

总之,营造文化变革氛围需要全组织上下共同努力,通过明确的目标、计划和沟通渠道,来推动变革并培养员工的积极性和参与度,从而实现组织的长期发展和成功。

4.5.6 树立和推崇文化落地榜样

企业文化变革的过程其实是促进员工"重新"融入组织的一个过程。

这种融入通常有两个方面的含义:一是企业进入新阶段后,原有的做事方式可能不再完全适用,必须作出调整与改变。这主要是针对与企业共同成长起来的老员工而言的挑战;二是在企业发展的过程中,企业需要能代表未来价值观念和行为的新鲜力量加入,以促进企业产生新的变化。这样新生力量与原有团队间就必然会因文化差异而产生无可避免的文化冲突,从而产生分歧而需要彼此重新融入和结合。

事实上,很多企业转型升级的阻力通常集中于此。不少企业引入的"空降兵"迟迟无法打开局面,也多是因为文化冲突。

当企业和团队经历一段时间的发展后,团队通常会陷入"固化"甚至"僵化"的境地,即人们开始变得保守和"稳妥谨慎"起来,已不再愿意重新"下水","求稳"似乎成了一种"最安全"的常见选择。一旦团队有了"守"的思想,在面对"不确定"的新尝试时,"守住"既有的位置、既得的利益,以及"维护"现有的做法,通常成为了很多"在位者"的习惯性选择。因此,在面对新的时代背景下企业新的发展要求时,会习惯性地选择逃避、不接受,甚至对抗。很多成长型企业在面对此情境时，转型升级的信心就会备受打击。

从系统运营管理的角度，建议以动态和发展的视角看待此问题，即大部分情况下，团队其实并不是不想改变，而只是不想"被改变"。因此，为了更好地促进团队尤其是"老人"的变化，就需要通过团队来带动团队。此时，榜样的激励作用就尤为重要了。

所谓榜样是指最能代表企业文化价值观念的英雄人物或团队。通过对其事迹、典型案例等加以整理和提炼，并通过各种文化渠道宣传其正面的企业文化形象，从而有意识地告诉员工企业在提倡什么，让员工知道应该向谁看齐和靠拢。当然，榜样最好是业绩优异的标兵，这样就更具有效仿和示范价值，从而在组织内形成一股良好的风气。

同样，企业可以通过引入意愿度更强的新员工或团队，并让他们有更多的机会施展其影响力，给企业和团队带来变革所需要的新价值观、积极行为。这对于加速企业的变革的过程，以及促进那些不愿意接受变革的"老人"发生变化，通常会有不小的帮助。

4.5.7　验收企业文化升级成果

企业文化的建设是一个长期的过程，需要经过一段较长的时间，才能塑造出理想的企业文化。

那么，企业的文化变革到底怎样才算落地成功呢？

此问题有且只有一个标准，即员工真正拥护企业的价值信念，并在不需要企业给予任何压力或要求时，就表现出符合战略目标和价值观的一致行为。

实际上，当团队对企业的文化价值信念产生了发自内心的认同，把领悟到的企业文化转化为实际行动，才会形成新的信念并加以保持，其思维、行动模式才会逐步形成。这个过程中，企业需要结合自身战略、文化变革的方向等，为员工的长期发展设定成长通道和路径，并推动团队展开长期发展规划，以促使员工能以个人长期发展目标的实现为导向，更为彻底地践行新形成的企业文化。只有这样员工才能拥有足够的获得感，并找到对于企业和团队的归属感。

而且，当员工对企业文化的认可度足够强烈时，无论企业面临何种改革或调整，员工也不会对企业及其领导者产生失望，并愿意追随。这也是企业开展系统运营管理时应重点关注的部分，即团队的预期管理。

当然，即便团队已经形成了完全匹配企业要求和期待的文化行为，如果不加以维护，该文化落地成果也可能会受各种因素的影响，如领导人变化、新进员工等，而发生改变甚至走形。很多企业的崩溃往往不是因为业务发展不力，而是由于某些不合情理的"意外"，导致企业中拥有良好团队信任基础的核心领导人员被迫离开，使得企业的"精神支柱"出现崩塌，由此引发很多优秀员工陆续离开的结果。此外，企业经营环境的变化，也可能会使得企业原有的文化变得不合时宜，甚至制约了企业的进一步发展。

因此，在考虑企业文化与管理的融合时，除了要考虑组织结构、激励机制、培训体系等对企业文化的支撑，还有必要建立起一套企业文化的评估与改进系统，定期对企业文化的落地与维持状态进行评估和诊断，为企业文化的持续迭代提供有效的依据和指导。

企业文化升级成果的验收，可以通过问卷、访谈、座谈等形式，收集团队对于新的企业文化与企业战略的匹配度、企业管理与企业文化理念的适用度与融入度、团队的接受度与满意度等三个方面的反馈。

在团队看来，新的企业文化对于企业战略的匹配度如何？
团队对于新的企业文化的理解程度如何？
团队对于新的企业文化的接受与认可程度如何？
企业当前的管理举措、制度等与企业新的文化所倡导的价值理念匹配度如何，有哪些不同？
从理念、行为、物质及制度等维度，需要调整与改进的部分有哪些？
是否有数据可以支撑企业文化升级所带来的业绩与团队变化？

事实上，把企业文化折射出的理念转化为员工的日常行为，并不是企业文化落地的终点。只有员工改正后的行为能够持续，对企业产生更高的忠诚度、具有对企业的奉献精神，并愿意为企业战略目标的实现付出努力，才是企业文化落地成功的真正标志。

这也是对企业文化的真正升华。

4.6　把握企业文化升级的成功关键

在运营管理升级的过程中，为促进企业文化建设与业务发展需要的匹配，需要把握以下要领，以使企业文化能够有效助力企业的业务发展，从而使得企业的经营理念能够保持与时俱进，以维持其时代性和先进性。

4.6.1 构建环境，赋能团队的职业化成长

对于成长型企业而言，在企业开展系统运营管理的过程中，最大的阻力往往不是业务本身，而是团队成员的职业化程度不足。

随着社会价值观的多元化发展，尤其是近年来"90后""00后"新生代员工逐渐成为职场的重要力量，很多企业在应对外部挑战时面临组织成员职业素养严重不足的共同挑战。因此，关于团队商业意识的启蒙，实际上也是系统运营管理过程中重要的切入点。

很多初入职场的年轻员工，家庭成长环境往往是"宠爱有加"，自我中心观念严重，在工作中不认真、不负责，甚至习惯性推卸责任；面对工作要求，缺乏责任意识和敬业精神，甚至经常性迟到或早退、工作拖延、到点就要下班等，对公司有很高的回报期待却不肯付出相应的努力。

此外，很多人在工作中缺少自我控制能力，不能有效控制自己的情绪和行为，习惯于自我中心式的思考与行动，不重视工作、不尊重公司领导和同事，对团队、对客户缺少必要的温度，甚至事不关己的冷漠与孤傲，从而严重影响团队精神和团队的整体生产力。

基于这样的现状，企业在开展运营升级时，往往需要同时进行"补课"：同步开展团队的职业化素养提升辅导，帮助团队成员更加职业化和更具自驱力。人只有知道自己想干什么以及应该干什么，才更有意愿与他人合作，并愿意主动融入组织和团队。

此外，开放分享是现代企业重要的文化环境要素，是企业从个人时代向团队时代的转型基础。需要领导者的大力推动，才可以快速建立和有效保持。

根据实践经验来看，管理者越开放和对开放的文化越推崇，团队的分享就越有价值。同样，管理者越是持支持的态度，比如经常鼓励积极分享的人，抽空参与团队的分享互动等，团队就越容易被激发与带动。

新生代员工是在更加开放、包容和多元化的社会环境中成长起来的一代，是多元文化的代表，自主意识强大。在他们逐步成为职场主要力量的时代背景下，弱化内部管控，强化赋能与激发是带动团队快速成长的关键。

事实上，在团队管理过程中创造合适的内部管理环境与氛围，对于帮助个人扮演好自己的角色尤其重要。组织内部的环境建设，领导者永远是导向的起点，

也是最大的推动力。一旦形成良好的赋能环境与氛围，团队就会形成自我驱动的习惯而保持持续进化的惯性。

所谓赋能，顾名思义就是赋予团队能力或能量，旨在赋予员工足够的权限、资源和能力，使其能够在职责范围内自主决策并承担责任，通过言行、态度、环境的改变给予他人正能量，以最大限度地发挥个人才智和潜能。其中，营造成长的环境是实现团队可持续成长的核心。

从团队管理和建设出发，开放应该包含两个维度的含义。

一是走出去，即个人向团队其他成员展示或讲出自己的所思、所想和所为。这其实是一个走出自我，面对和正视自己的过程。无论是好的经验，还是不好的教训，只要敢于面对和正视，就是进步的开始。只有这样才可以通过自己的面对和他人的帮助更好地看清事物的真相，看到自己的问题。这个过程中可以借力团队成员提供的建议与参考，扩展个人的认知边界，让自己看到以前看不到的部分。这是需要一定的勇气和外在氛围的。

二是拥有从善如流，择善而从的接纳与接受心态。一方面，在开放自己时，团队成员会有相应的反馈。如果没有接受的心态，就很难从他人处获得能量和借鉴；另一方面，如果没有接纳的心态，就很难以学习和借鉴的心态，将他人的成功经验与失败教训转化为自己的认知成长。

4.6.2　营造氛围，形成团队的集体记忆

何谓氛围？

组织氛围是指在组织内部形成的，影响员工行为和组织绩效的环境。通常由工作环境、工作内容、场景、人员、领导的管理方式、公司文化等多因素共同构成，会对人们的情绪、行为和思维产生重要影响。

对于组织而言，氛围有两大核心作用：对于个人价值观与企业价值观相同的员工，会产生巨大的激励与鼓舞作用；而对于个人价值观与企业价值观不尽相同的员工，则会产生重要的同化作用。

不同的组织氛围下，人们会有不同的体感和心理反应。一个良好的组织氛围可以提高员工的工作满意度、提高组织的绩效和创造力，同时还可以增强员工的归属感和忠诚度。例如，在一个欢乐的氛围中，人们往往会感到轻松、愉快，情绪高涨；而在一个紧张的氛围中，人们往往会感到焦虑、紧张、情绪低落，甚至压抑。同样，在一个充满激情和创意的氛围中，人们往往会感到灵感迸发，思维

活跃，充满无限可能；而在一个沉闷单调的组织氛围下，则常常会感到枯燥乏味、缺乏激情和活力，甚至想要即刻逃离。

只有具备良好的工作氛围，团队才能真正安心工作，并凝心聚力去共同迎接挑战。因此，营造良好的团队氛围，是开展企业文化升级的重要基础。

一般说来，成长型企业基于其成长性特点，通常需要三种关键性的团队工作氛围，分别是成长与精进，责任与担当，以及合作与共享。

成长与精进是保持团队和组织持续进步最重要的基础环境。成长与精进是个人和团队不断进步和提升的关键，也是一个组织不断努力、持续进步和追求卓越的表现。这种组织氛围的基本假定为：当前的状态是最差的，必须以成长与发展的积极态度，投入到工作中去，保持持续学习并不断努力超越自己，以达到更高的目标。

事实上，对于成长型企业而言，其最重要的企业文化或是要保持一种积极向上、不断追求卓越的态度和精神。一般说来，能保持成长与精进氛围的团队，通常有长远而明确的发展目标，并能在过往基础上展开有效的自我反思与总结，以保持进化和持续的自我迭代。

成长型企业需要的第二种组织氛围则是责任与担当。

责任与担当意味着组织成员在组织中必须扮演相应的角色，承担起相关义务并对后果负责。它意味着团队成员不仅对自己提出挑战，并在面对问题的过程中表现出相应的态度，体现出奉献精神。

责任代表着人们需要在自己的行为和决策中考虑到后果，并愿意承担相应的责任。责任不仅是对自己的约束和要求，也是对他人和组织的尊重。需要个体对组织目标保持足够的敬畏；担当则是指在面对困难、挑战和压力时，个人及团队所表现出来的敢于面对困难和挑战、不屈不挠地追求目标的勇气与决心。它代表着团队在面对困难和挑战时所表现出的坚定、勇敢和负责的态度。我们见过很多企业在转型升级的过程中，真正缺少的往往不是方法与技能，而正是舍我其谁的使命感与责任感！

如何让员工能一直保持高度的责任感？

一般说来，新人在入职前期基本上都会对工作充满期待，并表现出不同程度的责任心，为什么会慢慢变得拖沓、推卸责任了？

大部分时候其实是因为缺少必要的引导和组织赋能。

组织内部的责任与担当氛围，可以有效保证在组织内部形成鼓励团队成员对自己份内的工作结果负责，愿意承担困难和挑战带来的压力，并愿意为此付出努力和代价的组织文化，以实现自己对于他人及团队的承诺。

很多时候，员工需要上级的及时指导和引导，辅以相应的组织氛围，才能表现出应有的责任状态。领导者需要培养团队的目标感，帮助其认识到工作的重要性与意义，帮助其明确岗位职责与标准，并提供必要的资源支持。

当然，责任与担当氛围的营造，也需要有一定的权力和资源作为支撑，才能够更好地实现组织目标和使命。比如，对有责任与担当的人员进行公开的奖励与认可、使获得晋升并担任更重要的岗位等。

成长型企业需要的第三种重要的组织氛围则是合作与共享。

相对于成熟型企业而言，成长型企业在资源条件、组织基础及团队禀赋等各个维度，均存在不同程度的缺失。合作可以促进个体或组织之间的联系和沟通，增强团队间的信任和合作意识，有助于提高工作效率和创新能力；共享则可以让团队将有限的资源、知识、经验等分享给其他个体或组织，减少彼此间的摸索成本，实现相互促进，并实现资源的最大化利用和价值最大化，从而增强个人及组织（团队）的整体竞争力。

因此，合作与共享成为了成长型企业团队形成整体合力不可或缺的团队关系基础，即只有通过团队的紧密协作与共享，以分享、共享资源与经验的方式，促进个体或组织之间的联系和沟通，实现共赢的目的，从而提高团队整体的工作效率和创新能力，使企业更有可能在残酷的市场竞争中胜出。

如何将这些新的文化精神内核有效传递给团队的成员？

通过典型事件或案例，形成集体记忆。

所谓集体记忆是社会心理学中的一个概念，是指群体或社会中的人们所共享、传承以及一起建构的事或物。

在企业文化升级的过程中，往往需要通过特定的情境和场景，通过营造积极向上的氛围，让团队成员形成重要的共同认知和理念共识，即形成集体记忆，以替代和区别于个人记忆或小众化的个性解读。

总之，企业文化升级的核心在于，帮助团队形成共同的文化共识，进而影响团队的行为及结果。

4.6.3 以点带面，实现对团队的整体影响

在企业文化升级的过程中，领导者要学会利用团队带动团队。

所谓树立标杆是指选择一些优秀的个人或组织作为榜样，学习他们的经验、方法和思路，以帮助团队其他成员更好地开展工作。即发挥组织中优秀团队及成员的影响力，将树立的标杆作为起点，将其经验和做法推广到更广泛的领域或群体中，以刺激和带动团队中更多成员参与到企业的文化升级活动过程中来，从而带动整体工作的提升，帮助企业更好地推进相关工作。

事实上，在企业中发现和塑造企业英雄，是彰显企业文化特色的有力手段。企业英雄是企业价值观的化身，是组织力量的缩影，是企业文化的代表性人物。对内来说，企业英雄是员工心目中有形的"精神支柱"，可以起到积极的引领作用；对外而言，企业英雄赋予了企业文化独特的特色，使企业在公众心目标中的形象与众不同，从而形成对外的公众期待和人才吸引。

通常情况下，企业在提炼和共创出核心文化并进行宣传培训后，一定会有一部分人会直接认同和接受，愿意践行新的文化价值理念，并以自身的实际行动及成果起到带头作用。这些人就是企业的骨干和文化标杆。他们所展现出的观念、品格、气质及行为特征，是企业价值观的具体体现。

当然，在树立标杆，实现以点带面的过程中，需要注意以下几点。

首先，要选好标杆。选择优秀的个人或组织作为榜样，要具备足够的代表性和典型性，即能够真正起到引领和带动更多团队成员的作用。需要说明的是，企业需要英雄，但不应该将英雄狭义化和神化，甚至做成了个人崇拜。

真正的企业文化标杆的标准其实特别简单：遵从和发扬企业的文化。他们的言行体现企业的核心价值信念，其行为和事迹具有振奋人心、鼓舞士气的作用。他们不一定担任高级职务，或许也算不上出类拔萃的人才，但是在他们的身上体现着企业所要弘扬的某些精神，并因此具有强大的号召力，成为具有代表性的企业"文化符号"。领导者需要以"发现的眼睛"，及时识别"原型"，并注意有意识地培养和塑造"英雄"。即企业文化需要有意识地加以引领，领导者必须对此给予高度重视和推动。

其次，要注重推广和复制，即将标杆的经验和做法推广到更广泛的领域或群体中，并注意方式和方法，制定切实可行的推广方案和计划，确保取得良好的效果。为此，我们需要深入了解标杆经验、做法背后的思路和方法，掌握其核心要义和精髓，避免生搬硬套或照搬照抄。通常情况下，可以以专题分享会的形式，带领团队共同总结与提炼，并引导团队进入落地行动状态。这个共创的过程其实是让团队接受的过程，往往比总结的内容本身更关键。

最后，为了让标杆的作用发挥到极致，还需要通过文化落地活动引导团队进行二次和多次创新，即在标杆现有做法的基础上，通过开展文化升级活动竞赛、评比等方式，促进团队不断探索新的做法和方法，以推动新的企业文化理念在团队更大范围、更深程度的落地，从而能够在最大程度上激发更大范围内团队成员的士气和干劲，进而增强团队的凝聚力和向心力。

4.6.4 内外结合，激发团队的持久"要心"

何谓内外结合？

企业的文化升级，其实是企业理念与价值观不断得到内化，并最终变成员工"自己的理念"与自觉行为的过程和结果。

所谓"内"是指激发员工的内在动能。高效管理的本质是要利用人们向上向善的内在力量，激发和释放每个人的善意。所以，在企业文化升级的过程中，首先要让团队感受到新的文化对于组织、团队及个人的利益与好处。因此，企业应制定明确的使命、愿景和价值观，通过共创和描绘"有吸引力"的未来图景，唤醒团队内心深处的深层次向往。

所谓"外"则包含两个方面的含义：一是指企业文化建设应该与外部环境相结合，通过加强与客户、合作伙伴、行业及社会的沟通和互动，促进团队适应市场和社会变化，以此来促进企业文化的落地。如通过引入新的社会观念与理念，对员工开展提升文化素质和职业素养的相关培训和教育，让团队成员感受到危机与压力，从而自发发生变革的诉求和期待，以此来实现和促进企业文化的落地。二是通过企业组织架构、管理制度、流程规范等的调整，构建多种渠道与方式，让团队成员充分参与到企业文化升级的过程中来，使其成为企业文化升级的重要参与者和推动者。

企业的文化实践不能脱离团队的日常工作与生活，而应根植于企业的实际经营活动，为员工提供参与决策和表达意见的渠道，让员工感到自己的声音被重视，从而强化员工的参与感，可以采用团队共创、部门内部解读与分享、定期组织员工活动、培训和座谈会等方式，让更多的组织不同层级的成员参与进来，增强员工的归属感和参与感，从而推动企业文化的全员升级。

在这种情况下，绝大多数的团队成员其实是愿意做出不同程度的改变的，哪怕是在很多人看来"冥顽不化"的组织成员。

事实上，激发团队内在的"想要之心"才是关键。因此，除了环境与氛围的改变，还可以通过建立包括激励机制、约束机制、创新机制等内部机制，撬动团队参与到文化变革的进程中来，以更好地推动企业文化的落地和实施。如企业可以设立各种机制，对符合企业文化要求的员工进行奖励和鼓励，以此引导员工的行为和态度。

在推动企业文化升级的过程中，与机制保障相伴随的还有领导力。领导者的示范作用对于企业文化落地至关重要。领导者必须以身作则，积极践行企业文化中的价值观和行为准则，为员工树立榜样和标杆。同样，培养具有积极向上、能激励他人的领导者，能够带领团队朝着共同目标前进，同时传递和践行企业文化的核心价值观。企业可以通过领导力培训与激励机制相结合的方式，提升领导者的影响力和能力，实现企业文化的全面升级。

此外，为了更好地将企业的文化价值理念有效传递给团队，企业需要建立多渠道的内部传播网络和沟通机制。包括正式和非正式的沟通渠道、固定和临时性的沟通机制等。通过建立开放的沟通渠道和知识分享平台，促进员工之间的交流和学习，通过组织文化活动、鼓励员工参与决策、加强培训等形式，共同营造积极的内部氛围，激发员工的积极性和创造力，给予员工创新的机会和支持，让他们敢于尝试新思路、新方法，从而推动企业文化的创新和进步，促进新的企业文化在内部正式、非正式组织中的交流和分享。

当然，还有一些拥有强势企业文化且业务发展势头强劲的企业，还会建立起与企业文化相符合的文化评价机制，将企业文化要素纳入考核评价体系中，以此来引导和激励员工的行为和态度。

基于大多数成长型企业的文化不够强势，且处于业务起步的前期阶段，我们并不建议企业过早开展文化考核，尤其是要注意控制负激励的运用。毕竟，撬动人们主动、自觉和发自内心的追随，才是文化建设的成功真谛！

4.6.5 组织保障，促进持续的迭代升级

企业文化的升级与落地绝非一日之功，需要通过组织的力量持续和系统推动，即建立企业文化建设组织职能，并由特定的团队对此长期负责。

设立企业文化建设委员会是一个较为通行的做法。委员会通常由公司领导班子成员、部门负责人共同组成，是企业内部关于企业文化建设相关的权威，负责制定企业文化建设的整体战略、监督实施计划、协调各组织单元的工作等，以保证企业文化建设的顺利和持续开展。

为了提升企业文化落地的参与度，推动机构的人员可以由来自各个部门和层级的代表组成，以确保企业文化的广泛参与和共识。同样，在企业落地过程中，需要设立企业文化落地核心团队。通常包括核心领导人、高层、部门负责人、团队骨干，以及部分优秀的苗子或后备人员。

本质上，企业的文化建设是通过一系列的推动，促进团队的共识与彼此融入，从而凝聚成为真正具有共同信念和统一做事方式的"新团队"的过程。为此，在文化升级的过程中需要形成有效的组织分工：委员会负责整体推动，统一协调各部门或业务单元的文化落地活动，并以此为基础推动企业文化活动的持续提高；部门负责人及部门骨干则需要承担起所在组织单元的文化宣导、团队带动工作，以确保公司的文化价值信念在团队范围内得到有效贯彻。

一般说来，部门负责人及核心团队要带领团队共创部门的使命，带领团队共同回答：本部门的存在到底能给团队、公司乃至客户和行业带来什么不同？部门的核心及独特价值到底是什么？即本部门的存在到底有何独特意义。

其次，文化落地核心团队还要带领团队成员，共同探讨和设定部门的发展愿景：到底要做到什么程度才算成功？即在业务成就、团队氛围和内外部影响力等方面，定义部门的发展设想并将其描绘出来，以感召团队使其心生向往。

实际上，只有部门被赋予了独特的价值与意义，具有值得期待的未来发展前景，团队才能真正愿意为此付出努力，并拥有发自内心的骄傲与自豪感，从而更好地投入到企业文化升级的过程中来。

同时，为了让企业的文化能保持持续升级，组织还需要建立长效推动机制，以确保团队能推动企业文化在各自组织单元的持续落地，并在此过程中保持迭代与升级。一般而言，企业文化升级可以作为一项专项工作进行推动。通过设定定期的内部沟通机制，如设立定期文化落地推进会议，通报落地进展，分享行动成果、成功经验，以及文化落地过程中遇到的各种问题，并通过集思广益的方式形成共同的解决方案加以沉淀和不断优化升级。此外，还可以通过开展落地竞赛的方式，促进团队间相互刺激与激发，不断创新企业文化落地的形式、方法，共享企业文化落地的最新变化。

当然，企业文化委员会还可以从公司层面定期对企业文化在各组织单元及企业整体的落地进展、实施成效等进行全面的评估和审查。通过设定阶段性的企业文化落地目标，对企业的文化落地行动进行系统性的评估和审查。评估可以包括落地成效评价、员工满意度调查、客户反馈、员工行为评估等，以更好地了解企业文化落地的实际效果，并根据需要进行调整和完善。

在此方面，阿里巴巴有一套用制度量化价值观的做法可供借鉴。

人力资源部门对员工的价值观进行两种方式的考核：一是通关制。根据员工的典型行为表现，以 1~5 分对其进行评分，从低到高逐项判断。员工只有在达到较低分数对应的标准之后，才能得到更高的分数；二是案例举证法，即员工要举出相应的实际案例，证明自己有符合某个价值观的行为。为了促进企业文化价值理念的落地，阿里巴巴将价值观考核结果与个人利益进行直接挂钩。其中，绩效考核中业绩 50%，价值观 50%。而且在晋升上，价值观分数的比重会更大。只有达到 3.75 分，员工才能够自主提名，3.5 分则只能由上级主管提名。

这是企业文化足够强势的重要体现。大部分成长型企业仍是业务主导的，即只要业绩好，其他的表现如果不是"太过分"，往往就可以网开一面。

事实上，企业文化升级最核心的目标，就是要促进团队对于企业核心价值观的有效践行，即形成正确的做事方式。只有一个人的行为改变了，思想才算是真正地实现了有效转变。因此，围绕企业文化的落地过程持续施加组织影响，才是企业文化升级和落地的成功关键。

第 5 章
组织能力的系统建设与可持续发展

在当今复杂多变的商业环境下,组织能力是企业竞争优势的关键来源。如果把企业比作一辆汽车,那么战略就是方向盘,组织能力就是发动机。

——拉姆·查兰

面对市场环境的瞬息万变,组织能力是企业能够保持快速响应,实现高效运作和可持续发展的关键。

完整的组织能力定义,让企业在取得经营成果的同时,逐步形成具有系统和长期竞争优势的组织成就。它是保障企业战略有效落地的基础,对企业的可持续经营意义重大。

5.1 完整定义企业的组织能力

组织能力是近年来被经常提及的话题。

为什么组织能力建设会越来越受到企业界的普遍重视和关注?共同的动因大体如下:

> 公司发展到一定程度后,"人管人"开始变得力不从心
> 市场环境发生变化,靠"运气"和资源已不足以支撑进一步的发展
> 企业间的竞争变得越发激烈,松散的管理模式越来越难以奏效
> 希望摆脱对少数"能人"的依赖,实现从"单打独斗"到组织的蜕变
> 创始人心生退意,并开始考虑传承问题,想为企业的交接班做准备
> ……

那么，组织能力到底是什么？

5.1.1 何谓组织能力

组织能力是指企业在实现其战略目标过程中所展现出来的系统性、持久性和独特性的综合能力。简单地说，组织能力是企业为客户创造价值、超越竞争对手，实现可持续发展所发挥和体现出来的整体战斗力。

组织能力是组织性的而非个人化或个体性的，深植于组织内部，包括一系列反映效率和效果的能力，体现在经营活动的各个环节，是形成企业核心竞争力的关键要素之一，并能帮助企业创造长期可持续的竞争优势。它是企业跨越周期屹立不倒的真正内在力量，具有可持续和可传承的特点。

真正的组织能力是整个企业所具备的系统能力，不是集中于几个人或少数部门内部，也不是所有部门能力的总和，而是大于所有组织单元或组织成员能力的总和。它首先表现为更强的市场资源获取与变现能力，并且在形成团队合力、超越环境与竞争，实现可持续增长等方面表现得更加优异。尤其是在面对市场的变迁时，综合表现会更为从容和稳健。

组织能力突出的企业，总能体现出其独特的竞争优势：在与竞争对手投入相同的情况下，组织能力强大的企业可以更高的效率、更高质量或更短周期，将其各种要素投入转化为产品或服务；在新兴市场中，组织能力强的企业总能相较于竞争对手先行一步，探索出有效的商业模式，并迅速占据有利的市场位置；而在竞争激烈的成熟市场，组织能力强的企业则依然能够保持稳健的增长步伐。同样，在面临重大的市场变化时，组织能力强的企业总是能率先打破惯性，主动实现自我变革而构建和升级出新的核心竞争力。

所以，企业的组织能力本质上是系统性的组织目标保障能力。也因此，只有组织能力到位的企业，才更有可能贯彻其战略意图。

那么，企业的组织能力是如何获得或实现提高的？

企业的组织能力建设是一项系统工程，其构建过程不像设备、设施等硬件的投入，能够在短周期内获得立竿见影的效果，而是需要经历一定的时间周期。实际上，组织能力是企业在发展过程中，基于自身的资源特点与过程现状所形成的独特能力组合。这个过程往往具有一定的偶然性，甚至是"一不小心"，加上一部分"自主选择"的结果，即企业的组织能力建设和形成是一个不可重现的过程。因此，它是独特和不可重复的，因而很难被简单复制。同样，企业不同的组织能力，也将局限或强化企业在不同层面的表现。

而且，由于企业的组织能力必须服务于战略目标，因此需要进行系统规划并与业务模式、团队成长进行长期磨合，以使组织可在业务、客户及团队三个方面实现相关战略目标。因此，谋求长期和可持续发展的企业，应沉下心来思考和系统规划，如何构建适合自身发展目标的组织能力，以沉淀出企业独特的竞争优势，从而为企业的可持续发展奠定重要的组织基础。

完整的组织能力涵盖以下五个方面，如图 5-1。

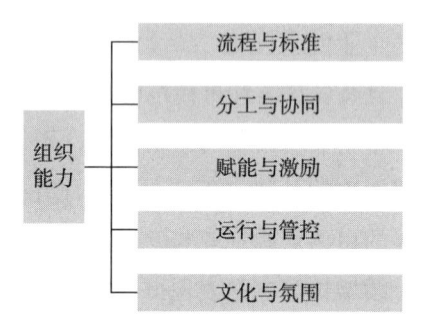

图 5-1 企业组织能力的五大构成

组织能力：
- 流程与标准
- 分工与协同
- 赋能与激励
- 运行与管控
- 文化与氛围

5.1.2 五大要项，一个也不能少

从系统运营管理的角度出发，企业的组织能力主要包含流程化和标准化能力、有效分工与协同的能力、高效运行与管控的能力、持续赋能和激励能力以及营造合适的文化与团队氛围五个方面。

流程化与标准化能力

流程与标准化能力是企业核心竞争力的重要组成部分之一，它体现了企业在管理、运营和服务过程中的规范性、效率性和可复制性。

作为可传承的组织知识的一部分，流程与标准化能力共同构建了企业的基础运营框架，同时也为企业的持续改进提供了稳定的平台和基础。企业的流程与标准化能力可以让差异化背景的组织成员实现组织融入，使其更好地匹配组织整体的目标和价值导向。这种融入和匹配主要包括两个方面：个人做事方式的融入 + 能力/智力的融入，即结合组织已有的知识沉淀，加上个人的智慧与思考，从而产生更佳的流程结果。此外，企业流程与标准化能力的提升，也有利于为员工创造高效的内部环境，激发其潜能并实现个体价值。

其中，流程化是指对企业内部各项活动和任务进行系统化设计、执行、监督和优化的过程。良好的流程管理能够确保所有的工作，都遵循统一且有效的路径进行，从而提高工作效率，减少整体的资源浪费，并提升整体的业务表现。通过梳理和优化业务流程，企业可以识别关键环节，消除冗余步骤，缩短周期时间，增强对市场变化的响应速度。

标准化能力则体现在将企业的最佳实践转化为标准操作程序（SOP）、工作手册或行业标准的能力上。这不仅包括产品生产和服务提供的标准化，还包括内部管理、质量控制、信息沟通等方面的标准建设。企业标准化能力的提升有助于保证产品和服务的质量一致性，降低错误发生率，同时也有利于知识和技能的快速传播和培训，支持企业的规模扩张和跨国经营。

因此，在激烈的市场竞争中，具备强大流程与标准化能力的企业往往能更快地适应市场需求变化，更加高效地整合内外部资源，帮助企业实现规模化效应，从而提高企业的整体竞争力。

有效分工与协同能力

从企业客户价值实现的角度，企业的运营系统通常需要实现四大协同，如图 5-2。

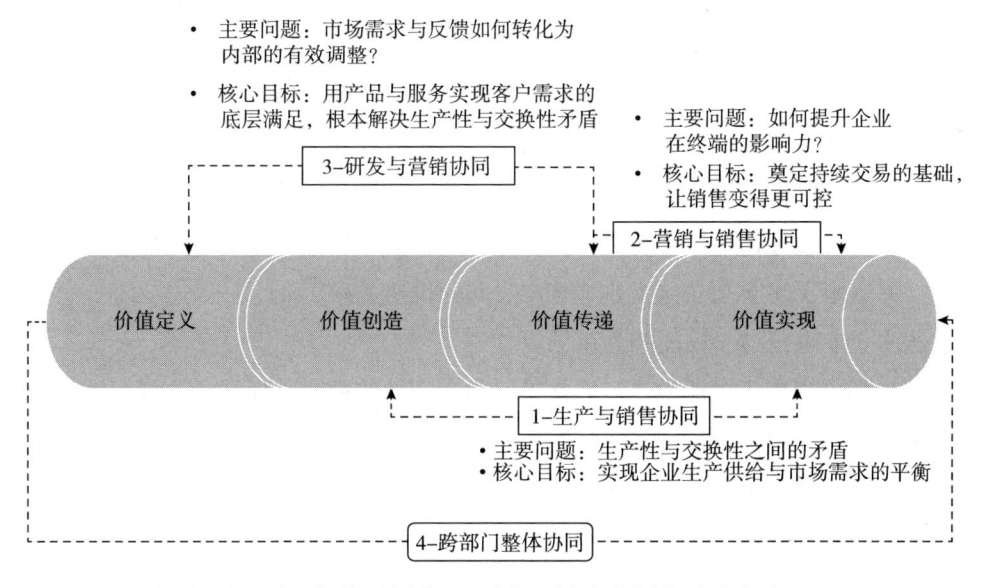

图 5-2 组织运营的四大协同

①生产与销售的协同

企业客户价值的实现是以价值交换为前提的,即企业生产的产品或提供的服务只有满足市场需求并且实现交换,才能创造所追求的经济效益。

所以,企业的产销协同主要解决企业的生产性与交换性之间不统一的问题。其中,产销的有效协同是解决这一问题的重要基础,主要指品类、数量和时点的协同,即企业要在合适的时间生产合适数量和匹配品类的产品。

在生产制造型企业中,解决产销协同问题主要是对生产计划模式进行调整,即通过供应、生产和销售的协同,使得企业的价值创造、传递与变现变得更为顺畅和高效,以实现组织整体交付的高效,从而实现客户满意。

对于项目型的企业,产销协同的实现的主要工具和手段,则是对企业现有的项目管理模式及过程进行优化与升级。

一般而言,这样的关键性调整通常会起到立竿见影的效果。

②销售与营销的协同

销售与营销是企业与客户实现价值交换过程中,相互关联且相辅相成的两个重要职能,共同服务于企业目标的实现和业务增长。

其中,营销是将企业导向市场的过程,其本质是向客户和潜在客户传递价值,采用由外而内的思维模式,以市场和客户需求为导向,通过明确给哪些目标客户,传递什么价值,以及通过什么形式和途径来传递,以吸引和保留客户。通常涵盖市场研究、市场细分、目标市场选择、产品定位、品牌建设、定价策略、分销渠道管理、广告宣传、公关活动以及客户服务等各个环节。

实际上,营销可以理解为客户价值的造势,关注长期价值的创造和维护,致力于让产品、服务在目标市场更具吸引力和竞争力,以使销售变得更加容易甚至多余,并着眼于建立和强化企业与客户之间的长期关系。

很多企业也把这一职能归为市场。

销售则更侧重于短期成果,通常采取由内而外的视角,即从企业现有的产品或服务出发,寻找潜在客户并通过销售人员的努力来促成交易与合作。因此,销售追求的是产品的销售数量和成交速度,重视销售技巧和人员执行力。

多数成长型企业在发展的过程中,由于生存的压力及组织功能的不健全,企业的价值交换过程往往更依赖于销售活动本身,而弱化了营销功能,使得其客户价值传递和变现的能力存在不同程度的明显短板。

事实上,营销为销售提供了方向和支持,通过对市场需求的深入洞察和有效策划，创造出有利的销售环境，使得销售活动的开展及销售结果的取得，变得更加可控。同样，销售作为营销策略的具体实施过程，将营销策略转化为实际的销售业绩，并通过与客户的直接互动，为营销策略的进一步优化提供有效的反馈信息。二者共同为企业解决在市场及客户端的影响力问题。

所以，企业在开展组织能力建设时，需要根据自身在业务端遇到的问题，在销售和营销间寻找到新的平衡并实现有效协同，从而强化企业以加速客户价值传递过程、加强客户价值实现为中心的客户价值变现能力。

这是确保企业在激烈的市场竞争中取得持续成功的关键。

③研发与市场的协同

很多成长型企业在产品方面经常会遇到类似的困境：一方面，企业现有产品或服务的市场竞争力不足，甚至与竞争对手高度同质，且长期得不到有效的更新与升级。另一方面，研发部门又缺少研发方向，市场的声音得不到有效的响应，推出的产品缺少市场影响力，甚至根本就不是客户需要的，反而消耗了企业大量的人力与物力资源。销售团队对于新品也是"爱恨有加"，"爱"是总算有新产品了，"恨"则在于销售团队对新产品的信心严重不足。

所以，企业在组织能力建设的过程中，必须解决好前后端的有效衔接问题，即实现研发与市场的有效协同，在市场营销功能与研发功能之间要建立起紧密的合作和沟通机制，以确保市场信息、客户需求、行业趋势等能够有效地指导产品研发的方向和决策，消除企业前后端部门间的信息孤岛，并确保新产品或服务能够在设计阶段就充分考虑市场接受度和商业成功因素，从而减少不必要的资源浪费，提升企业的产品创新效率和市场适应性。

实际上，营销与研发的协同主要解决市场的需求和反馈如何传递给企业内部，以促进企业内部的有效调整，并最终实现用产品与服务实现客户需求的底层满足，从而从根本上解决生产性与交换性矛盾。

因此，在转型升级的过程中，企业可以成立专门的客户服务部门，一方面将分散的客户资源集中管理起来，开展客户关系管理；另一方面，通过专门岗位和人员的细致工作，对市场和客户的需求信息进行针对性收集，从而将外部的声音真正传递给内部相关的部门及人员，尤其是产品研发团队，以使得研发部门在产品的概念设计、功能规划和技术实现，以及开发方法和速度上与市场需求紧密结合，而非闭门造车。这是提升企业产品竞争力的重要手段，也是提升企业客户价值独特性的关键。

④整体协同

企业作为一个系统,其整体产出水平的提升与突破,以及整体竞争力的提高,往往离不开跨职能、跨边界合作所带来的规模经济。因此,降低企业内部的沟通与合作成本,是企业转型升级的重中之重。

企业的组织能力建设需要整合企业价值链中所有相关职能与功能,使其实现跨领域的学习和创意共享,并能够集中力量为关键领域进行资源的开发、配置和支持保障,这就是"协同"。

核心业务功能方面:研发、供应、生产、营销、销售等环节,要实现核心业务流程的贯通与高效的价值传递和信息共享,从而提升整体的运营效率。一般说来,整体交期与成本是衡量此方面能力的核心指标。

辅助功能方面:职能部门与业务部门以及职能部门间,一切围绕核心业务价值及企业战略目标的实现,调整所有组织单元的功能,实现组织功能的整体性融合,从而形成协同作战的效果,实现整体更优。响应速度或敏捷度是衡量企业整体协同能力的重要标志。

大多数成长型企业在发展过程中通常会经历两种极端:发展前期,尤其是在生存阶段,以业务发展为中心,不注重甚至忽视组织能力的建设。当企业发展到一定阶段后,尤其是在具有一定规模,出现增长瓶颈或是发现有机会却总是抓不住后,就开始格外重视起组织能力的问题,"一边倒"地选择向"大企业"学习,强调组织分工尤其是突出专业职能的作用,甚至不惜重金从大企业"挖人",强行推动"先僵化,后固化"的所谓"成功之道"。

很多成长型企业只看到了大企业"成功的样子",却忽略了企业当前的现状和发展阶段差异。盲目"照抄"的后果就是企业内部开始出现越来越明显的"职能深井",部门间的壁垒林立,各种内部冲突不断,在遇到问题后相互推诿和扯皮,而且长期得不到解决,最后甚至会导致部门间的对立与相互为难。

为了更好地促进跨部门团队间的合作,通常需要在组织和团队两个层面开展工作。这也是企业运营管理升级思想中非常核心的底层逻辑。

面对企业运营过程中层出不穷的冲突和异常,最通用的做法就是增加"裁判",并匹配相应的机制,即从组织层面对企业运营过程中所需的统筹、协调功能,加以系统性的提升和强化。为此,企业首先需要进行组织架构和职能的调整与重新设计,选择适合的承担相应职责的人员,并匹配相应的机制。通过推动相关"裁判"机制的落地,撬动跨部门团队整体合作的意愿,扩大合作的范围,并提升合作的整体质量和水平。

事实上,实现企业跨部门整体协同的核心是促使团队放弃局部利益最大化的狭隘思考,共同围绕整体目标的更优付诸努力。然而,人性中普遍存在自我中心的倾向,此时领导者和关键岗位人员的大局观和原则性就显得格外重要。用对了关键人,就能够找到途径和方法在组织内部建立起既追求效率又实现协同的正向反馈环。很多企业的组织结构设计有形无实,不能真正为企业目标实现助力的关键原因正是因为用错了关键人。

因此,基于新阶段组织功能的需要,赋予关键人员必要的资源和权力,用以促进和监督组织内部跨边界的价值与信息流动情况,并追踪协同状态,是实现企业跨部门整体协同效果的重要保障。

这是实现企业整体协同的关键。

高效运行与管控能力

围绕组织目标的实现,企业运营系统的核心是在战略既定的前提下,实现整体运营效率和效果的不断提升。即,将复杂的战略目标实现过程,转化为可管控和高效执行的过程,即实现从战略到行动的有效贯通,让企业的日常运营活动直指企业的战略目标。

高效运行与管控能力主要体现在对企业日常运营活动和整体的管理控制。

对于复杂的组织系统而言,除了要面对复杂和动态变化的外部环境外,内部还有众多的要素参与此过程。而且,这个过程还存在着很多的不确定性。

在此情形之下,如何才能实现对运营效率和效果的真正可控?

事实上,稳定是一切过程效率与效果的重要基础和前提,即企业想要实现运营系统的高效和持续提升,就必须对关键领域和要素加以有效管理,使其保持相对稳定,否则将难以达到预期的目标。

企业运营管控的核心,是从战略目标→年度经营规划→关键成功要素(战略支撑假设)→目标管理/绩效管理/任务清单(管控要素假设)→行动验证→过程反馈→调整→直到成功的持续迭代过程。

如何实现要素及其作用过程的相对稳定?

答案是将问题简化。即通过系统性的努力,让影响结果的要素及其作用过程变得更为简单和明确。这是提升企业运营系统效率,实现运营结果更优化的重要前提和手段。

因此，在企业运营管理升级过程中，需要从组织层面对此进行系统性的努力：通过有效的分工和协同，以及提升运营过程的标准化与流程化程度，让运营过程变得更为顺畅和高效；同时，结合企业的长期战略，对实现年度经营规划相关目标的关键要素进行管控，以减少实现结果过程中的不确定性。

其中，高效运行主要指的是企业日常业务流程的有效执行和推进，其成功的核心有二：一是标准前置，即通过标准化与流程化程度的提高，让团队在业务开展过程中做到有据可依，而不是仅仅依赖经验和个人能力开展工作，以提升运营结果被稳定实现的可能性。二是不断升级和提升运行标准。良好的运行能力体现在对业务流程的精细化管理、高效协作以及灵活适应市场变化等方面，确保企业实现高效率、低成本、高质量的运作。

管控能力则聚焦于提升企业的战略制定和实施能力，即推动企业长期战略的持续和实质落地：以年度经营规划为主线，推动各级组织单元、团队的目标管理与绩效管理，确保企业的日常运营活动与战略目标保持高度一致，企业战略处于被实现的状态。

此外，企业高效的运行与管控能力还意味着，企业需要建立和完善企业的内部控制体系，并从公司层面强化执行过程中的监督，尤其是对于异常的有效管控，并据此推动组织和团队做出系统性的调整和升级，以确保企业的长期发展方向与市场环境、资源条件相匹配。

企业提升运行与管控能力的要点主要有：有效识别运营过程中的异常并快速做出反应，推动系统性调整并升级相关的流程与标准；优化人员任用，不断提升关键岗位人员的胜任力；合理分配和使用资源，随时调整相关机制，以匹配业务发展需要。

持续赋能与激励能力

许多管理者经常抱怨：现在的员工越来越难管理了。

为什么过往成功的管理方式，如今不再奏效？

这背后其实反映了时代变化带来的对企业管理的挑战。乌卡时代，社会和市场变化速度加剧，不确定性成为新的常态，这就要求组织及其管理方式必须随之做出适应性调整和改变。

传统的命令管控式管理和管控逻辑，是基于对不确定性的有效预测与把握假设基础上的。在新时代背景下，这一假设或前提条件不再具备。更为重要的是，管理的对象—人也发生了非常微妙的变化。比如，经历了疫情的不确定性，人们对于工作的态度和看法，呈现出多元化的转变，在职业规划、财务安全、生活方式的选择等方面，越发追求自主，甚至变得更加审慎和自我，倾向于制定更为灵活的计划，即人不再如先前那般"可控"了。同时，市场环境的不确定性增加，让团队达成工作目标的难度增加，并对员工个人的心态、能力等都提出了更高的要求。

正是在此背景下，从要求控制式的管理走向授权赋能式管理已成为时代的必然。持续赋能与激励团队成为企业组织能力的重要构成部分，对于提升团队绩效、增强团队凝聚力和促进个人成长至关重要。

从运营的角度，企业的成功取决于团队的成长。企业通过将权力、资源、信息、利益下放，促进团队自我驱动，自主敏捷地应对环境的变化，以鼓励团队以创新和高效的方式开展工作。一方面，在控制资源投入的基础上，要鼓励团队勇于试错，将失败视为通往成功的必要步骤。另一方面，还要鼓励团队有意识地展开探索，主动寻找创新机会。领导者则需要在此过程中，及时给予行动反馈并引导团队展开反思，根据实际情况及时调整精进，持续优化与改进，不断实现个人的进步。

此外，赋能还能让员工感受到信任和尊重，从而更有意愿和能力参与到企业的发展过程中来，以达到激活组织，提高组织环境适应力的目的。企业赋能团队的常见措施通常包括：提供必要的培训和发展机会、设立明确的岗位责任及目标、创建一个支持员工尝试与创新的工作环境等。

激励则是指通过各种方式激发员工的工作积极性、主动性和创造性，使他们愿意为实现组织目标付出额外的努力。有效的激励手段通常包括：物质激励（如薪酬、奖金、福利待遇等）、非物质激励（如晋升机会、荣誉表彰、职业发展路径规划等）以及良好的文化氛围建设（如团队精神、公平公正、相互尊重的企业文化）。合理运用激励机制能够帮助企业在内部形成良性竞争，调动员工潜能，推动业绩增长。

实际上，从"想要"到"做到"，其间存在着非常关键的问题需要解决。赋能与激励相辅相成，共同服务于企业的发展。

很多企业其实不乏各种各样的旨在激励团队积极性的举措，比如推动阿米巴模式、股权激励、设立合伙人制度、推行末位淘汰等。然而，这些举措却往往收效甚微。究其原因，乃是源于对核心问题的误判。大部分时候，团队通常并不是

"不想"做得更好，更不是不想拿到激励，而是"不对"和"不能"。在面对不确定的内外部环境时，很多团队努力的方向不对：要么未能抓住实现战略目标的关键成功要素，要么因企业激励机制的不系统和不完善，或是激励导向与企业核心目标的不匹配，导致团队选择了短期行为，比如公司考核什么就只做什么，而不管其他。此外，没有能力或不知如何有效解决问题，也是导致团队不能够实现目标的重要原因。

基于此，企业采取系统性、持续性的团队赋能与激励举措，对于培养高效能、高忠诚度的员工队伍，使团队处于持续可胜任的状态，尤其是对于企业应对市场竞争和挑战，构建自身长期的核心竞争力迫在眉睫。

匹配的文化与组织氛围

企业组织作为一个社会系统，如同生命体一样，往往会经历不同的生命阶段。并且，随着企业发展阶段的变化，企业的核心目标或曰阶段性主题，往往是不同且变化着的，因此其面临的问题也是不同的。面对激烈的市场竞争，企业在不同的发展阶段，要想参与市场角逐并有效实现既定目标，就必须找到有效凝聚团队的方法与手段，使其形成一股力量向既定的方向努力。

事实上，在企业内部有两种形态的组织存在。一种是经济意义上的合理与科学，另一种是社会层面的"合情合理"。其中，前者在事理的层面理性说明团队成员间应该如何开展有效的分工与协作，通常表现为基于企业战略目标的组织架构、流程、工作标准及机制约定等显性标准；后者则是在人际层面的人情世故与政治关系。表现为基于人性层面的隐性规则与"规矩"，可以被感知，但通常难以明确和无法被统一。二者共同构成真实的组织运行状态。

企业文化和氛围作为重要的组织能力要素，其核心作用是促进显性标准与隐性规则之间的有机统一。它是凝聚人心和激发团队动能的重要力量，是实现经济高效与人际合理有效统一的重要基础。优秀的企业文化不仅能将团队个人的目标引导到企业所确定的目标上来，促使团队将事业心和成功欲望化为具体的目标、信条和行为准则，使之愿意为企业共同的目标而努力。

其中，组织氛围是团队在日常工作过程中实际形成的某种感觉和对该感觉的认知。组织氛围带有时空特性，是动态变化的。良好的工作氛围能够激发团队成员良好的情绪，对于激发员工潜能，提升工作效率、提高满意度，以及促进团队凝聚等方面具有非常独特的作用与价值，甚至成为吸引和留住人才的关键要素，并使其有动力在潜移默化中接受共同的价值理念，从而影响企业的整体绩效和长远发展，最终转化为企业特有的竞争优势。

从这个意义上讲，打造优秀的企业文化与团队工作氛围，其实质是建立企业内部持久的动力机制，构建企业团队的精神支柱和重要的动力源。因此，在企业的每个发展阶段，企业应当根据自身的实际情况和发展战略，适时调整和强化团队的做事方式，使其匹配企业的发展阶段，并与企业在特定阶段的核心矛盾相适应，即确保文化与战略之间的紧密契合，以持续推动自身目标的实现，从而有效推动企业的发展。

一般说来，创业期（或称萌芽期）企业通常规模较小，此时快速反应能力和创新能力是企业制胜的关键。在这个阶段，为了能让企业更好地存活下来，企业文化与氛围往往就更需要"狼性"或开创性的企业家精神，强调冒险、创新、奋斗和快速调整，以适应市场的做事方式。

在成长阶段，随着企业规模的进一步扩大，企业需要在稳定中追求发展，稳定性和规范性由此变得更为重要。强调团队协作、执行力和持续改进，建立初步的机制、规范，以及更加明确的使命、愿景和价值观，是这一阶段企业文化与氛围建设的重要特点。

在成熟期，即企业的规模发展阶段，企业运营强调分工协作、高效生产、共享成果，并且注重社会责任和长期发展。稳健与规范是其重要的阶段性特点。此时，企业文化与氛围逐步成为凝聚团队的核心力量，并通过共同的使命、愿景和价值观来驱动组织内部的凝聚力，以提升企业的外部竞争力。

而在企业面临剧烈的市场环境变化，不得不做出战略转型或业务重组的转型与变革期，为便于员工快速响应变革并推动新的战略实施，团队的做事方式又不得不开始回归简单。此时，要求企业对组织文化与氛围进行有效的重塑，学习与适应、灵活与创新，就成为了这一阶段的重要特质。

实际上，企业文化与氛围是独特而不可简单复制的。它是在企业在长期发展的过程中，在特定的历史环境和条件下，结合企业的历史背景、领导风格、战略方向以及员工共同经历而形成和发展起来的。这个过程通常是不可再现的。而且，每个企业都有自己独特的文化基因，这种特质是由创始人、领导者的价值观、公司的使命愿景、业务性质、市场定位、成功经验等多种因素交织而成的独特存在。无论是企业、部门层面，还是更低级别或更小的组织单元，都是如此。即便两家公司在战略、产品或服务上有相似之处，由于其内部形成的独特文化及由此营造的工作氛围不同，其运营模式、决策方式、团队协作效率等方面也会存在显著差异。

所以，建立、发展独特而积极向上的企业文化，并营造相应的工作氛围，是每个企业都需要高度重视和持续努力的一项战略性任务，也是企业组织能力建设不可或缺的重要环节。一旦形成，就可以实现"铁打的营盘流水的兵"的组织管理效果，从而形成相对竞争优势，有效阻隔市场竞争，并使得企业在相当长的一段时期内持续获益。

5.1.3　一切为了竞争优势

企业的存在有两大终极追求：一是实现其对战略目标的追求，其本质是企业谋求在所处产业、行业，乃至社会中的影响力。这是企业践行其使命，实现长期愿景的根本需要。

二是面对企业内外部的环境变化，实现其对于自身可持续发展能力的追求，即实现自身的可长期存续。这一点，类似于人类追求生命的永恒。

正是基于这样的原因，企业组织能力建设的核心目标就是要建立和增强自身的竞争优势。

所谓竞争优势，是与企业的核心竞争能力相关联的、相较于竞争对手更强的市场表现。通常体现为企业所拥有的、能够为客户创造独特价值的综合能力和实力，比如更强的资源获取能力、更优的绩效表现、创新能力等。

可持续的竞争优势通常是企业在长期发展过程中形成的，往往根植于企业组织的内部，由一系列关键技能、知识和资源的组合而成，并且不断得以更新与强化，从而难以被竞争对手模仿或超越，通常包括如下内容。

独特技术与研发能力。拥有独特的专利技术、创新能力，能够在产品和服务过程中体现出企业的技术领先性。

高效运营与管控流程。具有优化的业务流程、高效的运营管控机制，使企业在成本与质量控制、生产效率、供应链管理等方面表现出色；形成以过程性、阶段性运营指标衡量运营行动及过程有效性的管控体系。

企业文化与人力资源。培养和形成了独特的公司文化，吸引并保留了一流的人才队伍，形成了正向、积极的工作氛围和高执行力团队，使得企业的战略意图能得以充分实现。

品牌影响力与市场地位。在客户或用户心中建立起了强大的品牌形象，占据显著和领先的市场份额，并享有相较于竞争对手而言更高的品牌认知和品牌忠诚。

客户关系与服务优势。通过优秀的客户服务，与主要客户形成了长期稳定的紧密合作关系，从而建立起了难以复制的竞争壁垒，如提供定制化解决方案、快速响应市场需求等。

资源整合与战略联盟。拥有广泛的产业链资源整合能力和战略联盟，形成了超越企业自身更大范围的产业、行业协同效应，从而以联盟整体的存在共同抵抗外部的竞争压力。

实际的商业竞争中，企业的核心竞争力通常是系统性的，由上述多种因素共同构建，且需要持续加以强化和更新，以有效区别于竞争对手并保持领先。

5.1.4　组织能力建设成功的标志

从有效承载组织目标的角度，企业的组织单元需要对其整体目标的实现起到相应的支撑作用。

企业组织能力的建设，有三个典型的成功标志。

一是企业的组织功能设计相对完善，能满足企业战略和业务发展的需要。

高效的组织首先要确保相应的组织功能，有专门的组织单元及个人完全承担，且能够满足企业在特定历史阶段的功能需要，即组织功能不存在不能满足战略及其目标相关的缺失或明显薄弱环节。

二是组织的整体产出水平相较于竞争对手及过往更优。

对于企业这一经济组织而言，组织能力只有指向经营成果和成效的改善，才真正具有经济价值。因此，作为组织目标的重要保障因素，企业的组织能力需要最终在组织绩效的产出水平上得到反馈，即促进企业整体产出水平的改善。无论是相较于组织过往的绩效表现，还是相对于竞争对手而言，均是如此。这也是企业构建、提升其组织能力的重要出发点和归宿。

三是有助于企业核心竞争力的持续增强。

组织能力是企业实现其战略意图的重要保障，也是企业能够持续、高效地执行战略，并在市场竞争中取得竞争优势的关键。

组织能力作为企业在发展过程中传承和沉淀下来的系统性力量，是企业核心竞争力的重要来源。组织能力的系统建设，有利于企业长期的可持续发展。只有企业的组织能力足够强大，才能使其在激烈的市场竞争中始终保持优势地位，并通过不断的变革和发展来巩固这一地位。

5.2 系统规划企业的组织功能

企业的组织功能是为了实现组织的目标而产生和存在的。

只有从企业客户价值的实现视角出发，通过顶层设计进行系统规划和不断完善，才能从组织层面保障企业整体目标的有效实现。

5.2.1 组织功能是实现客户价值的需要

企业的存在是以客户价值的交换为前提的。

企业的核心业务流程以价值流的持续流动为中心展开，可将其区分为内部价值流和外部价值流两个部分。

内部价值流是指企业内部的一系列活动，包括产品设计、生产、销售、交付等。这些活动往往需要分工与协同，以确保产品和服务能够在组织内部实现快速流转，并按时、按质和按量地交付给下一环节和客户。

外部价值流是指企业与外部合作伙伴、供应商等之间的互动，需要确保与这些合作伙伴保持良好的关系，以便能够有效地获取资源、信息和市场反馈，从而为客户提供更好的产品和服务。

企业的核心业务流程涵盖企业客户价值的定义、创造、传递及实现（转移交换）的全过程和所有活动，直接关联到企业的主要产品或服务的创造、生产、交换和交付。

在企业不同的发展阶段，客户价值实现相关的问题或核心矛盾通常是动态变化的。基于这些问题或核心矛盾，就形成了企业在特定阶段需要解决的底层任务需求，这便构成了企业组织功能规划的基准。

以典型的生产制造型企业为例，企业的核心业务流程涵盖了从原材料采购、生产制造、市场推广、销售服务到客户关系管理等多个环节。在满足客户需求的过程，结合企业的长期发展战略，通过梳理企业的核心业务流程蓝图，可以将企业当前的实际运行状态与理想（或完美）状态进行对比，从而识别企业运营过程中存在的问题。解决这些问题，就构成了企业组织能力建设的起点。其中，关于企业运营管理过中"三个流"是否保持着动态匹配是关键。

所有业务流、信息流及现金流的不匹配，其背后均有原因。这些原因在组织层面的最终体现，就是组织功能的缺失或薄弱。企业的系统运营管理就是要从企业核心业务价值的实现过程中找到系统性的瓶颈或制约因素，并从组织层面进行补强，即基于业务发展需要完善组织功能。

一般说来，企业在组织功能层面的问题通常有两种典型表现。

一是功能缺失，即在企业运营过程中，没有组织单元及岗位对客户价值实现过程中的必要活动负责，存在明显的责任真空，致使相关工作或活动无法有效进行或展开，不能取得所期待的效果。比如，有些科技型的企业主要靠产品力赢得市场竞争，即保持产品的竞争力是其成功的关键，但公司的技术或研发部门疲于应付日常的业务交付，没有人对产品的升级迭代负责，从而逐步导致企业的产品失去竞争力。这就是典型的产品升级功能缺失。

另一种典型的问题是组织功能薄弱，即企业有相关的组织功能，但不足够强，从而导致相关组织功能只发挥出了部分作用，而无法取得完整或预期的结果。比如，很多生产制造型企业，通常都有计划调度的职能，但这一部分功能在一些企业会被安排到生产部分。然而，生产制造要想顺利完成，除了生产体系内部的分工与协作外，往往还需要整合其他部门的力量，才能实现生产任务的顺利完成。这时就发现由于计划调度相关职能及岗位人员所处的层级太低，无法有效协调相关资源解决问题，导致生产任务不能高效实现，出现各种扯皮、拉锯，甚至内部的冲突。

正是基于这些问题的存在，在企业运营管理升级的过程中，就需要提前对相关问题进行组织层面的设计，即开展组织功能规划，以从顶层完成共性和系统性问题的"事前"解决。

这就是企业组织能力建设的重要起点。

5.2.2　从顶层规划和完善组织功能

从组织发展的角度，企业的组织功能规划需要通过组织架构设计及组织单元的职能安排加以体现，并最终落实到业务流程和岗位职责上。所以，在梳理完企业的核心业务流程蓝图后，基于企业战略目标实现的需要，对组织架构进行调整就成为了首当其冲的重点工作。

组织架构设计的关键要素

一个有效的组织架构设计,通常需要兼顾以下要素。

> 企业经营发展相关的关键问题得到了有效的关注
> 能满足企业的业务发展所需,并凸显核心功能需要
> 适应行业竞争,并有助力于企业差异化竞争优势的体现和逐步强化
> 部门的工作范围涵盖组织所有的工作任务,并避免交叉或重复
> 层级及从属关系明确
> 与企业现有的人力资源供给及人员能力现状匹配
> 组织内外环境发生发变化或突发情况时作出迅速高效反应的需要
> 通过允许员工参与决策而达到激励员工和团队的目的

一般说来,企业现有的组织架构设计中,往往有一部分合理的思考与安排。与此同时,其背后很可能存在一系列的问题。很多成长型企业在长期业务主导的发展模式下,习惯于追求短期目标,而缺少对于长期和系统性问题的综合考量。因此,企业的组织架构设计与重构需要充分考虑长期与短期的结合,并在当前的基础上展开系统性的组织功能完善和提升。

事实上,企业的组织架构设计需要体现出组织对于环境变化的适应,以及企业希望强化的组织能力和战略重心。只有从顶层设计上实现有效的权责、信息共享、资源分配等的选择,明确相应的主体责任,才能更好地做出运营管理的选择。从此角度出发:架构设计 > 运营努力。

企业组织架构设计的基本目的是用来明确组织单元之间的关系,即以正式的方式明确责任主体之间的层级、从属和职权关系。

由于企业的日常运作通常会以任务分配、结果要求或间接控制的方式对其管理单元施加影响。因此,组织的基本架构模式其实只有三种。

以分担部分责任为特点的任务中心式组织架构设计。典型代表:直线、职能和任务小组。

以承载特定结果为中心的组织架构设计。典型代表:事业部、办事处、加工中心。

以体现双方关系为中心的组织架构设计。典型代表:母子公司、股权投资或控股、平台组织。

大多数企业的组织架构设计是以上基本架构设计的组合。其他诸如矩阵制、品牌（项目）经理制、"铁三角模式"、"阿米巴"、"前中后台"、平台型组织"、扁平（水平）化组织、敏捷型组织、无边界组织、进化型组织等流行的组织形式或说法，通常只是对以上三种基本组织架构模式的折中、组合或变形，甚至只是换了一种表达方式而已。

事实上，组织架构不存在绝对的好坏或所谓优劣。有效的组织架构设计不过是从组织层面上体现对内外部环境变化的适应。因此，企业的组织架构设计只是企业基于其战略目标实现的需要，在特定历史阶段假设的基础上，综合考量当前业务、人员、信息及资源等实际情况后，重新划分与组合的结果。

组织设计涉及的三大调整

企业基于业务发展的需要，需要从管理幅度、新组织的适应性，以及由此所涉及的规范进行调整，并据此对组织架构进行重新设计或调整。

①管理幅度的调整

管理幅度是由古典管理学派提出的一个概念，即一个管理人员有效地直接管辖的下属人数。英国管理学家厄威克提出了普遍适用的管理幅度：每一个上级领导人所直接领导的下级人员不应超过5~6人。

实际上，管理幅度并不存在一个普遍适用的人数标准，它的大小取决于若干基本变量。组织架构再设计的重要任务，就是根据业务发展的需要，结合团队人员的能力现状，找出限制管理幅度的影响因素，并根据其影响强度的大小，具体确定特定企业各级、各类管理人员的管理幅度。

合适的管理幅度对于组织效率和效能至关重要，因为它直接影响到管理者的决策效率、信息传递速度以及对下属的指导与监督效果。通常的经验是：一个普通的管理者，其合适的管理幅度最好控制在8人的范围内。如果下属的工作性质和内容类似，其管理的幅度则可能达到20~30人，甚至更多。

当然，管理幅度是否合适有一个简单的判断标准，即相关管理者承担的工作是否达到了预期的目标并能否保持稳定。如果管理者无法提供达标的结果，即说明其管理的幅度可能超过了其能力所能承受的范围，就是不合适的。

除此之外，组织架构设计的过程中，还要重点考虑组织的适应性问题，以及可持续发展的需要。

②适应性调整

组织架构设计过程中的适应性调整要求，主要包括行业适应性和企业内部适应性两个方面的调整。

行业适应性调整是指基于行业特点与属性要求，对企业的组织功能、职能进行全面思考与改变。

主要考虑以下问题：

是否有必要增加或加强某些新的职能？
是否有必要细化和深化某些基本职能？
是否有必要简化或弱化某些基本职能？

企业内部的适应性调整，即针对企业阶段性经营重心，对内部现状与实际需要的匹配度进行要素评估，并基于此展开相应调整。

组织功能的匹配：基于经营目标梳理和诊断，企业现有组织功能是否存在问题？分工是否合理？在分权与授权方面，是否匹配当前的业务需要？需要做出哪些改变与调整？

人力资源匹配：当前企业的人力资源供给是否能满足企业发展的需要？团队能力与企业的阶段性核心问题及需要是否匹配？关键人员发挥出应有的组织作用了吗？如何调整与改变？

机制与资源匹配：是否有利于促进企业相关目标的实现？需要做出哪些改进与调整，以及如何调整？

文化与氛围匹配：团队现有的做事方式是否有利于业务目标的达成？团队的氛围是否足够积极？对于目标的实现是否有足够的促进作用？

在企业组织功能规划与优化的过程中，企业需要面对的基本问题是类似的，即相对于目标而言，资源永远是不足的（比如，团队能力有限、管理对象复杂多变）。为此，随时根据实际情况快速做出调整与改变，才是重点。

③规范性调整

所谓规范性调整是指根据一般规则和标准，对组织结构、职能分工、工作流程、决策权限等进行系统性的、标准化的设计与安排。

通常包括：

确定合理的组织层级：按照一定的管理层级原理，如直线职能制、事业部制或矩阵式等规范化模式设计组织结构。

设计标准化的工作流程：依据业务逻辑和效能原则，制定统一的操作规程、作业流程，使各项工作有章可循。

规划明确的职责边界：通过部门划分和岗位设定，明确各个层级和职位的责任、权利与义务，确保权责一致。

制定适用的行为规范：确立符合法律、道德和社会期望的员工行为准则，构建良好的企业文化氛围。

设计和执行统一的政策制度：比如人力资源政策、财务管理制度、信息沟通机制等，这些都需要遵循一定的规范来保障组织运作的合法合规、公平公正和透明高效。

总的来说，组织设计中的规范性调整旨在创建一套普遍适用的规则体系。它有助于减少不确定性，逐步消除运营过程中的随意性，以提升组织内部的协调性和一致性，同时为组织成员提供清晰的行为导向。

实际上，组织中各项工作的标准化程度，包括各种成文的规章制度、工作程序、工作标准化，以及有关的方针、政策等。这些都是形式上的规范，真正的规范是相关标准在工作流程的各个环节，被相关部门、人员严格而有效地贯彻执行并取得了期待的成效。

当然，这个过程中还有另外一个重要的问题需要引起注意，即不能局限于规范本身，而是要充分考虑到团队的接受。规范只有为受众所接受，才能真正发挥出其应有的作用和效果。而且，规范不是越细致越全面越好。这是很多企业在组织建设过程中容易犯的错误。很多企业的管理者在面对团队不接受时，甚至会以当年任正非要求华为团队的态度，简单地要求团队采取"先僵化、后优化、再固化"的方式先推行起来。这样做的结果实在堪忧。

鉴于很多企业的管理现状和团队的职业化素养水平，建议在开展组织能力建设时，要长线和系统规划，分步实施并逐步细化和深化。标准，尤其是管理标准，够用就好。只要能解决当前和一段时间内的问题即可，不必追求完美。毕竟任何体系的维护，都需要付出成本和代价的。规范化管理也是如此。

5.2.3 完善组织功能的"五件套"

套件1：回归部门使命

基于企业的使命与目标，在组织架构框架下部门应明确其作为组织单元的组织功能定位和流程价值定位。

所谓部门使命，是指部门在企业价值链条中存在的理由及其独特价值。

> 部门的存在对于公司战略目标的实现，到底有什么价值？
> 如何变得更为独特甚至不可或缺？
> 如何理解部门的使命及其独特价值？
> 如何将使命转化为有效的行动？

在实现战略目标的过程中，部门使命应与企业在特定历史阶段的经营重心结合，以满足企业对于部门价值贡献要求和期待。只有回归这一底层需要，才能发挥出部门对于组织目标的独特支撑作用，并体现出其独特的组织价值。

为此，部门的使命需要做到两个回归：一是明确关于部门成功关键的思考，包括核心方法、关键手段的明确；二是部门从自身职能的角度出发，如何深刻理解企业的核心目标并与之产生关联。

部门使命的描述格式：以"方法、手段"实现价值，达成目标或目的。

如某企业人力资源部门的使命是：以专业与温度，塑造行业有战斗力的优秀团队，赋能公司业务发展！

套件2：共创部门愿景

部门愿景是指部门对其未来发展方向和目标的设想，即未来部门应该或要做成什么样子。通常，部门愿景要充分考虑部门的核心价值、长期发展目标以及团队成员的共同期望。

> 五年后部门做成/是什么样子？（关于未来状态的图景，感性描述）
> 关于业务的核心目标有哪些？（业务目标要达成的状态）
> 核心价值信念是什么样的？（坚守什么，提倡什么，反对什么）
> 关于团队的核心目标有哪些？（规模/团队状态/人员构成等）

例如，某公司技术部门的愿景是："致力于成为行业领先的创新者。通过专业引领和团队协作，为客户提供具有行业竞争力的解决方案，并成为公司最具创新活力的核心部门。"

另一家企业的研发中心的愿景是：凭借精湛的专业能力和无间的团队合作，五年内打造成为全球领先的研发中心，不断刷新行业标准，提供优质产品与服务，同时构建一个让每个成员都得以发挥潜力、共享成功的工作家园。

需要重点强调的是，只有赢得团队认同的部门未来定义，才能真正激励员工共同努力。因此，为了激发团队的认同感，使其愿意围绕部门愿景共同努力，在制定部门愿景时一定要把团队的参与放在首位，使其充分表达心声。

此外，部门愿景应与整个组织的愿景和战略相一致，并且定期进行回顾和更新，以适应不断变化的商业环境。

套件3：梳理部门职能

部门职能划分关注的是部门和整个组织的关系。在组织架构确定的基础上，企业的组织功能能否完整实现，取决于相关部门能否回归其作为组织单元的角色，有效承接和承担其职能及目标。

因此，基于组织功能完善的需要，每个部门都应当明确其在组织中的角色定位，并承担其在核心业务价值实现过程中的主要任务和工作内容。

标准的部门职能梳理包括三个方面：

一是明确部门定位。在组织的整体战略框架内，明确其在组织结构中所处的位置、要承担的主要职能，以及为实现组织目标所应发挥的核心作用。

功能定位：根据公司的业务需求和战略目标，确定部门主要负责哪些核心功能或服务，如人力资源部门负责招聘、培训、绩效考核等；研发部门则负责产品设计、技术研发和创新。

角色定位：明确部门在整个组织运作中的角色，比如市场部门可能作为战略伙伴推动品牌建设与市场拓展，财务部门则是管控资金流动、提供决策支持的中枢部门。

价值定位：部门对组织创造价值的独特贡献是什么，例如生产部门通过高效运营提高产能、降低成本，而战略规划部门则通过对未来趋势的研究和分析指导公司长远发展。

协同定位：描述部门如何与其他部门协同工作以实现组织整体效益最大化，如销售部需要与市场部紧密合作以执行有效的营销策略，同时与客户服务部联动确保客户满意度。

合理而适当的部门定位是构建高效组织架构的基础。通过明确部门在公司核心价值链中的位置和作用，有助于各部门清晰了解自身存在的意义、行动方向及应达到的效果。同时，根据部门定位企业可以合理配置相应的人力、物力、财力等资源，保证部门能够有效履行其职能并达成预定目标，从而提升整个组织的工作效率和战略执行力。

二是定义部门的关键成就。围绕企业的长期战略，结合行业特点和部门的独特定位，部门应取得哪些关键性的成果或成就，以体现其在整个企业核心价值链中的独特作用和价值。通常情况下，部门的关键成就需要与企业运营的关键成功要素进行结合。

部门取得哪些成就，对于达到企业的战略目标具有重大的作用？
什么职能履行不佳会使企业遭受严重损失，甚至危及企业的生存？
职能活动的哪些成果最能体现企业的经营宗旨？

三是描述部门的主要任务范围与方向，即明确组织中各部门所应当负责的特定职能、职责和关键任务。

关于部门职能的描述，有以下要点需要注意：

基于部门使命和愿景定义核心工作内容
以部门间的业务流程作为工作任务的划分依据
将部门主要工作内容和任务分解为独立性的业务活动
将部门的工作内容制度化，并根据流程确定应该做的工作
描述须有逻辑，避免重复和脱节
尽可能概括，避免过于细节而挂一漏万
避免将部门职能与个人职责、职权混淆

套件4：明确岗位职责

所谓岗位职责，是指团体或个人在特定岗位上所应当承担的责任。它关注的是团体或个人在特定岗位上的工作行为和工作任务。

基于不同的战略目标，组织在不同时期的工作重心是不尽相同的。不同岗位在发挥其组织功能时的作用与价值也存在差异。其中一部分岗位对于组织功能的

发挥、组织目标的实现及阶段性重要问题的解决具有更为突出的作用。这些岗位即是企业在特定时期的关键和重要岗位，简称关重岗位或关键岗位。

一般而言，企业的关重岗位具有以下三个特点。

> 在组织业务流程中处于关键环节，可能会接触到重要的竞争性信息
> 对组织战略目标的实现，发挥着重要作用且不可或缺
> 岗位人员的任职要求较为特殊，通常较难在短时间内快速替代

需要说明的是，关重岗位衡量的对象是岗位，而不是岗位上的任职者。它不涉及岗位任职者的绩效表现，也与岗位上任职人数的众寡没有关系。它是基于组织功能规划和组织功能发挥作用的整体考量。

而且，基于企业的长期战略和阶段性的战略重点，关重岗位往往不是一成不变的，要用发展的眼光加以看待。

那么，如何快速识别企业的关重岗位？

一种常见的做法是基于组织的战略目标、核心流程、组织架构、部门职能、岗位职责等基础信息，通过成立专家小组（通常是管理层、职能部门主要负责人、人力资源部相关人员组成），对公司的所有岗位进行岗位价值评估，并根据评估结果确认关键岗位。

具体来说，就是从岗位的战略价值和可替代性两个大的维度开展评估。

岗位的战略价值是指岗位对组织战略目标和关键成功因素的影响程度，以及岗位在组织核心业务流程中所承担角色的重要性；岗位的可替代性则是指岗位任职要求的多样性与岗位工作的独立性，以及岗位任职者一般的培养周期（通常是经验判断，不需要精确）。

关于岗位价值评估的工具比较成熟的有美国薪酬专家爱德华·海等研发的海氏评价模型、美世的 IPE 职位评估系统、翰威特的六因素评估法以及 CRG 岗位评价模型等。

需要说明的是，以上工具更多用于衡量组织内各岗位的相对价值，较少系统地结合组织的战略目标。这些工具更多是从技术层面进行的系统沉淀，而缺少对于企业实际经营方面的要素考量，因此在岗位价值评价的实际操作中，要与企业实际相结合。同时，关键岗位的识别不是一劳永逸的，需要随着组织战略目标的调整或关键流程的转变，而做出相应的动态评估和更新。

更为简单的经验式做法，就是通过"岗位薪酬最高，招聘难度最大，人员保

留最难"的那一部分人所在的岗位，形成对关键岗位的初步判断。为了进一步确认关键岗位及相关的核心素质与能力要求，管理层及人力资源相关人员需要深刻理解企业的核心价值链和核心业务流程。这样对于关键岗位的理解，就会进入新的阶段和境界。

套件5：建立胜任标准

基于分工与协作的需要，在组织中部门的职能需要进一步拆分和细化为不同岗位的工作职责，并根据阶段性的工作目标将其转化为相关人员的工作任务和工作行为。

为了确保相关人员能有效履行岗位职责，并获得相应的结果和成果，需要对员工进行基于岗位要求的衡量和评价，即进行岗位胜任能力评价。用于岗位人员评价的标准，称为岗位胜任标准。通常包括一系列能力、知识、技能、态度及行为表现等方面的基准和要求，见表5-1。

表5-1　　　　　　　　　　岗位胜任标准的核心要素

要素类别	要素说明
合适的素质能力	基础知识与技能 核心能力素质 通用能力素质 专业能力素质
有效的工作行为	特定的行为/做事方式：符合客户期待，符合组织要求 基于目标的活动：围绕目标的有效行动或行为 产出结果的工作任务：行动有成效，指向结果 针对性的调整与改进行动：能够跟进实际进展和内外部反馈做出有效调整与改变

其中，素质能力解决个人适合或能做什么的问题；有效的工作行为则是主要应该做什么的问题。二者共同作用于员工的工作过程，促进高绩效结果的产生。

事实上，不同岗位对于组织目标实现的价值是不同的。从运营管理的角度出发，有效提高员工的价值贡献通常是从明确定义岗位的核心价值开始的。所谓岗位核心价值是指某一工作岗位在组织运行中所承担的关键功能、创造的核心价值，以及对实现组织战略目标的独特贡献。它是岗位在组织内部的功能定位、独特贡献和竞争优势的体现。

同样，不同人员在同一岗位或类似岗位上，为组织目标所做出的贡献也可能大相径庭。这种差异产生的主要原因来源于两个方面：一是员工与特定工作岗位要求的匹配程度不同，即岗位胜任力的差异；二是员工对于岗位成就的自我定义差异，即员工对自我行为与结果的要求。后者通常是管理行为的最高工作标准。

关于岗位胜任标准可以做以下三个方面展开。

一是关键职责的履行能力。岗位员工具有出色地完成组织所赋予的特定工作职责和核心任务的能力，即能聚焦于岗位的核心要求并体现独特的组织价值，如销售经理通过管理团队提高整个团队的销售额。

二是与核心任务匹配的独特知识技能。某些岗位的员工需要具备独特的专业技能和知识，这些能力和知识正是其能够为组织创造独特价值的基础。如某些岗位具有较大的决策影响力，相关人员的决策水平将直接影响到组织的发展方向和运营效率。

三是合作与协同。主要指岗位员工通过与其他部门或团队的有效协作，共同推动公司整体业务流程的顺畅进行，发挥出"润滑剂"或"催化剂"的积极带动和促进作用，从而有助于组织效能的整体提升。

5.3 搭建运营管控体系的完整闭环

面对复杂多变的商业环境，组织的整体反应能力对于企业的生存与发展至关重要。只有完整的运营管控体系，才能帮助企业精准把控资源的获取与利用，化企业战略为具体可操作的业务实践，从而提高资源利用效率，确保组织朝着既定目标推进，避免战略执行偏差，让企业战略得以有效落地。

5.3.1 运营管控到底要干什么

所谓运营管控，指的是基于企业战略目标的实现，对企业日常运营活动进行全面、系统和有效的计划、组织、指挥、实施、监督、控制和调整，以确保各项业务能高效、合规地运行并有效实现其目标的过程。

从整体经营的角度，运营管控主要解决企业战略落地的系统问题，即如何通过系统性、体系化的管理手段与措施，让企业的战略意图在企业运营活动中得到有效体现，并使战略目标的实现过程及结果处于可控的状态。

作为资源经营的整体，企业最基本的经营活动是围绕资源的获得与运用展开的。为了实现某种目标或结果，需要对所需承担与完成的任务（或责任）进行人为的分工，并设定相应的标准。再对相应的工作过程进行监管、评价并给予反馈，同时据此进行调整与改进，以取得预期的结果。

这就是企业运营管控背后的基础逻辑。

因此，运营管控的本质，是在动态的环境背景下追求运营系统的相对稳定，以使运营过程及结果更为可控和可预期。企业的运营管控体系则是为了保证这一核心目标而展开的一系列整体性规划、安排与过程控制等努力，包含与此匹配的各种机制调整。当然，这种稳定和可控是相对的，不应是固化或静态的，而且是一个动态调整的过程。

5.3.2 运营管控体系的完整构成

企业的运营管控体系根据层级与功能差异，分为三个层次。如表5-2。

表 5-2　　　　　　　　　　企业运营管理体系的三个层次

管控层级	功能说明
战略规划层	为最高管理层，是指诸如企业组织目标的设定与变更、为实现该目标所采取的资源政策等计划、规划、预算过程。
战术决策层	又叫管理控制层，为中间管理层，是为实现企业目标，使企业能够有效地获得并利用资源的具体化过程。
业务处理层	又叫运行控制层，为下层管理层，是为确定某特定业务能够被有效地、高效地执行的全过程。

基于企业战略目标的落地，企业的运营管控体系有以下三个关键的构成。

经营规划

经营规划是指企业为实现其长期战略而制定的阶段性行动计划和策略。

作为企业组织系统的一部分，它承担着承接企业战略目标落地的重任，是连接企业长期愿景与日常运营的桥梁，对于明确企业一段时间周期内的工作主线至关重要。通常涉及对企业未来发展方向、阶段性战略、经营目标、重点工作任务（关键绩效行动）、资源分配以及达成目标的行动计划与策略思考。

运营管理中通常以年度经营规划的形式展开，也称为年度商业计划或年度战略地图。它是企业结合内外部环境、资源现状及市场预测等，为实现中短期目标而制定的年度详细行动计划和资源配置方案，以确保企业的各项活动聚焦于年度目标的实现，同时保持与长期战略方向的一致。

企业年度经营规划主要包括以下要素。

战略解读：将企业长期转化为阶段性战略重点

发展规划：围绕战略重点，结合历史经营，设定年度发展规划

年度战略目标：定义关键任务与经营成果目标

核心战略举措：实现年度关键任务与目标的整体策略

保障措施与行动规划：支持战略目标实现的关键行动及举措

全面预算：围绕经营目标实现的整体投入与产出规划

很多企业在发展过程中，习惯于把企业的战略意图搞成"保密"工作：要么在老板的头脑中"秘而不宣"，要么"不敢"向更大范围的团队成员开放和共享。这么做的问题在于：团队无法理解公司真实的战略意图，不知道如何有效跟随，从而导致企业的战略与执行"两张皮"，彼此之间毫无关联。当然，实际操作过程中将涉及保密的核心、敏感内容，如全面预算、关键技术、产品开发计划等，控制在特定的范围内是必要的。

实际上，开展年度经营规划是企业宣导其中长期战略规划的重要环节和手段。只有向团队清晰地共享战略目标、指导思想和关键战略举措，才能让团队更好地理解这些关键性的战略落地要点。正所谓没有参与感，就很难有认同感。而且，这些是企业核心层利用其认知优势获得的关于企业中长期战略的深刻理解，是集体智慧的有益沉淀。因此，需要在组织中尽可能广泛和持久地实现共享。

为此，企业在战略宣讲过程中可以加入研讨环节，以使参加人员能更好地理解战略规划制定的内涵与要点，促进团队的集体认同。同样，各业务单元在落实企业战略意图的过程中，也需要有意识地引导团队参与其中，以使团队对于未来一年所需实现的战略目标、所需开展的关键任务、重点工作计划以及所要达成的目的，有完整而清晰的认识，从而能更有效地匹配公司的战略意图。

一般说来，企业在推行年度经营规划时，需要完成从公司→部门→团队，然后从团队→部门→公司，最后完成从公司→团队的流程闭环。这是一个自上而下传递，自下而上反馈，并最终形成层层共识的过程。

有效的年度经营规划推动过程，至少可以达到以下两个目的。

一是通过让团队参与企业经营规划的制定过程，使其可以更深刻地理解企业的战略意图，并对企业的年度业务工作重心、业务单元的工作目标，以及自身的工作方向，产生足够的理解，从而充分相信企业的未来。

二是通过对年度经营规划的反复探讨，团队对年度目标实现过程中的重点、

可能的问题，提前完成了多轮"内部预演"，因此做到了"心中有数，心里有底"，相当于企业次年的经营结果是提前"可预知"的，年度工作不过是一个执行"预案"的过程，从而让团队对于实现年度经营目标充满信心。

目标管理

目标管理主要解决"要做什么"的问题。

从运营管理的角度，所谓目标管理是指基于企业的年度经营规划，将企业的阶段性战略重点，转化成为一系列的年度工作任务，并最终形成的针对性任务清单、工作计划及行动方案加以落实。

一般说来，年度工作的目标包括三个方面。

> 组织目标：经营成果 + 业务成就
> 绩效目标：个人绩效 + 团队绩效
> 过程目标：基本要求 + 关键绩效行动 / 行为

企业的目标体系如图 5-3 所示。

图 5-3　企业的目标体系

三者与企业的战略目标一起，共同构成了企业的完整目标体系。其中，业务成就通常可分为业务、团队和组织三个方面。如图 5-4 所示。

在系统运营管理的过程中，围绕企业年度经营规划需要设定一系列的经营目标，并形成一个完整的目标体系，用以衡量年度经营工作是否有效贯彻和执行了企业的战略构想。

总之，有效的目标管理能够激发员工潜能、提升组织效能、推动战略落地，并确保组织和员工的工作活动与企业的战略目标保持一致，最终助力企业实现持续成长。

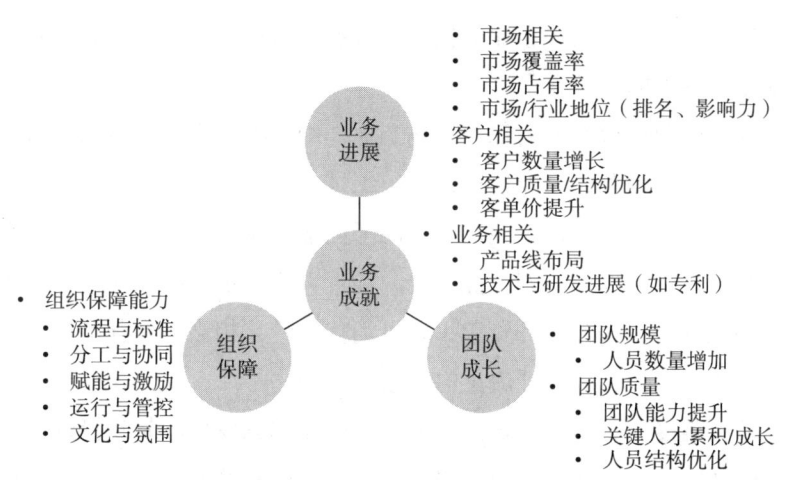

第 5 章　组织能力的系统建设与可持续发展　／　177

业务进展
- 市场相关
  - 市场覆盖率
  - 市场占有率
  - 市场/行业地位（排名、影响力）
- 客户相关
  - 客户数量增长
  - 客户质量/结构优化
  - 客单价提升
- 业务相关
  - 产品线布局
  - 技术与研发进展（如专利）

组织保障
- 组织保障能力
  - 流程与标准
  - 分工与协同
  - 赋能与激励
  - 运行与管控
  - 文化与氛围

团队成长
- 团队规模
  - 人员数量增加
- 团队质量
  - 团队能力提升
  - 关键人才累积/成长
  - 人员结构优化

图 5-4　业务成就目标

绩效管理

绩效管理关注"做得怎么样"和"如何做得更好"的问题。

绩效管理是在明确企业年度目标的基础上，通过对企业运营关键成功要素的有效识别，结合企业阶段性的战略重点，将企业的战略转化为团队一系列的工作任务和行动，如图 5-5 所示。

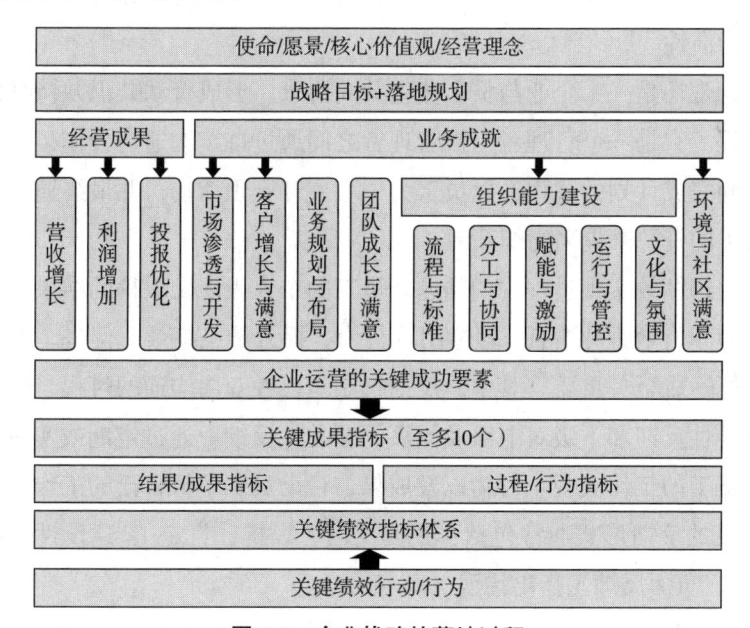

图 5-5　企业战略的落地过程

这个将战略转化为行动的过程也被称为战略解码。其中，运营的关键成功要素与企业特定阶段的核心矛盾即系统瓶颈紧密相关。

通常情况下，通过梳理企业的核心业务流程蓝图，可从"四大协同"上快速找到组织绩效突破的关键答案。

绝大部分企业的核心矛盾都与市场有关，即在市场需求与内部供给之间存在巨大的改善空间。因此，企业快速改善组织绩效首先要从"产销协同"的提升开启，即先突破核心业务，再在此基础上匹配内部组织能力。一般通过加大对前端的资源投入，并在跨部门协同上优化资源配置，均能不同程度促进更多业务机会的出现。如能匹配相关的内部资源，即可消化和转化相当一部分市场机会，从而实现业绩的快速突破，以此开启正向的业务循环。

从经营的角度看，绩效管理是一种关于防止问题发生的时间投资，成功的关键在于，保证团队一直在做对于战略目标而言正确有效的工作。所以，在推行企业经营战略落地的过程中，不仅要盯住结果和目标，还要强化过程和行为干预，即对关键性的绩效影响因素、绩效实现过程施加有效影响。为了帮助团队有效改善绩效，不仅要带领团队开展关于关键绩效行动和行为的共创与探讨，使其能更好地了解部门和岗位的重要工作目标、标准以及核心成功要素，还要将相关的要素转化为关键成果指标和关键绩效指标，以帮助团队指明努力的方向，并围绕如何改善绩效与团队持续沟通，帮助其形成关键性的绩效行动和行为，提升日常工作的目标指向性。

绩效管理还是一个企业与员工建立共同愿景，形成行动共识并持续优化的动态控制过程。它是一个管理者与被管理者之间通过持续沟通与合作，来共同制定计划、共同完成计划的过程，以员工为中心展开干预活动，并最终通过开发和利用每个员工的资源来提高组织绩效。

针对组织绩效实现过程中的问题、员工的个人表现及取得的结果，给予反馈和激励，对于有效强化责任，塑造团队行为，提升员工绩效，促进个人成长和确保团队目标达成至关重要。其中，反馈机制是一种双向沟通的过程，包括上级对下级的指导性反馈和下级对上级及同事的互动性反馈。通过定期或实时的信息交流，评价员工的工作表现、行为以及成果，帮助员工了解自己的工作优点和改进之处。常见的反馈形式通常包括：正面反馈（表扬、肯定）、建设性反馈（提出改进建议）、负面反馈（指出错误）等。

激励机制则是指企业为了激发员工积极性、创造性及忠诚度而设计的一系列奖励和惩罚措施。这些措施可以是物质性的（如薪酬、奖金、福利、股权激励等），也可以是精神性的（如职位晋升、荣誉表彰、职业发展机会等）。

有效的反馈机制能够及时矫正员工行为，引导其向组织期望的方向努力，确保目标处于被关注和实现的状态中；而合理的激励机制则能进一步激发员工潜能，调动其主观能动性，激励员工的工作积极性和创造力，为组织创造更大价值，并共同构成组织的绩效管理和持续改进系统。

5.3.3　运营管控的基本载体与抓手

企业或组织在日常运营和管理过程中，为确保战略目标的实现、资源的有效配置以及业务活动的顺利进行，需要建立起一系列的制度、流程和方法，用以处理例常性工作和例外性工作。

工作计划与质询体系

工作计划与质询体系是企业日常运营管理中重要的组成部分。制定工作计划有助于提高工作效率，避免资源浪费，并通过合理的时间管理和资源配置保证工作的有序进行。其中，工作计划是指根据企业的战略目标、年度经营计划以及部门和个人的工作职责，制定详细的短期和长期任务安排。

常见的计划形式与载体包括：年度计划、季/月度/周计划、日计划、专项工作计划、项目计划、口头安排、任务/待办清单等。

完整的工作计划通常包括：前置思考和6大核心要素。具体如图5-6。

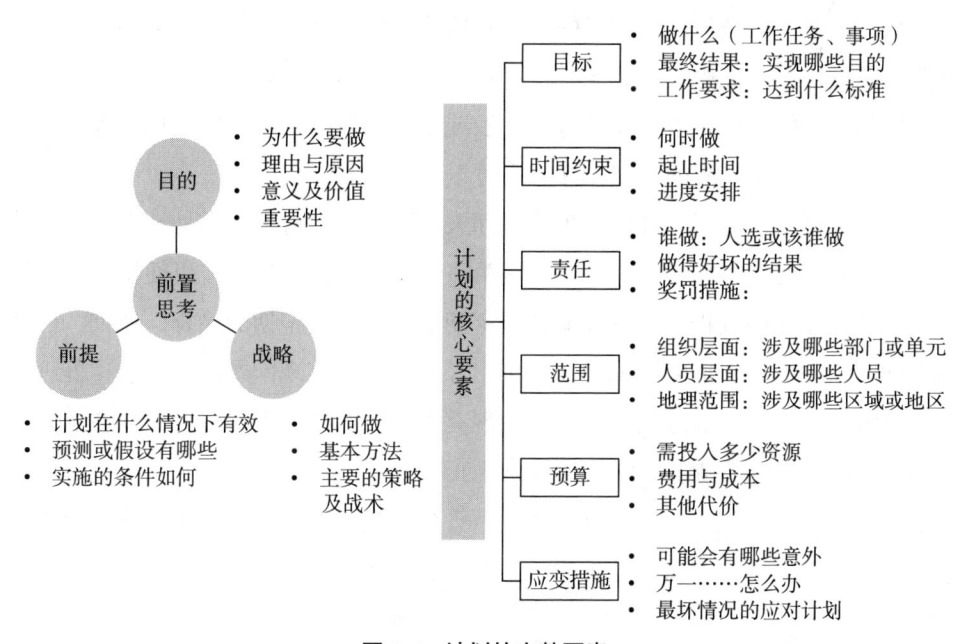

图 5-6　计划的完整要素

质询体系是以定期会议、汇报交流、业绩评估等形式，对组织内部各部门、各层级员工所制定及执行的工作计划进行审视、审查和质询的制度化管理设计，旨在强化责任落实、提升执行力、促进信息共享和沟通协调，同时通过对工作计划执行效果的持续跟踪和反馈，形成良好的绩效考核基础，进一步优化企业管理效能。

在质询过程中，上级管理者或专门的质询小组会询问下级关于工作计划完成情况、遇到的问题、解决方案以及未来改进措施等方面的内容，从而确保各项工作的进度符合预期，及时发现问题并调整策略。

常见的形式与载体包括：季度、月度经营会、专项工作质询等。

常用运营管控工具

根据特点不同，企业日常运营管控的情形和对象其实有三类：

一是对日常性、常规化工作或事项的管理。该类对象的管控要点是消除和减少系统变量，使其进入标准化、程序化的有序状态，即只需要确保其按照既定的标准和程序正常开展即可，以减少其对于运营系统的冲击和影响。

此类问题的管控工具和手段，主要是各种标准、程序、流程，以及与之匹配的管理制度和机制，即通过标准进行批量化处置。

第二类对象是"意料之内"的重点、重大事项，即可预知或预设的，具有重大意义与价值、影响长远或重大的工作及事项。该类管理对象的管控要点，首先是要提高重视度或优先级。其次是对过程进行必要的关注和干预，尤其是关键节点或里程标志的把控，以确保其进度、发展处于可控的状态。在出现问题时，则能在第一时间做出有效的反馈，并能及时干预和采取补救措施。

第三类则是"意料之外"的事项，即未被预见或不可控的例外情形。该类管理对象的管控要点有两个：一是要能在第一时间快速识别异常，以便快速作出调整。所以，在推进过程中，最好能辅以定期的汇报和不定期的抽查、质询，以在出现问题或不可控情形时，能快速识别出来。二是在出现问题后，要快速处理并做出系统性调整，即通过处置异常发现现有做法、标准、流程等背后存在的系统性问题，从而推动系统的升级，化异常为正常。

针对第二、第三类问题的事务性运营管控工具，通常是可以用要事管控工具实现集中和专项管控，以提升执行效率。见表5-3。

表 5-3　　　　　　　　　　　重要事项节点控制工具

序号	工作内容	当事人填写				第三方（跟进方）填写	
		结果定义	责任人	承诺检查时间	奖惩措施	完成情况汇报	状态/进程
1							
2							
3							
4							
5							

当然，针对项目型的专门、长期事项，可以通过梳理关键节点方式，对其进行全过程管控。如表 5-4。

表 5-4　　　　　　　　　　　项目管控工具

年项目推进计划

序号	项目名称	类别	责任人	项目开发阶段				1月												2月									
				项目周期	启动日期	结束日期	当前进程	当前阶段	当前状态	1/1	1/4	1/7	1/10	1/13	1/16	1/19	1/22	1/25	1/28	1/31	2/1	2/4	2/7	2/10	2/13	2/16	2/19	2/22	2/25	2/28
1																														
2																														
3																														
4																														
5																														

总的说来，运营管控其实是将日常运营过程中的工作以工作计划、任务/待办清单及行动方案等形式，转化为可跟进和记录的具体要求。相关工具是是企业实现高效运营、战略落地和风险防控的重要手段和工具。将其与日常的工作模式结合，则可以实现对工作过程中各种常态及例外情形的有效管控，并推动企业运营系统的持续升级。

第 6 章
人才梯队建设与组织活力的保持

> "人不是你最重要的资产，合适的人才是。""首先要请合适的人上车，送不合适的人下车，给合适的人安排合适的座位，然后再决定行驶的方向。"
>
> ——詹姆斯·柯林斯

本质上讲，企业的竞争归根结底是人才之争。

企业作为一种特殊的社会系统，及时获得并有效运用人力资源，是其赖以持续生存与发展的重要基础。从这个意义上讲，企业在人力资源方面的投入多寡，一定程度上决定了企业是否有未来。很多成长型企业为人才问题所困扰的背后，更加表明企业的经营管理层需要就企业的人才问题进行系统规划，以确保企业在发展过程中可获得持续、优质的人才供应。

事实上，在剧变的市场环境下，人力资源已经成为企业取得和维系竞争优势的关键性资源。只有拥有持续而稳定的人才供给能力，企业才能有可持续性发展的人力基础。

6.1 成长型企业人才问题的共性特点

成长型企业因处于特定的发展阶段，其人才问题具有独特的特点。这也决定了企业在开展人才梯队建设时，需要结合自身的资源和人员特点，从关键瓶颈着手，并采取更具针对性的举措，以系统解决企业关于人的问题。

事实上，这些特点本身也可以是某种优势。利用好了企业自身的特点，往往就能实现相当程度的经营改善和业绩倍增。

6.1.1 "能人"依赖严重

成长型企业在发展的前期,生存往往是其最主要的阶段性矛盾,因此整个组织的重心通常是以发展业务为主的。在资源有限的条件下,"简单"和"快"成为大部分工作的主旨精神,即怎么快怎么来,而缺少长期和系统性的思考,且鲜有组织和团队的概念。

在此阶段,企业实现目标的方式通常是"能人"依赖式的,即依靠少数个人——"能人"的"单打独斗"能力达成目的。而且,由于所采取的多是经验式的"野路子",只有当事人自己知晓,很少会拿出来与团队共享并沉淀为组织知识,同时缺少必要的标准化和规范化考量,从而难以实现有效的复制与推广。

因此,随着企业的不断发展,企业的运营体系会逐步形成以少数"能人"为中心的路径依赖,并固化为某种组织形式和特点。一旦相关人员的认知、意愿、时间和精力等出现瓶颈,就会成为制约组织进一步发展的明显阻碍。

此外,相当一部分企业的用人决策往往不是基于战略发展的需要,而是应急式的被动选择。如在出现人员异动后,出于"稳定业务"的需要而临时性安排相关人员去填补缺口。所以,大部分"核心人员"往往不是因为能力出众而被选拔出来的,只是因为坚持或所谓的忠诚,其自身的综合素质和能力可能并不出众。这也给企业后续的用人问题埋下了隐患。

在这样的大背景下,企业的人才会出现两极分化:一端是少数人员综合能力相对突出,但忙得不可开交,且往往会身陷具体的业务。长此以往,其个人局限就会很快显现。另一端则是大量能力不足的人员,因无法获得足够的成长机会和有效的培养,迟迟无法形成战斗力。由此导致企业在好不容易迎来大好发展机遇的关键阶段,却会因没有足够的人才储备而错失良机。

6.1.2 滚动发展中艰难积累

一般说来,成长型企业在度过生存阶段后,往往会进入一个爆发式增长的快速发展机遇期。在此阶段,发展业务仍会是企业的主要课题,并会面临诸多挑战,需要艰难地进行各方面的积累。

由于成长型企业规模相对较小,资源也是相对不足的,通常难以获得金融机构的资金支持。同时,股权融资也可能面临困难。因此,企业主要靠自身的经营逐步完成资源与实力的有效积累,即把企业前期累积资源中相当一部分再投资,用来发展业务，以实现自身的滚动发展。

在此背景下，企业可用于人员方面的支出和投入就变得相对有限。因此，企业需要在资源相对有限的前提下，一方面实现对现有人员的有效留存与发展，另一方面还需要完成对更优秀人才的吸引。

与大型企业相比，成长型企业在薪酬待遇、品牌知名度、职业发展空间等方面往往也不占优势。而且，由于该发展阶段企业的主要精力还在业务发展上，企业并没有完善的人才培训和发展体系，导致员工的技能提升和职业发展也会因此受到限制，员工的职业发展面临更多的不确定性。

此外，成长型企业的管理者由于大多是从业务岗位成长起来的，他们往往缺乏系统的管理知识和经验。在企业规模扩大的过程中，这些不成熟的管理者很容易导致内部管理混乱、效率低下等一系列问题。

这些不确定因素的存在，都会影响团队的稳定性，增加企业人才流失的风险和人才的积累。因此，如何在资源相对有限的前提下，有效实现对人才的吸引与留存，成为摆在众多成长型企业面前的一道共同考题。

对这一问题的不同回答或是回答水平的不同，往往决定了企业发展前景的差异。因此，成长型企业在人才的定义、吸引、培养、留存与任用方面，都必须走出自身的独特道路，而不能简单地重复或复制其他企业的所谓成功做法。

6.1.3　成长周期长见效慢

成长型企业无论是业务模式还是组织能力，基础都相对薄弱。在有限的资源条件下，其人才基本上都是在发展过程中跟着公司一起成长起来的。

当企业发展到一定阶段后，为了加速企业的发展，很多企业往往会下定决心选择空降"高手"，并且多次和长期尝试，但效果通常不佳。

为什么？

事实上，招聘或人才引进其实是企业在特定阶段为满足发展需要，对组织功能的针对性补充与加强。因此，企业在快速发展阶段人才招聘的核心策略是找到合适的人，即人才与组织的匹配度应是人才的首要考察因素。

这种匹配主要体现在三个方面：心态与意愿匹配、核心能力和素养与岗位核心价值匹配，以及期待与组织资源的匹配。主要原因有二：一是不同的企业，由于其定位及基础的差异，哪怕是所谓的同行，所遇到的问题往往是不尽相同的；二是企业在新的发展阶段遇到的问题，通常是"全新"的，并且是在实践过程中逐步清晰和明确的。

很多企业在用人的过程中始终有一种心结，总是想找所谓的"经验"人士，以图"快速"实现对人才缺口的填充。这其实很不现实。

实际上，成长型企业由于业务模式不完全成型，且组织能力相对薄弱，因此对人员提出了更高的要求，即只有基于多方面综合考量后更为匹配的候选人，才是企业在此阶段所真正需要的，才更有可能在"动荡"的企业内外部环境下存活下来。

所以，从逻辑上讲，所谓"现成"的人才其实并不存在。

关于人才引进，不少企业有很多类似的教训。一类"空降"人员"知其然，不知其所以然"，照搬原有的经验和做法，导致"水土不服"，无法有效兼容企业和团队的现状；另一类"空降"选手的水平与能力确实出众，但在心态上却存在"高人一等"的莫名优越感，无法与现有团队实现融入，从而导致冲突不断或长期无法形成有效合作。这让很多领路人左右为难。

如果找不到"成熟"的"经验"人士，那该怎么办？

实际上，成长型企业最需要的其实是拥有强烈成长意愿与心态的"成长型人才"。因此，找到与企业发展阶段相匹配的人才，比找到优秀的人更重要，也更可行。这就是成长型企业人才问题的第三个重要特色。

6.1.4　双线作战人员要求高

成长型企业由于还处于追求增长与发展的关键时期，发展仍然是其主旋律。正是源于此，成长型企业的人才问题还呈现出另一个重要的特点：双线作战。一方面要将相当一部分精力用于开展业务相关的工作，另一方面还需要同步提升自身的胜任力，即团队是在解决业务问题的过程中实现成长与提高的，而不是在培养好了后才开始投入工作的。

正是基于这样的特点，对于成长型企业所需要的所谓人才，我们可以理解为：在推动企业问题解决的过程中形成和沉淀下来，能持续推动企业发展的中坚力量。因此，成长型企业的人才培养模式，必须以业务目标的实现为基础，并将学习转化为推动业务和组织进一步发展的动力。

很多企业和团队多年来在接受了各种各样的培训后，普遍反馈一个共性的问题：一学都会，一用就废。

为什么会这样？

这与团队的成长过程阶段有关。

一般而言，任何组织或团队的成长过程可以分为四个阶段。每个阶段要解决的问题及实现的方式各有不同。如图6-1所示。

意识启蒙
- 目的：实现人的自我感悟或觉醒（认知更新）
- 实现方式：培训、辅导、学习、讲道理、经历冲突或重大变故

观念落地
- 目的：将想法部分变现（认知具象化）
- 实现方式：学以致用，将新观念与现实结合，做出部分调整与改变

构建系统
- 目的：实现认知和做法的系统化（形成结构化体系）
- 实现方式：整体（或系统）规划，分步实施，逐步细化和深化

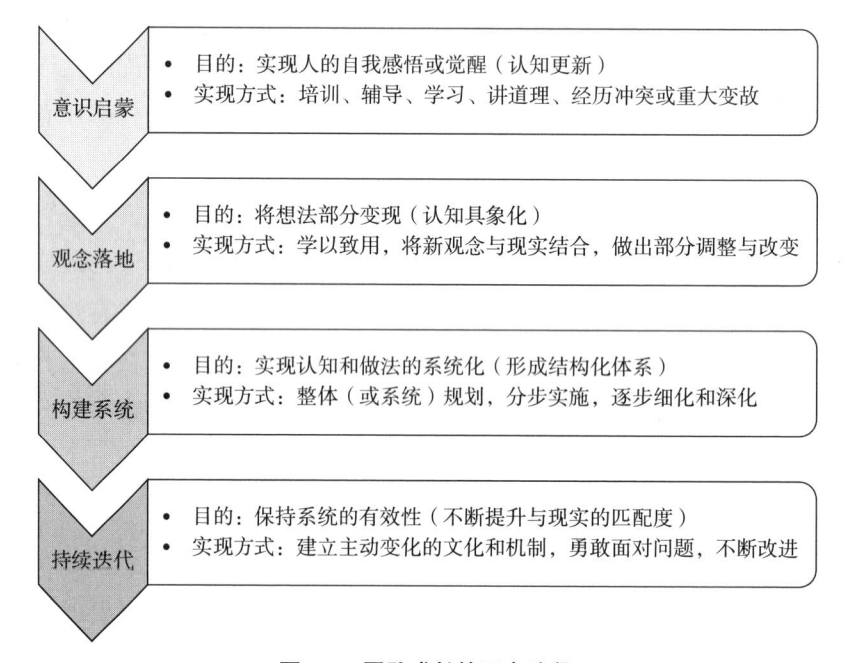

持续迭代
- 目的：保持系统的有效性（不断提升与现实的匹配度）
- 实现方式：建立主动变化的文化和机制，勇敢面对问题，不断改进

图6-1　团队成长的四个阶段

第一个阶段是意识启蒙，即团队的认知发生改变和更新。只不过，这只是人或组织发生整体改变的基础和起点。这就是为什么很多人对于各种培训感到失望又不得不参加，有时甚至又爱又恨的原因。

很多人其实对培训存在误解与偏见，甚至还有狭隘的短视，并抱有不切实际的预期和幻想。认为只要讲过了、知道了，人们就会付诸行动，甚至就知晓如何开展工作并取得超越预期的结果。

所以，我们经常会从一些管理者那里听到类似的说法：

> 这个问题我早就说过啦！
> 我（们）已经跟你/团队讲过多少回了！
> 为什么就是做不到呢？！
> ……

对此，他们常常很苦恼。

事实上，实现人的认知改变或觉醒的方式与途径有很多种，诸如培训、接受指导、学习、经历冲突或是重大变故等，培训不过是其中的一种选择或方式罢了。而且，关于培训要想真正帮助到个人实现觉醒，还需要具备一些条件，如当事人意识到并下定决心，才能保证人的认知得以发生有效改变。

而且，光培训学习往往是不足够的，知道并不代表能做到。这也是为什么很多人对于培训会有"偏见"的原因：听听激动，听后没用。只有将学习与日常工作结合起来，才更有可能产生结果上的变化。

团队成长的第二个阶段就是观念落地。人们通过将新观念与现实结合，以实际行动使自身认知中的一部分与现实世界进行结合。这是一个将认知和理念尝试着具象化的过程，即实现所谓的学以致用。

事实上，只有这个通过行动对认知进行检验的过程，才真正有可能带来现实世界的改变。否则，更多的可能只是停留于思想的"转变"，而无法带来现实的变化。加之成长型企业的人员和业务特点，这一现象会显得更为突出和明显。这就有点像"学霸"与"学渣"的学习逻辑，前者由于已经掌握了相关的规律并形成了适合自己的完整"套路"，因此具有很强的自我调整和适应能力，往往一点即透，甚至可以做到自学成才。后者则因为不得要领，往往需要通过一定的助力，才能实现融会贯通和举一反三的自主能力。

因此，培训或讲课只是起点或切入口，引导团队运用所学，并帮助其将认知转化为行动才是关键。通常，只要团队拥有了落地应用的习惯，基本上都可以带来不同程度的改变与进步。

团队与组织成长的第三阶段是构建系统，即不满足于局部或点状的改善与改变，而是在系统层面谋求更大的整体突破。这也是企业系统运营管理升级的核心主线，即通过系统思考从顶层完成对组织和团队成长的整体（或系统）规划，然后有序地分步实施，逐步细化和深化，实现团队认知和做法的结构化与体系化，并最终使之成为一个相对完整的整体。此时，系统运营的整体威力才真正开始显现。

最后一个阶段，则是系统的持续迭代与升级。这是保持系统有效性的需要，即不断提升现有体系与现实的匹配度和有效性。这往往需要组织建立起主动变化的文化和机制，以保证团队成员能勇敢面对问题，并不断改进。

总之，对于成长型企业而言，只有建立起关注结果产出的培训与培养体系，才能真正提升员工解决实际问题的技能和能力。也只有围绕业务问题解决所开展的团队相关学习与训练，才是企业真正需要和应该大力倡导的。

6.2 企业人才梯队建设的成功关键

一般说来，组织的规模越庞大，对人力的需求就相对越高。同样，当企业处于不同发展阶段时，对人员尤其是关键岗位人员的要求会随之发生变化。

合适的人是保证组织有效运转的重要基础与关键。

为了实现组织的壮大与可持续发展，企业必须未雨绸缪，提前和有意识地开展人才梯队建设，以保证企业在不同的发展阶段，拥有足量和合格的人才供给，为实践企业的愿景和战略目标提供坚实的人才保障。

所谓人才梯队建设是企业在经营过程中，通过系统化、结构化的方法，培养和储备不同层级的人才而采取的一项人才战略举措。其核心目标是要在企业内部建立起一套关于人才标准、识别与选拔、培养与任用，以及有效激励的动态、例行化运作机制，以确保企业内部始终有一支能够满足当前及未来业务发展所需的人才队伍。即便面临人员变动、战略调整等变化，也能因有足够的人才储备而迅速加以补充和接替，避免因出现人才断层而影响企业的发展。

基于企业可持续发展的需要，企业人才梯队建设通常包括：关键岗位、管理岗位以及后备潜力人才梯队的建设。

当然，企业的人力发展规划与人才梯队建设，不仅是企业组织功能保障的需要，也是面向员工的成长与发展计划。因此，企业的人才梯队建设应该是使企业、员工达成长期利益，实现共同发展的计划和过程。

为了实现人才无断层、人员顺利交接及形成对人才的吸引力，作为处于特定发展阶段的成长型企业，其人才梯队建设要抓住三个关键要点。

6.2.1 发挥能人优势

由于所处的特殊阶段，成长型企业在发展的过程中面临更多的不确定性，经营上的不稳定导致岗位对于人员的要求通常是动态变化的。所以，企业中能真正胜任岗位要求的人员比例通常并不高。同样，也只有少数企业的人力资源配置，能够真正满足自身的发展所需。

在相当多的成长型企业中，存在着一种非常典型的用人情形：少数"能人"

工作负荷很重，而另一部分人则过于轻松。而且，这些"能人"通常还都是管理层。当管理者忙于具体业务不能自拔时，因管理角色的缺失与错位所带来的最直接后果就是团队的成长整体放缓，甚至出现大面积的人员流失。长此以往，企业就会出现"无人可用"的尴尬情形，导致长期停留于对"能人"的过度依赖，从而难以实现大的经营突破。

企业只有摆脱过度的"能人"依赖，让更多的人参与到推动企业发展的进程中来，并促进他们发挥出更大的价值，组织能力才能真正发展起来，进而形成所谓的"人能"效应。因此，推动企业的"人能"利用，成为成长型企业突破人力资源现状最重要的不二选择。其中，推动企业各层级人员尤其是管理人员实现角色回归，是实现"人能"的重要起点和基础。

事实上，所谓能力其实是在解决实际问题的过程中成长和发展出来的。"屁股决定脑袋"实际上可以用来指导企业的人岗匹配工作，即只有将人员安排在相关岗位上，实际从事相关工作并承担相应的责任，人员的能力与素养是否匹配才能真正看出来。也就是说，一个人行不行是用出来的，不是简单评价出来的。一旦发现不行或不能完全匹配，就需要采取调整措施与替代办法。

永远在现状上提高，不断追求更大、更高的目标，并把现有资源的利用率发挥到极致，这也是解决成长型企业人才问题的基本策略和方法。

解决成长型企业的人力问题，需要企业充分利用现有的人力资源特点，通过将合适的人员匹配到合适的岗位上去，以实现企业人力资源价值的整体提升。实现这一目标的核心思路与做法是，通过对企业核心业务流程蓝图的梳理，确定企业的关键岗位并明确其核心价值。再通过人才盘点发现企业重点人员的核心能力，推动其与关键岗位核心价值需求的匹配，从而实现企业现有"能人"价值的最大化利用。

一般说来，"能人"价值的最大化应该集中体现在三个方面。

一是推动企业流程与标准的建设，使经验、能力等沉淀为团队可复制的标准，并在尽可能大的范围内进行复制、推广和应用，以减少团队的摸索成本。

二是培养团队，即将优秀的做事方式、成功经验、心得方法等，传递给更多的团队成员，并与之共享必要的知识与信息，营造良好的工作环境与氛围，使团队有能力承担起更多、更大的责任。

三是在最关键的业务环节和部分，充分利用"能人"的优势，发挥其核心能力和价值，而减少其在基础环节和过程中的非必要投入，从而充分提高其时间价值，同时给团队其他成员更多的成长机会和空间。

总之，在资源不足的现状下，不拘一格用人才，发挥"能人"的优势与特点，实现真正意义上的人尽其用，才是快速提升企业组织能力的关键。

6.2.2 促进关键岗位胜任

在大变局时代，企业面临着前所未有的经营风险与挑战。这就对组织提出了新的适应能力要求，即企业需要对内外部的变化保持足够的敏感，并及时加以识别和有效应对。

实际上，组织的适应能力是企业通过快速获取、整理和应用相关知识与信息来改变自身，以使其与环境保持一致的自我调整与改变能力。它是组织与团队整体进化的过程和结果，也是企业适应能力的体现。

组织整体的学习能力提升，可以从个人和团队两个层面加以理解。其中，团队认知的改变是组织适应能力提升的重要起点。

从个人层面，组织的学习能力体现为员工个人进行学习并对知识加以转化，以培养和提升个人的工作能力，使自身具有为组织创造新的知识和价值的能力。事实上，个体学习是组织学习的基础，也是实现团队整体进化的重要前提。企业可通过设立学习经费、举办内部培训、提供舞台和机会、组织交流活动、教育和激励等多种方式，支持和促进员工的个体成长。

从团队层面，组织的学习能力提升则体现为企业通过团队建设、组织文化活动、知识管理、鼓励协作与创新、搭建分享平台等形式和方式，促进团队实现共同学习和集体合作，以使团队成员将个人学习所获得的知识、技能等进行分享、交流和整合，从而形成新的知识和经验。

组织的快速反应能力则主要体现在资源的整合与组织结构的有效调整上。

具体是指：面对内外部的变化，企业如何获取、协调和利用资源来适应变化，以满足市场需求和面对竞争压力。如：将对目标有渴望、信念坚定的人，用在关键岗位上；针对瓶颈环节制定倾斜政策，使其他环节向其靠拢或迁就，甚至不惜一切代价，协调资源解决相关问题。

此外，企业的适应变化还体现在内部的组织调整上，通过调整和改变组织结构，保证核心业务发展所需要的组织功能更为完整。在此基础上，通过匹配流程与标准升级、完善相关的配套机制等，加速组织的整体反应速度，从而使企业保持快速适应市场环境变化的反应能力。

总之，在面对剧烈的环境变化时，企业需要有意识地营造拥抱变化的文化氛围，不断提升团队整体的学习能力和快速反应能力，以促进和保持团队的持续进化，并为组织带来持续的创新和成长活力。

6.2.3 系统开展人力发展规划

充足的人才供给是企业取得长足发展的重要基础。

在一定的资源条件下，企业拥有的人才数量和质量从某种程度上决定了企业的竞争力和赢得市场竞争的概率。只有重视人才潜力的发掘，并从组织层面进行系统推动，才能实现企业人力资源潜力与潜能的真正释放和深度利用。

在经济高速发展的上行期，很多企业的增长主要依靠生产要素的投入来驱动。企业更注重人力资源的"量"，更为关注人力相关的体力、知识、经验和技能。当市场出现转型，中国经济进入新常态后，同质化竞争明显，企业只有依靠创新才能更好地驱动和实现自身的增长。这就对企业的人力资源工作提出了新的要求：一方面要针对现有的人力资源展开挖潜，实现人尽其才；另一方面要对高潜人才加以有效的识别和吸引并为我所用，以助力企业的转型与升级。

围绕企业现有人力资源的挖潜，首先要完成对人员潜力的有效识别。通过人才盘点，将现有人员的数量、结构及特点等现状与企业的发展需要进行对照，从而发现人才缺口，并转化为企业接下来人力资源潜力挖掘的机会。

何为人才潜力？

狭义上的潜力是指人的基本潜能，通常包括六项外显的基本能力：语言能力、数字能力、逻辑能力、机械推理、空间关系、知觉速度。

广义上的潜力，则不仅包括显性能力，还包括潜藏于外显能力之下的底层假设。由于难以直接测量和衡量，因此也被称为隐性能力，主要包括基础工作能力、个性和动机。其中，个性解决"合不合适"的问题，而动机则解决"愿不愿意"的问题，基础工作能力解决"能不能够"的问题。其中，已经具备的知识、经验和技能不属于潜力的范畴。

所以，所谓人才潜力实际上更多的是指存在于员工个体身上，而未能与工作、组织及团队有效结合的部分。具体包括：可开发和发展的能力提升空间；需要不断强化的正向动机，或强烈而未能有效利用的动机力量；压抑或未能充分展现的个性特点，以及个性特点与工作特点的可结合和运用的空间。

其中，对于员工工作动机的识别是人才潜力挖掘的关键。一般说来，拥有强烈成长和成就动机的员工，往往是具有更大发展潜力的优秀人选。

那么，到底什么样的人才算是高潜人才？

事实上，高潜人才是拥有一些共性特质的。主要包括：拥有强烈的成长心态，对新鲜事物和问题保持着发自内心的好奇与热情；拥有良好的信息储备，或知晓信息收集的渠道，并有很强的学习和总结能力，能够有效地反思与调整自我；行动力强，愿意不断尝试并探索新的可能。当然，他们在过往的经历中，往往多次做出过优异的成绩且为人踏实可靠。

成长型企业如何有效开展人力经营，以实现其组织竞争力的提升？

答案只有一条：全面和系统地开展企业的人力发展规划。

具体体现在：定期和不定期的人才盘点行动，构建企业的人才库，并通过标准库、工具库、数据库等手段，来系统管理企业的人力资源。

基于企业的业务发展需要，结合企业的人力资源特点，不断优化企业的组织架构设计，对所有人员进行系统安排与大胆任用。在此过程中，不断优化企业的人才发展规划，设计人才发展通道，建立和完善企业的人才标准（即胜任力模型和任职资格体系），并推动企业人力资源规划与运营管控体系的紧密结合，从而实现人、岗、事的有效匹配，并最终确保企业的发展有足量的人才供给保障，员工的积极性和创造得到极大的提升。

总之，企业的发展本质上是对人才的经营。人才战略应该成为企业各层级管理者最重要的共识。这是企业快速和可持续发展的必由之路。

6.3　打造稳定可靠的企业人才供应链

企业人才梯队建设的目标是确保企业在不同发展阶段拥有足够的人才支持，以实现企业的长期战略目标。为此，企业需要构建一个系统化、流程化的人才获取、培养、配置、优化和保留的完整过程。这就是人才供应链。

人才供应链的核心理念是将人才视为企业运营的关键资源，通过科学预测、精准规划、高效供给以及动态调整，以组建起持续的、有胜任力的团队，确保企业在不同发展阶段能够及时、足量获得所需的各种类型和层次的人才。

企业的人才供应链管理，是对企业整体人才状况的综合考量，相关的解决方案是系统思考的结果。

6.3.1　确立企业的人力发展规划

所谓人力发展规划，又称人力资源规划或人才发展规划，指企业根据自身的战略目标和发展愿景，结合内外部环境的变化，系统地分析、预测和规划组织在未来一段时间内的人力资源需求，并制定相应的人力资源供给、培养与任用、留存与发展等系列管理措施的过程。

企业人力发展规划的核心目的，是要确保组织在适当的时间、地点和岗位上，拥有具备合适技能和素质的员工，实现事（岗位）得其人、人尽其才，即以适时、适量及适质的方式，使组织获得所需的各类人力资源供给与匹配。

因此，优秀的企业人力发展规划一定是前瞻性的。不仅有对现实需求的即时满足，更有对企业未来人力需求的提前思考。相应的人力资源工作绝不是应付或应对式的被动满足，而是主动出击，并确保企业的人力供给是充分、够用和合适的，以保障组织的战略实施，促进组织目标的达成和可持续发展。

基于企业的战略目标，人力发展规划需要思考以下核心问题：

企业的战略对于人力资源工作的挑战是什么？
企业人力发展规划的基本策略有哪些，实现的基本步骤如何？
围绕战略实现，需要什么人才、数量，时间节点如何？
要顺利实现公司目标，关键人才需要适应哪些新的要求？
现任的中高层管理者、技术专家及其他核心人员胜任吗？
关键岗位有没有充足的后备人才，在哪里？
如何打造企业稳定、持续的人才供应体系？
如何有效识别高潜力人才、留存人才？
如何让人才在组织内充分流动，并激活整个组织？

结合企业的业务发展需要，人力资源规划的主要内容包括如下方面。

人力资源现状还原与分析：对企业的人力资源状况进行全面盘点，统计人力资源相关数据，包括人员数量、结构、能力水平、绩效表现、士气及稳定性等，以还原企业当前的人力资源现状，分析相关特点与趋势。

人力资源需求预测：基于企业的战略目标及业务发展趋势，预测未来各阶段、各部门所需的人力资源数量、类型，明确所需的技能和素质要求，并形成人力资源需求规划（宏观、整体的）与关键岗位需求计划（明确、具体的）。

供给预测：评估现有人力资源的能力提升潜力与空间、可能的内部调动及人员流动情况，结合外部人才供应状况，预测和评估企业未来一段时间周期内可能的人力资源供给情况，重点形成关键岗位的人才供给预测与计划。

差距分析：对比人力资源的需求预测与供给预测结果，找出两者之间的差距，明确人力资源短缺或过剩的具体领域及其原因，形成对于企业人力资源整体供需状态的结论。

制定策略与行动计划：针对发现的人力资源供需差距及问题，制定相应的人才吸引、留存、开发和配置策略，以及具体的招聘、培训、选拔、任用、晋升、解聘等具体的行动计划。

执行与监控：实施人力发展规划及所明确的策略与行动计划，定期对实施效果进行评估与反馈，根据实际情况调整优化规划方案，确保人力资源管理工作与企业战略、业务发展需求的动态匹配。

制度与机制配套：建立、健全与企业人力发展规划相匹配的人力资源管理制度体系，包括薪酬福利、绩效考核、职业发展通道、任用与培养、企业文化建设等，并形成保障其高效运行的相关机制。

通过科学、合理的人力发展规划，企业能够更好地整合与优化内外部的人力资源，充分开发、利用人力资源的潜力并发挥出企业的人才优势，从而不断提升企业的组织能力，驱动自身的可持续发展。

6.3.2　明确人才评价与验收标准

衡量和评价个人是否具备满足组织及岗位需要的各种素质、能力和潜力，需要形成一系列的准则和条件，即人才评价标准。它是企业高效、客观地识别人才的重要依据，也是企业开展人力资源管理工作的重要基础。

那么，到底什么样的人员才是企业所需要的呢？

从人才的定义说起

狭义上，人才是指具有某些特殊才能、专业技能或知识，能够在特定领域中发挥关键作用的个体。在商业实践中，人才通常被视为企业的核心竞争要素之一，是推动企业创新发展、提高市场竞争力的关键资源。

基于企业经营与发展的需要，人才首先应能为企业提供价值，满足企业在特定阶段的特定需要。其次，人才还要能给组织和团队带来正面、积极的影响。要么能为企业和团队提供阶段性价值，要么能为组织的长期价值助力。

所以，所谓人才其实是能解决问题的人。解决岗位问题的，是岗位标兵；解决团队问题的，是优秀的管理者；解决部门问题的，是部门骨干；能解决公司级问题的，则是公司的核心人才。

实际上，企业关于人才的定义，应从两个维度综合进行。

一是与组织的适配性。

一般说来，员工要想在一家企业实现长期发展，往往需要与企业的长期目标结合，并与企业内在的核心要求匹配。这些要求通常包括品行、态度、价值观、个性特质等。而且，个人要想更好地开展工作，还需要与团队保持文化层面的融入。简单地讲，就是个人要对团队的目标保持兴趣并愿意为之付诸努力，且能在做事方式、行为习惯上与团队其他成员保持适配。

很多在业务方面表现突出，但却无法在职场获得大的发展的员工，就是因为没能认知到自己在这方面的问题。即，无法有效实现与组织和团队的融入。这也是很多"空降兵"无法在新的组织中生存下来的关键原因。

所以，从这个角度看，个人能否成为人才与所处的环境密切相关。

二是与岗位的匹配度。

事实上，在企业的不同发展阶段，岗位本身的工作内容和特点是有差异甚或是动态变化的。因此，为了更好地满足相关岗位要求，同时减少不必要的教育和培养成本，相关人员的特质、能力及潜力等，最好能与之保持匹配。

与岗位本身相关的外在浅层要求，通常包括年龄、教育背景、从业年限、经验等门槛条件，主要解决"能"与"不能"或"会"与"不会"的问题；与绩效表现相关的内在、深层次要求则包括个人特质与素养、与创造高绩效相关的关键经历、专业与领导能力、发展潜力等，即满足岗位要求的深层次原因。主要解决"优秀"与"一般"的问题。

以上关于人才的综合性要求，共同构成了企业对于岗位人员的评价标准和核心要求，形成了明确的人才选拔、培养和发展依据。

识别关键岗位，明确人才梯队

从投资回报的角度看，只有符合企业目标需要的人才投入，才是必要的。

鉴于资源的有限性，从经济和务实的角度出发，企业的人才梯队建设不应是面面俱到全面铺开的，而应是基于业务发展和战略目标实现的需要，从提升企业组织能力的角度，围绕核心、关键岗位的人岗匹配进行聚焦和重点突破。

所谓关键岗位，是指在公司生产经营、管理、产品技术等方面，对企业生存发展有着重要作用，与公司战略目标的实现密切配合的重要岗位。

关键岗位的确认通常需要从对业务目标实现的影响程度、内外部稀缺性（相对于需要而言短缺或满足的程度）、招募/培养的难度等方面进行评估。

确定关键岗位的简易操作办法如下：

梳理企业的核心业务流程蓝图，还原企业核心价值实现的完整过程；

将与核心业务价值实现相关的岗位进行罗列，并根据业务发展的需要及战略需要，标注岗位人员需求与实际供给的数量，记录差异；

从对业务目标实现的影响程度、内外部稀缺性、招募/培养的难度三个方面出发设定评价的指标（一般3~5个即可）；

根据重要度给各个岗位相关指标打分（分值0~10分权重）；

根据维度打分及相应的权重，计算岗位重要度得分并进行排序；

前20%~30%的岗位即即可视为关键岗位。

如表6-1所示。

表6-1　　　　　　　　　　关键岗位评价工具

序号	岗位名称	业务影响 打分	业务影响 权重	稀缺性 打分	稀缺性 权重	培养/招募难度 打分	培养/招募难度 权重	得分	排序	备注
1	销售员	7	40%	7	30%	8	30%	7.3	3	一线业务人员
2	区域经理	8	30%	8	40%	9	30%	8.3	2	区域负责人
3	技术支持	8	30%	7	30%	7	40%	7.3	4	主要开展技术支持
4	销售管理/助理	4	10%	4	40%	3	50%	3.5	9	负责数据统计、日常事务管理、订单处理与对接
5	销售总监	9	20%	8	50%	9	30%	8.5	1	全面负责合同业务推进与管理
6	商务	6	20%	6	40%	7	40%	6.4	7	负责客户来访接待、招投标、合同管理
7	商务经理	5	30%	7	30%	8	406	6.8	6	负责商务相关事务的组织、协调与统筹
8	市场人员	6	0%	6	50%	8	50%	7	5	主要负责品牌对外宣传与市场推广
9	文案/品宣	5	20%	4	60%	7	20%	4.8	8	主要负责品牌宣传与市场推广过程相关的文案、设计工作

关键岗位评价工具——营销序列（示例）

在企业、业务发展的不同阶段，由于人员构成的不同及评价者关注点的差异，各因素影响的权重会有所不同。同时，为了更有效地展开相关评估，在人才盘点时最好根据业务序列集中开展（具有一定的可比性）。

评价者可以在评价时根据相近岗位的对比、现有人员的对号入座等经验与感觉，对打分的合理性进行快速调整与确认。

当然，岗位的重要性是相对的，且受时效性影响，即在特定的时间段内，岗位对于组织的价值影响是有差异和会发生变化的。因此，人才盘点所使用的影响因素及权重，只要能相对合理地对岗位在特定阶段的重要性差异进行区分即可，而无需追求精确或是完美。

基于企业的可持续发展，企业需要构建人才梯队建设的完整体系，包括人才梯队的层次、储备对象和人才资源库整体的"容量"控制，即对人才梯队的结构、质量与数量，进行整体布局。

其中，企业的人才梯队层次和储备对象通常包括以下方面。

①关键岗位的人才梯队建设。

所谓关键岗位的人才梯队建设，主要是指为特定的重要岗位甄选、储备候选人员，并对候选人进行培养、选拔、任用等系列工作，以使相关岗位对于人员的需求能得到有效满足。如核心技术骨干、营销经理、多能工等。

关键岗位的确定、人才梯队的后备资源量，还可以结合企业的职级序列、现有的人力资源现状、后续发展规划等进行综合考虑。在典型的业务类型企业中，与核心业务流程紧密相关的岗位，往往需要作为人才梯队建设的重点。比如，在项目工程类型的企业中，项目经理通常是事关企业经营成效的核心岗位。很多企业经常会遇到类似的情形：项目在签约时预算明明是赚钱的，可等到项目实施完毕后再一算账，却发现整个项目竟然是赔钱的！

为什么会出现这样的"怪事"？其中很重要的一个原因就在于项目的过程管控不力，造成了很多不必要的交付成本。这部分责任和工作内容通常应该由项目经理负责。因此，项目经理的储备与培养就应成为企业人才工作的重点。

当然，对于关键业务岗位人才梯队的建设和储备，除了能解部分"燃眉之急"外，对于提升整个企业的业务竞争力也具有重要的促进作用。同时，也可以为企业的进一步发展壮大打下坚实的基础。

②管理层的继任计划。

管理岗位由于其承担着组织角色，是企业组织能力发挥作用的关键和枢纽。

因此，各层级管理人才的梯队建设问题需要重点加以说明。

相较于单一的职能或专业岗位而言，管理岗位的价值定义往往更为综合。因其对于企业战略意图的落地起着举足轻重的作用，因此对于人员任职资格和胜任力要求通常更高，培养的周期也相对更长。

很多企业在做岗位价值定义时仍习惯于以专业为中心，将一些专业岗位的薪资待遇水平定得更高，而对管理职位则重视不够。这种认知上的偏见往往使很多人不愿意承担管理角色，因为事多责任大，做不好还容易挨批评。然而，越是缺少有效的管理，组织的绩效表现越是不佳。如此恶性循环，使得组织进一步强化了已有的价值错觉和对少数人的依赖。

事实上，管理者承担着对应组织单元的完整责任，是提升组织绩效的关键要素。运用得当，则可发挥出其应有的组织价值，从而极大促进和放大整个团队的绩效表现。否则，就会造成有名无实的组织"空转"。

随着企业业务的不断发展，组织规模通常有持续扩大的倾向和趋势。这就构成了对优秀管理者的"刚性"需求，即企业越是向规模化、规范化阶段发展，管理者的价值就越是不可或缺。

而且，由于岗位的复杂性，对人员的综合要求也更高，所以选拔和培养的周期会相对更长。在这些要素的综合作用下，更加凸显了管理层人才梯队建设的重要性。因此，各层级管理者应引起重视，早加修炼。

③后备人才的储备计划

后备人才储备计划的对象主要针对符合企业人才选拔基本标准，但还没有进入继任计划的人员。经过人才盘点发现其潜力大，可作为企业中长期发展所需的人力资源储备。有的企业会将其统一归入管培生的序列，加以集中和长期培养。包括：管理岗位的人才，专业性强或技术性复杂的非管理职岗位人才，如市场营销人才、专业技术人才、质量管理人才等。

关于储备人才梯队规模的一般经验值为1∶3，即一个岗位的储备或继任人选有三个左右的候选人。具体的比例可能需要根据企业所处行业、发展阶段、资源及岗位现状等影响因素的差异而有所不同，不应该是固定或强制性的。

基于岗位胜任，形成人才标准

本质上，企业人才梯队建设的核心目标是为了实现更高的组织绩效。这一目标实现的重要前提是岗位人员能够在岗位上发挥应有的作用，并有效达成岗位职责要求的目标，即实现岗位胜任。

那么，到底什么样的人员能够或更有可能带来高绩效呢？

实际上，对于同一岗位的不同员工，往往会存在"天然的"绩效表现差异，即存在岗位绩效表现优异者与不足者的区别。如图 6-2 所示。

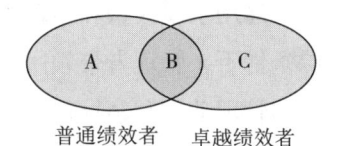

图 6-2　岗位人员的特质集合

用 A 和 C 分别代表普通绩效者与卓越绩效者的个人特质，二者的交集 B 代表他们共同的特质。如将 A 与 C 进行对比，就会发现二者之间存在一系列的差异，包括外显的知识、经验、技能和做事方式，以及不易识别和衡量的深层次动机、自我概念、个性、态度和价值观等。其中，存在一些能将高绩效者与普通绩效者区分开来的关键性差异。如图 6-3 所示。

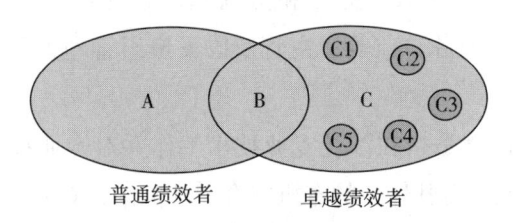

图 6-3　岗位胜任力

C1~C5 代表高绩效人员独有的个人特质，即岗位胜任力。体现为一系列素质与能力的组合，共同构成岗位的胜任力模型，又称能力素质模型或胜任特征模型。优秀的素质和能力使员工能够在组织绩效实现的过程中承担起关键工作，并取得相应的个人和组织绩效。

通过对岗位高绩效人员（人才）关键特质信息的提炼，即可找到促进岗位人员绩效提升的空间。如能完成对绩效表现优秀人员成功特质的"高度还原"与"复刻"，并使之成为相关岗位人员的要求和标准，则可从某种程度上实现人才的批量和有效复制。这就是企业人才梯队建设的重要依据和基本假设。

基于岗位胜任的人才标准是企业人力发展规划的重要基础，可以为工作分析、人员招聘与选拔、培训与开发、任用与发展、绩效管理、薪酬规划等工作的开展提供有效指导，其核心逻辑是将岗位优秀绩效人员的共性能力、潜在特质行为化并进行分级区分，以作为衡量人员岗位胜任水平差异的标准，从而体现组织战略对员工行为的有效指引和聚焦，明确组织对于员工的期望与期待。

从组织发展的角度，根据评价对象和岗位性质的不同，胜任力模型可分为三个大的类别：领导力素质模型、通用素质模型和专业序列素质模型。其中，领导力素质模型是指在给定的资源条件下，管理者带领团队取得高绩效所表现出来的一系列行为特征，聚焦管理者的管理动作和领导行为。实际操作过程中，需要根据企业的管理层级差异构建不同的领导力素质模型。这样既能关注同一层级管理者在领导力方面的共性要求，也能够体现不同管理层级的领导力差异、层级递进和延续性。

基于角色定位和关键工作任务要求的差异，一般可分为基层、中层和高层三个不同的层级。尽管不同企业对于层级的范围定义不同，但层级的角色定位和关键工作任务基本一致。通常，我们将参与企业经营决策的人员视为高层；将负责执行高层决策，监督和协调基层管理者的人员看作中层，包括部门负责人、经理、业务总监等；主管及以下班组管理人员，则统称为基层管理者。

专业序列素质模型是指在涉及专业技术工作并对专业技术业务成果负责的岗位上，创造高绩效所需胜任力的有机组合。关注个人在专业工作中表现出来的高绩效行为特征，而不是某种专业知识或专业技能。例如，产品设计、市场、销售、运营、人力资源、财务、技术服务等岗位。有些科技属性的企业可能还会将技术体系单独列出，并专门设立素质模型。

由于资源的限制，基于可行性考量，实际操作过程中通常不会针对每个专业岗位都单独构建胜任力模型。简便起见，可采取变通的方式，将工作职责相近、专业资质要求相同或相似的岗位组合为一个序列，并据此构建素质模型。

考虑到这些岗位胜任力要素的共性特点和个性化差异，一般采用"N+X"的模式，即共性胜任力（N）+差异化胜任力（X）。这样既可满足基于企业战略、文化价值观及岗位的共性要求，又能体现不同专业序列岗位的差异化要求。

通用素质模型是针对企业上到高管下至基层员工所有层级人员的核心素质要求。这种类型的素质模型通常具有强烈的独特性和排他性，集中体现企业战略、核心文化价值观及经营理念对于员工的核心能力、技能以及行为特征的要求，并最终表现为对企业所有人员的行为指南。

事实上，关于胜任力的研究已经相当成熟，专家们共提炼并形成了 6 大类，20 项通用胜任力要项，涵盖约 760 种行为特征（见表 6-2）。

表 6-2　　　　　　　　　　　　　　胜任力分类

序号	胜任类别	胜任力要项
1	成就与行动类（4 要项）	成就动机、主动性、对品质、次序和精确度的重视、信息收集的意识和能力
2	帮助与服务类（2 要项）	人际理解能力、客户服务导向
3	冲击与影响类（3 要项）	影响力、关系建立能力、组织认知能力
4	管理类（4 要项）	培养他人意识与能力、团队合作精神、团队领导能力，命令/果断性
5	认知类（3 要项）	分析式思考能力、概念式思考能力、技术专长
6	个人效能类（4 要项）	自我控制、自信、灵活性（弹性）、组织承诺

这些胜任力要项能够解释各个领域工作中绝大多数的行为及结果。具体分类如下。

在实际应用中，企业根据战略目标和企业文化构建适合自身的通用素质模型，用于招聘、考核、晋升、培训与发展等多个环节，确保人力资源管理活动与企业整体战略保持一致。从实操的角度，要素总量一般控制在 5~9 个。过多，记不住，不利于传播和复制；过少，则不足以全面展示岗位胜任力要求。

相对完整的胜任力模型构建过程，大致可划分为三个步骤。

首先，对企业的岗位进行职系（职位序列）划分。通过对企业价值链的分析，以工作性质相似为原则，通过将业务类别和职责对比归类，以岗位对于能力素质的要求近似性为标准，将企业的所有职位划分为管理职系、技术职系和职能服务职系。有的企业可能还会根据自身行业及业务的特点，对相关的职系进一步细分，以体现企业对于人才的个性化需求。

职系的划分是公司进行职位管理的基础和重点，也是胜任力模型构建的基础。通过职系分类，可以为员工设立多样性的职业发展通道。同时，通过职位序列的划分，可以明确不同职位的能力与素质差异，实现对员工的区别管理。

其次，在职系划分的基础上，对能力素质要素进行提炼。

一般说来，岗位胜任力要素的提炼通常可从核心能力素质、序列通用能力素质和专业能力素质三个维度进行梳理。

所谓核心能力素质是指基于公司核心价值观、企业文化与战略愿景，要求全体员工都应具备的能力素质。这部分能力通常是基于企业对于行业共性规律、趋势的解读，以及对标杆企业借鉴的结果，往往体现企业对于人才独特能力与素质的个性化要求。

序列通用能力素质是基于岗位序列对能力素质的共性要求。一般通过梳理工作职责、参考胜任力辞典等方式，初步构建能力素质库。在此基础上，通过问卷调查、行为事件访谈以及专家研讨等方式，确定各序列的备选能力素质。最后，通过专家评议或小组讨论等方式，确定各序列的通用能力素质。

专业能力素质是指某个特定角色和岗位工作所需要的特殊能力与素质，通常可通过访谈、岗位说明书职责分析等方式，初步确定各职位的专业能力素质库。然后，通过与专家进行交流与探讨，对职位应具备的专业能力素质项进行筛选、补充和调整，以最终确定序列相应的专业能力素质。

最后一步，就是对岗位能力与素质的要素设定评级，即在对各项能力素质条目进行定义的基础上，描述出其在不同程度和状态下的行为特征，并据此划分出不同的等级。等级描述是对员工的能力素质形成差别化评价的标准。

从便于实际操作的角度，岗位能力素质通常可划分为五个不同的等级（见表6-3）。

表 6-3　　　　　　　　　　　岗位能力素质等级

胜任等级	岗位能力素质说明
等级一 学习级别	属于基本合格的水平，存在一定的对他人的依赖，需通过接受指令的方式开展工作而做出贡献。此等级人员具备较为基本的技能和胜任力，尚处于学习本岗位所需知识和技能的阶段
等级二 应用级别	属于初步独立的状态和阶段，可通过自己的努力独立开展工作而做出贡献。拥有独立达成工作所需的知识和技能
等级三 熟练拓展级别	通过自己的专长而做出贡献。处于独立基础上可部分对外输出的状态和阶段。处于此级别人员，已能熟练掌握有关知识，拥有独立达成工作所需的知识和技能，并能够为他人供给一些或部分专业支持
等级四 指导专家级别	处于这一等级的典型表现是拥有深度与广度相联合的专业知识和技能，并拥有了创新思想和方法，能为他人提供改善绩效的有效指导，并能为他人创造机会
等级五 创新行家级别	通过战略远见而做出贡献。达到了技能的最高境界，已经可以随心所欲地运用已有信息、资源、个人能力开展领先性工作

以上五种基本的等级可做各种转化与延伸，从而形成符合企业特色、职系特

定的岗位胜任力等级标准。篇幅所限，在此不再赘述。

描绘人才画像，明确胜任条件

从系统运营和实际操作的角度，我们通常将胜任力转化为知识、能力和素养三个维度的要求和定义。

胜任力 = 合适的知识结构 + 合适的能力结构 + 合适的素质结构

为此，我们需要通过分析人才的基本信息、个人经历与职业发展规划、工作能力、兴趣爱好、行事风格、个人动机及价值信念等多个方面，综合描绘出一个人的"全貌"。类似于寻人启事中的人物画像，让人能快速对其形成有效识别，最好一看就知道"这就是要找的那个（种）人"。

事实上，人才画像是一组关于岗位人员胜任条件的"清单"。通过把特定岗位上优秀（绩效表现优异）人员的特质和特点进行凝练与概括，并以详细、具体和数据化的方式加以呈现，形成与个人在工作中或某一情境中所表现出的高绩效行为具有明显关联的要素集合。它具有以恰当的方式一贯地使用的特征，即具有一定的表现稳定性。因此，可以有效预测一个人在一般和常见情境下，以及在一个持续的或特定的时期内的行为与思维方式，具有快速、高效识别人才的作用与价值，可以为企业的人员招聘、任用、培养及留存等工作提供依据，使之更具针对性和更为高效。同时，胜任力模型也可以帮助员工了解自己的优势和不足，制定个人发展计划，提升职业能力和实现个人价值。

与岗位人才画像相关的胜任条件，通常可分为三个大的组成部分。

一是显性因素。主要指与具体岗位相关的知识、技能和经验、关键任务及历练、岗位成就、客户反馈等已取得的结果或成果，并将其转化为相应的条件和具体要求。

显性因素通常表明个人做过什么和能做什么，往往是根据成功者（如管理者）的经验或类似经历归纳总结或类推而来。通过回顾个人过往取得的结果和经历，推断和判断是否满足岗位需要。这种经验式的判断和假设，可能会因忽略了个人在过往取得结果过程中的其他因素，而产生错误或误差。比如，历史机遇、平台红利、资源条件等。

二是个人素养与能力，即行为特质，是指个体在不同情境下表现出的相对稳定和持久的行为模式或个性特征，如个人的行事风格、角色扮演、自我认知、专业素养及通用能力等。

这些行为特质可以反映一个人的习惯、偏好、反应方式以及与他人互动的特点，是构成人格的重要组成部分，主要表明个人如何做的行事习惯与做事方式。它是个体在长期教育、培训和社会实践中习得的综合品质和基本能力，个人的行为特质通常是内在潜质的外在表现，它往往能从某种程度上代表后续取得预期结果的可能性，是个人潜力的重要体现形式。

三是深层的特质，它是影响个人业绩表现的深层次原因。主要包括个性、动机、态度与价值观等内在因素，即个人为什么会（要）这么做。

它是人们行为特质背后的潜在信念假设与价值选择基础，也是个人未来潜力的核心来源，往往能很大程度上解释人们为什么会做出过往的选择，为何行动和选择相关做事方式的原因，从而预测员工未来的成长可能性以及后续可能的行为和业绩表现。管理者对于团队成员的把控程度，主要也体现于此。

本质上，胜任力是特定岗位人员所具有的行为特质（个人素养与能力）、内在潜质与岗位要求及组织要求相匹配的程度。因此，高绩效其实是基于组织目标和企业文化环境特点，人（个体）—岗位—组织三者相匹配的结果。

所以，个人的特质和情境适应能力，才是实现高绩效的关键。这也是组织中人员绩效改善与提升的逻辑原点。其中，行为的改变可以促进和加速个人行为特质、内在潜质的转变及形成。从这个意义上讲，在企业人才梯队建设的过程中，对团队行动意愿的选择大于培养。

从实务操作的角度出发，人才画像需要转化为与岗位相关的一系列识人、育人和用人的明确标准，并形成任职资格要求。

常见的通用组成要素包括以下方面。

①显性因素：外在条件与要求。

基本属性：年龄、性别、教育背景、专业资格等。

工作经验：相关行业经验、管理经验、项目经历、成功案例或经历等。

技能要求：专业技能、技术能力、语言能力等硬性技能。

②行为因素：个人素养或能力。

行为要素是个人在过往经历中习得和形成的行为习惯，是代表特定水平输出能力的重要标志。

结合组织目标实现的需要，个人素养可以从做事方式、通用能力和专业素养三个维度加以明确和说明。

做事方式：指个人在完成任务或解决问题时所采用的方法、步骤和策略。它涉及个人或团队的工作习惯、思维方式、时间管理、组织协调、问题解决等多个方面。

不同的工作性质、不同的个人性格和经验，会导致不同的做事方式。良好的做事方式是基于特定的岗位需要对情景或信息的一致性反应能力。它是区分人员工作卓越与一般的关键行为特征。

高潜人才共性的做事方式通常包括：

目标明确：清晰理解自己要达成的目标，以此为导向制定行动方案
制定计划：合理规划时间和资源，设定明确的实施步骤和时间表
行动力强：行动迅速，能够坚决贯彻既定计划，面对困难不轻易放弃
快速迭代：主动、及时获取反馈，并进行快速的自我调整优化
协同合作：有团队精神，懂得发挥优势，协同合作共同完成任务
整合借力：懂得借助资源、工具、方法论及持续学习提升自身能力

通用能力：又称核心能力、可迁移能力或跨领域技能，是指在不同行业、职业或岗位中普遍适用和需要的能力。这些能力不受特定专业背景限制，能够随着个体的职业发展和角色转换而持续发挥重要作用。

通用能力的培养和发展有助于提高个人的综合表现，使其无论在何种环境下都能更好地适应和成长，并取得良好绩效（参见表6-4）。

表 6-4 高潜人才常见的通用能力

能力类别	能力说明
沟通能力	有效表达自己的观点，听取他人意见，并能通过书面或口头方式清晰、准确地传递信息
团队协作能力	与他人共同工作，协调配合，解决冲突，实现团队目标，尊重并利用团队成员的多元性优势
问题解决与决策能力	能通过现象和数据分析，找到问题的关键，提出解决方案，做出明智决定，对结果进行评估并敢于承担责任
创新能力	在解决问题时跳出常规思维，寻求新颖、独特且实用的方法和策略，推动个人和组织的进步
时间管理与组织能力	合理安排和优化工作流程，设置优先级，确保任务按期完成，避免无效的工作和压力
自我管理能力	主动设定目标，合理安排时间和资源，以高效的方式和严谨的态度对待工作任务，具有较强的时间观念和压力应对能力

续表

能力类别	能力说明
学习适应能力	保持开放和积极性,追求持续成长与进步,主动寻求和探索未知,快速适应、有效吸收并灵活应用所学。能迅速抓住事物的本质和核心,通过逻辑推理和批判性思考对信息进行深入理解,并对其进行加工、运用,以解决实际问题促进改变的发生
领导能力	战略思维、组织协调、激励他人、建立愿景、指导方向、授权委派、应对挑战与变革、赢得信任与支持等,即使不是担任正式领导职务,也能够在团队中具有积极的影响力
信息技术应用能力	熟练掌握基础办公软件和相关信息化工具,适应数字化时代的高效工作需求

专业素养：主要指个人在特定行业或职业领域内所具备的专业知识、核心技能和行为规范等综合素质。这些素养使个体能有效地执行其工作职责，并符合该行业或领域的标准和期望。见表6-5。

表6-5　　　　　　　　　　　企业人才素质类型

素养类型	素养说明
专业知识	深入理解和掌握所在领域的基础理论、技术原理、规范要求以及最新的专业发展动态,并保持知识更新。
核心能力	能快速发现和掌握达成专业目标的核心关键要素,并能够运用专业知识解决实际问题,满足岗位职责所要求的各项任务需要。
持续学习与进化能力	积极主动地跟踪行业发展趋势,不断提升自身专业水平,保持对新知识、新技术的敏锐度和接纳性并更新自己。
创新思维与实践能力	在专业实践中敢于探索和尝试,善于发现问题并提出独到的解决方案,推动专业领域的发展和进步。

专业素养是个人在其专业领域立足与发展的重要基础，是衡量个体能否胜任工作岗位、取得专业成就，并得到组织和社会认可的关键指标。

③深层特质：底层的信念假设

与岗位胜任条件相关的深层特质，是个人在思考、决策和行动时所依据的基本观念或预设，信念假设通常未经证实或者无法通过直接观察验证，是个人世界观、价值观以及对事物本质、规律或因果关系的基本看法，可以深深地影响人们的思维模式、行为选择和社会互动。

基于人岗匹配的需要，可以通过以下关键问题对个人深层次的信念假设进行有效的确认和评估，以确定是否匹配需要及其重塑可能。

个性特点：个人的性格特点与岗位、组织要求的匹配度如何？

个人的自我价值、团队价值是否符合企业及部门的价值观？

个人如何看待个人与团队、组织及客户间的关系？其基本观念与公司倡导的相关要求或关系定义是否一致，匹配度如何？

个人对于未来的规划与设想与企业的期待是否一致，调整与改变的意愿度如何？比如稳定性、适应性。

个人秉承的价值观是否符合公司的底线要求？

个人对于企业文化、工作价值观的理解和认同程度如何？

当然，随着市场环境和客户需求的变化，企业的人才标准也需要不断演进和细化，尤其要强调与企业的战略目标的紧密结合，以确保人才资源能够有效地支撑组织的战略实施和持续竞争优势。

6.3.3 盘点企业的人力资源现状

何为人才盘点

狭义的人才盘点，是指为了满足组织发展需求，通过对组织人才的数量和质量进行评估，以还原企业的人力资源现状，并发现企业现有人力资源与组织需求之间差距的过程。

广义的人才盘点，不仅包括以上盘点过程，还包括制定和实施计划，以弥补人才需求差距的工作。

一般说来，企业的人才盘点工作通常分两个层级开展：一是企业层级，即从公司的层面确定人才盘点的目标、范围和程序，由各组织单元负责实施；二是组织单元层级，即组织单元对人才盘点结果进行说明，并接受公司层面的校验，以最终确定人才盘点的结果，并作为组织人才盘点结果运用的依据。

实际操作过程中，人才盘点一般先从关键岗位开始，比如管理层、重点业务岗位、核心技术岗位，以及重要职能岗位。按照"岗得其人""人适其岗"的原则，对企业人员与其岗位的匹配程度进行系统梳理和总结，并识别出具有高潜力的关键人才。

大部分成长型企业由于关键岗位所涉及的人员规模通常并不大，加之团队间相互较为熟悉，所以可以简化甚至不用工具，直接由主管领导和职能管理层作为专家进行判断。这种方式虽然看起来有一定的主观性，但却往往是中小企业最快速、高效的人才决策方式。同时，这种做法的好处也非常明显：主管领导将不得不对团队成员进行关注，不断琢磨如何用好人。这也正好是很多成长型企业管理层所缺失和需要强化的。

那么，人才盘点都要"盘"什么？

人才盘点主要从以下三个方面展开，还原企业的人力资源现状。

一是对过往的总结：主要看绩效表现，即对人员过往的工作成果、成就等绩效结果进行梳理和总结。此部分评估通常需要结合客观数据，并给出绩优、绩差和普通的评价。

二是对现在的评价：主要看人岗的匹配，即评价人和岗位的对应关系，包括人与岗位以及岗位与人的双重匹配。前者主要评价人员在其现有岗位上发挥出的作用和价值贡献程度。基于组织和岗位本身两个维度，需要给出胜任、合格与不合格的结论。同时，还要就工作报酬与人的工作动机是否匹配给出结论：值或是不值。岗位与人的匹配则主要形成与岗位是否发挥出了个人优势与特点相关的结论：未能发挥、基本（部分）发挥或是充分发挥。

三是形成对未来的判断：主要看发展潜力，评估个人在可预期或可接受的时间周期内，转变成"理想状态"的可能性。简单地说，就是对个人的可塑性进行人为判断，即个体在面对工作环境、角色变化、技能要求等职业发展挑战时，能否迅速适应、学习新知识、发展新技能、调整行为模式和思维方式，以满足岗位需求或实现职业发展目标。可塑性或曰潜力，通常需要建立在适合组织特点的正确或合适的深层次信念假设基础之上，即面对工作过程中出现的问题，个人的信念假设与组织的价值信念保持高度的一致。

一般说来，共性的个人潜力特质包括：学习能力与适应性（快速学习、开放心态和适应变化），抗压与韧性（积极应对压力，并从失败中学习）、横向与纵向发展能力（跨领域学习和领导力发展），自我驱动与目标导向（强烈的内在动力，积极主动）以及人际关系与团队协作（人际敏感和合作意愿）。

通过对企业现有人力资源的系统梳理，从潜力和绩效两个维度进行综合评价，可以形成企业人才地图排布，基本还原企业的人力资源现状，即为企业人才盘点的初步结果，如图6-4所示。

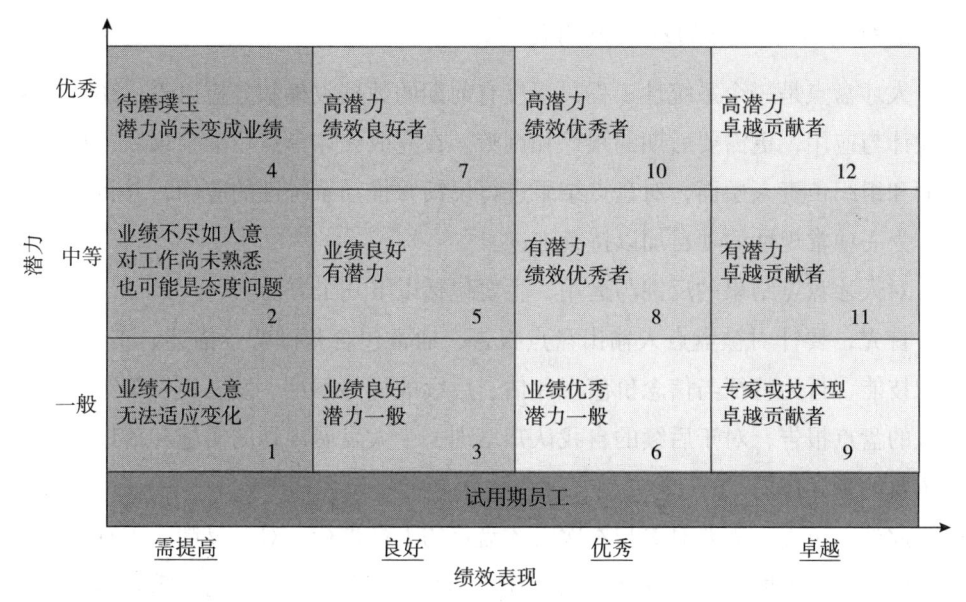

潜力					
优秀	待磨璞玉 潜力尚未变成业绩 4	高潜力 绩效良好者 7	高潜力 绩效优秀者 10	高潜力 卓越贡献者 12	
中等	业绩不尽如人意 对工作尚未熟悉 也可能是态度问题 2	业绩良好 有潜力 5	有潜力 绩效优秀者 8	有潜力 卓越贡献者 11	
一般	业绩不如人意 无法适应变化 1	业绩良好 潜力一般 3	业绩优秀 潜力一般 6	专家或技术型 卓越贡献者 9	
	试用期员工				
	需提高	良好	优秀	卓越	绩效表现

图 6-4 人才地图模型

如何提升人才盘点结果的可信度

人才地图可以清晰地呈现出企业的人才排列位置和人才分布情况：哪些是优秀人才、哪些是高潜力人才、哪些是适岗人才，以及哪些是落后人员。

各组织单元在取得初步的人才盘点结果后，需要通过再次校验对人才盘点结果进行校准。

一是以组织单元为单位的圆桌会议，对评价结果接受来自公司层面的校验。这是人才盘点过程中非常重要的环节，以确保各组织单元具有有效盘点人才的能力并掌握正确的方法。同时，对各单元人才盘点和结果进行确认。

一般这种圆桌会议是讨论式的，参与人员通常包括同级别组织单元负责人、人力资源负责人等。在负责人对所负责单元的业务情况、发展策略、组织结构、人才盘点工作的开展过程及结果（人才地图结果和排序）等进行简要说明后，接受现场人员的提问并就相关问题展开探讨。

二是在完成人才盘点圆桌会议后，所有负责人还需要与总经理召开一对一的盘点会议，并需要人力资源的最高领导，如人力副总裁参加。此次人才盘点会议，负责人还需要制定本单元的人才发展规划，并就关键岗位的后备计划给出建议，总经理需对此给出反馈，人力资源部分则代表公司对此进行跟进和落实。

怎样将人才盘点的结果效用化

人才盘点是一个系统性工程，不仅有前期的数据收集和分析讨论，还有结果的设计与应用，更需要后期的跟踪和调整。在完成人才盘点校准会议后，从公司层面和组织负责人层面，对盘点结果进行反馈并推动系统性的应用，并将人才盘点作为一项常规性的项目加以持续推进。

对人才盘点结果的反馈与运用，主要包括以下几个方面。

首先，要针对被盘点人输出盘点报告，通常包含基础背景描述、工作业绩、知识技能、行为特征与信念价值观评估、后续的优势不足、发展建议等等。针对个人的盘点报告，对于后续的自我认知培训、个人发展规划的实施和落地具有非常重要的指导作用。

此外，负责人需要对参与本次人才盘点的人员进行一对一反馈，了解当事人的发展意愿，听取员工的发展需求，判断其发展方向是否与公司的需要匹配，从而决定是否将其纳入后续储备或重点人才培养的范围。同时，针对个人盘点结果，给予具体的成长和发展建议，并共同讨论下一步的行动计划。

人力资源部门则需要代表公司，针对人才盘点结果开展系统性的运用。

一是根据人员盘点结果，设定企业的人员使用计划。在了解企业内部人才的数量和质量之后，结合目前的岗位空缺和业务发展需要新增、调整的岗位，确认是否有可以胜任的人员。如有，则可以直接任命或者调任。如无或不匹配，而岗位的需求又很紧急，则可以选择外部招聘或临时任用。如果需求不是那么紧急，则可以选择内部培养。对于现有业绩低下且无法胜任其他岗位的员工，则需要进行新岗前培训或进入淘汰机制。

二是通过人员分类构建企业的人才资源池，并据此推动企业的人才培养计划，即将人才划归人才储备库并匹配相应资源，给予各类人才提供相应的指导或培养，以最大程度地发挥出人才的效用。如果是高潜力人才，则需要与其确认个人的发展行动计划，即将个人的发展与公司的发展以相对正式的方式进行结合。只有让人才的成长速度提起来，企业的发展速度才能上得来。

大多数企业发展到一定阶段后，制约其进一步发展的共性问题，通常就是关键人才的储备不足或人才梯队建设滞后，从而导致有机会但抓不住。

所以，通过关键岗位的继任计划、后备人才培养计划、人才激励等工作的开展，激发人才、留住人才，最终形成满足企业战略发展需要的人才供应链，就成为人才盘点后的企业人力发展规划的一项至关重要的动作。

6.3.4 系统布局企业的人才供应链

开展系统的人才吸引

关于人才吸引背后的基本假定：个人对于想要加入或已经加入的组织，其实是有多种需求和期待的。既有表层具象的，也有深层潜藏的；既有精神层面的，还有物质层面的；有近期的，也有远期的。

因此，企业在人才吸引方面可以打开视野，通过系统性的努力，用尽各种办法和方式，以吸引企业发展所需的人才加入和留存下来。

对于众多成长型企业而言，到底什么对人才更有吸引力？是未来！

这种未来不能仅仅关乎企业自身的发展，而且与个人的期待紧密相关，即企业发展好了对于个人是否有足够的好处，并能让人们提前感知和相信。

对于有长期眼光和远大追求的人才而言，企业关于未来的清晰战略规划是一种重要的牵引力，可以使其获得指向前方的力量。这一点对于没有现成或近期"硬核"条件可满足人才期待的成长型企业而言，就显得格外重要和宝贵。

此外，有挑战性的工作任务本身因此也是吸引人才的重要因素。事实上，每个人的潜能都需要通过一定的方式和条件来激发。成长型企业在发展过程中所出现的各种问题，本质上也是人才体现其独特价值的机会。通过为员工提供具有挑战性的工作任务，担任重要工作岗位的职责等，都可以使员工在解决问题的过程中获得能力的系统提升。这样的机会是很多人需要和喜欢的，也可以让个人变得更值钱并更有未来。

因此，成长型企业需要有意识地为员工提供更多的发展机会和成长通道，使员工能感受到自身工作的重要性并从中体会到成就感，从而提高其工作的积极性和创造力。并且，企业需要对此有意识地加以强调和突出，以引导团队把解决问题视作体现自身价值和实现自我增值的重要机会，从而吸引和激发更多员工的工作热情，促使其愿意和更积极地为企业发展贡献力量。

当然，企业文化也应该成为成长型企业吸引和留住人才的重要因素。成长型企业相较于成熟型企业而言，其文化与工作氛围往往相对简单，并且更容易创造出开放阳光、积极协作、创新进取的企业文化。这些文化要素通常能够满足大部分"90后""00后"等职场新生力量对于工作环境的普遍期待，并有助于吸引更多优秀的人才加入到企业的发展进程中来。

全面实施人才储备计划

企业的人才梯队建设，从后备人才的储备开始。

所谓人才储备计划，是指在岗位任职者正常任职的情况下，由企业根据后续发展需要，发现、挑选并培养岗位继任人，建立人才储备库的举措。它是一种旨在确保组织内部关键岗位能够持续有效地由合适人选接替的管理策略。

通过建立人才储备库，企业可以随时掌握员工的成长情况，并对不同层级的员工进行分类管理。通过整体实施人才储备计划，可以使企业不同层级的重要岗位拥有后备人才储备，从而形成人才梯队，提升组织整体的人才厚度，以减少或避免因关键岗位人员变动而造成对企业经营的影响。

一般而来，人才储备的继任人选通常来自两个方面：企业的内部选拔和外部招聘。通过培养和发展后备人才，给予后备人员更多的业务辅导、重点管理沟通和培训机会，使继任候选人得到更大的提升，具备担任更高职位的资质和能力，从而保证企业人才队伍的连续性，满足企业业务持续发展的需求，为企业的可持续发展奠定人力基础。

很多成长型企业在用人过程中会犯一个共同的错误：常常把不胜任的人放到重要的岗位上，并"执着地"培养"错误的人"。

这种错误，通常包括两个方面。

一是选择方式的错误。过去，很多企业在用人的时候主要依靠领导者提拔或点将。这种点状式的人才发现方式，局限性非常明显：由于选择主要靠选人者的经验和感觉，结果往往难以保证，从而导致经常性地"看错"人。很多领导者的"一世英名"因此毁于一旦。而且，在这种选人模式下，团队倾向于"唯命是从"，在日常工作中表现出对于领导者不切实际的趋迎。这对于团队独立性的培养和保持是极为不利的。同样，也会导致团队在领导面前刻意表现，从而让领导者的选择在不经意间失去了客观性和公平性。

二是选择错误。选用意愿度不高的人承担重要岗位的工作。以管理岗位为例，很多人更愿意痴迷于业务本身，更相信自己的专业技能，甚至认为管理工作是一个不得不干的兼职任务。这就导致管理者在其岗位上无法发挥出应有的价值。因此，从助力企业可持续发展的角度，储备人才计划的实施其实是通过集中筛选的方式，把综合素养和意愿度更强烈的人才发掘出来的过程。

面对很多管理者从一线提拔而来，执着于业务和技术本身，而对管理工作、对人却没有概念和感觉的现状，如何破局？

提前适应和提前筛选！

不少企业由于业务发展的紧迫性，通常是"先用后培"。很多关键岗位的人员是在"不合格"、不胜任的状态下，先上岗再在工作过程中学习如何适应岗位要求。这样做的好处是"上手快"，干了再说。在外部竞争激烈、市场不确定性增加的当下，这么做的最大危害是试错成本高，甚至贻误战机。

如能经过有效的训练和筛选让更匹配的人上岗，是否就能提高成功率？

正是基于这样的思考，企业对于后备人才的储备一定要前置。

通过设定内部人才标准，先圈定特定范围内的人员作为储备人才队伍。这方面的重要经验是：一定要尽量放低业绩门槛要求，以尽量扩大培养范围。这对于后期把握人才选拔、任用过程中的选择主动权至关重要，尤其是管理队伍的提前储备更是如此。这种模式下，团队间的长期磨合有助于后备人才团队成员间形成某种默契，并建立起深厚的"革命友谊"。这种特殊的关系，对于彼此后续合作的沟通成本降低大有裨益。很多企业团队协作乏力的背后，就是因为缺少了彼此间的认同，从而导致沟通、协作成本居高不下。

当然，对于已经在岗的管理者或其他的关键岗位人员，则可以提供针对性的实战训练，使其逐步胜任岗位需要或替换更为合适的人选。

持续优化企业的人才培养体系

人才培养工作实际上是一项系统工程，需要企业从战略层面进行规划。结合内部需求与外部环境变化，采取多元化、针对性的措施，长期坚持并不断优化，以确保人才能力得以不断提升和组织竞争力持续增强。

首先，要明确企业的人才培养目标。根据组织的战略发展目标、业务需求及行业发展趋势，确定人才培养的方向和重点。包括提升现有员工的专业技能、领导力、创新思维、协作能力等，或为未来发展储备特定领域的人才。

其次，要制定相对完整的人才培养计划。设计并实施一套涵盖不同层级、岗位和职业发展阶段的培训体系。可以包括新员工入职培训、岗位技能培训、领导力发展项目、专业资格认证培训、跨界学习交流等。同时，应设定明确的学习目标、考核标准和时间表，确保培训活动的有序进行和效果评估。

事实上，人才的成长和能力发展主要是通过岗位实践和锻炼实现的，另一部分则来自于团队的互动和分享，只有少部分是通过培训实现的。这与培训本身的价值及企业培训的形式有很大的关系。一般而言，培训主要解决人的意识启蒙问题，行动与结果的改变往往需要通过业务场景和日常实践实现。

因此，基于业务上要完成的核心工作目标，针对性地提升和发展能力才是更为经济高效的模式。很多企业的培训动作其实是不少的，但共性的问题是缺少将训练与实际工作有机结合的持续性组织努力。针对这一问题，导师制和提供实践锻炼机会通常是不错的选项。

所谓导师，通常是企业内经验丰富、文化过关的老员工。他们不仅可以传授专业知识和技能，还可以帮助培养对象理解组织文化，提升人际沟通和团队协作能力，从而加速其职业成长。需要重点提醒的是，在企业的导师制度中，一定要建立起导师与潜力员工的互评机制，以促进双方的共同成长。否则，很可能会使"导师制"模式流于形式而无法达到预期的效果。

提供实践锻炼机会则是指通过轮岗制度、项目参与、挑战性任务分配等方式，为培养对象提供将理论学习与实践相结合的机会，使其在实际工作中应用所学知识解决复杂问题，并提升综合素质。

此外，在开展人才培养的过程中，还需要对培养的成果进行针对性验收，给予相关人员及时、具体和建设性的反馈，帮助员工了解自身优点与不足，明确改进方向。同时，通过验收过程中发现的问题，对企业现有人才培养的相关标准、流程等进行持续性的优化与升级，从而形成一种正向循环，使得企业的人才培养模式"无限接近"实际需求，确保其与组织及个人发展需求的动态匹配。这才是企业面对不确定性，甚至驾驭不确定性最大的底气和砝码。

当然，组织的外部推动可以从一定程度上推动人才的成长，来自人才内部的成长动能激发同样也必不可少。

通过创建学习型文化，鼓励并支持员工自我学习和终身学习，营造积极向上、开放包容的学习氛围，对于提升团队的学习成长能动性、积极性至关重要。可以通过设立读书会、知识分享会、在线学习平台、创新工作坊等形式，为团队持续成长提供丰富的学习资源和机会，激发员工的学习热情和潜能。同样，为了进一步强化团队持久的成长动力，还可以建立与人才培养相匹配的激励与奖励机制，将成长与个人的职业发展、薪酬福利、荣誉表彰等挂钩，以形成正向激励。例如，设立学习进步奖、优秀导师奖、最佳实践案例奖等，对积极参与学习、贡献知识、创新实践的个人和团队，给予必要的物质和精神奖励。

只有不断审视和及时调整企业的人才培养策略，持续优化企业的人才培养体系，才能使企业的人才培养模式愈发高效并获得丰硕成果，以有效满足企业不断变化的人才需求。

6.3.5 促进关键岗位的人岗匹配

企业人才梯队建设的核心目标，是保证企业能获得足量和及时的人才供给。其中，关键岗位上的人岗匹配程度是这一目标能否实现的重要体现。

关键岗位人员的人岗匹配程度主要包括：一个是角色回归，即个人对于岗位核心价值的深刻理解，以及由此而产生的关于心态、角色能力的相关要求。二是领导力的提高。简单地说，就是要培养相关人员站在更高的层面体现组织价值，发挥个人影响力，带动团队推动业务取得重大和关键性进展。

这是企业在实现系统性的转型与升级过程中最大的挑战。

事实上，领导者的角色回归是企业取得业绩突破的关键。很多企业在人才梯队建设方面遇到的共性问题，主要是各层级管理者角色的层层错位。造成这些错位的主要原因，通常并不是技术或能力层面上的，而是心态和管理者对于更高自我要求的缺失。这大概与很多管理者多是从业务一线提拔起来有关。

所以，在企业人才梯队建设的过程中，针对管理层及关键岗位的胜任力快速突破，往往能事半功倍。

简单和高效的方式就是竞聘，即针对关键岗位的要求，选拔出企业当前相对更优的候选人，并在此基础上以竞聘的方式确定最终的人选。

选拔任用，竞聘上岗

要想做好竞聘，首先要理解竞聘。

所谓竞聘，是指在组织或企业内部通过设置职位空缺，鼓励员工参与竞争以选拔合适人才的过程。这种选拔方式基于公开的原则（未必公平），将所有符合资格的员工、拟培养对象，及可能对岗位工作成果产生重大影响的重点人员纳入竞聘范围，通过设定一系列让候选人充分展示其能力和潜力的环节，包括但不限于笔试、面试、业绩评审、实战演练等，形成竞聘者对于岗位胜任与匹配度的相关评估结论，进而确定岗位聘任对象。

实际上，竞聘是企业在内部晋升、岗位调整或在组织变革、业务扩展等情况下，重新配置人力资源快速解决关键岗位人才问题的重要手段。对于激发员工的积极性，促进人才流动，具有重要的作用和意义。

实际操作过程中，竞聘的目标通常不应简单地定义为确定岗位人选。它应该被赋予更大的意义与价值，即用竞争上岗的方式把关键岗位人选的确定过程，做成一次帮助团队集体成长的机会，并用实操的方式（假定未来工作场景下）帮助团队打开边界，从而提升竞聘参与者的岗位胜任力。

为了达此目的，竞聘环节的要点可设计如下：

为什么我要竞聘？（激发竞聘者的意愿度）
我想把该工作做成什么样子？（激发愿景野心，定义岗位成就）
我的年度业务目标是什么？（聚焦核心的能力，识别能力与潜力）
需要解决的问题是什么？（识别判断能力）
我的行动计划。（解决问题的思路与能力）
需要的资源与支持。（匹配必要的资源和条件）

大部分人在被提拔或被任用到新岗位时，面临最大的挑战通常不是能力或技能问题，而是角色的转变不够及时，甚至因要性不足而难以用新的岗位上发挥出应有的作用。

此外，岗位职责通常只能传达出岗位的核心要求。大部分岗位职责说明对于岗位要求的描述其实是不完整的。候选人需要建立起对岗位核心价值的完整理解、对新角色所需特质的全面认知，以及据此提升必要的工作技能。事实上，关键岗位候选人适应角色的过程是一个不断试错的摸索之路，轻则会挫败团队的信心，重则可能影响核心业务，造成直接的重大损失。

因此，为了缩短这一成长过程，竞聘工作就不应是简单的人才选拔过程，而是可以附加上岗前胜任能力提升或"集训"的功能。通过丰富的竞聘环节设计有意识地增强团队的参与和认同，提升竞聘者未来在岗位上的胜任水平。

推而广之，竞聘工作的开展一是要尽可能扩大影响范围。比如，评委除了主管领导和管理层之外，还可以选拔一部分的评委团。同样，也可以将选拔过程开放出来，从团队中选拔成员组成现场观摩团队。参与对象可包括优秀员工代表、与所竞聘岗位相关的团队成员、企业的储备人才等，从而使更多的人共同参与其中。二是为了让所有的参与人员有足够的获得感，还需要把竞聘做成一场集体智慧集中输出的过程，将竞聘过程定义为帮助团队提升认知和增强对关键岗位的理解，即所有参与竞聘的人员不仅需要充分展示个人智慧，同时还必须从其他人身上学习和收获需要的部分。

因此，竞聘者在围绕主题公开发表个人见解的时候，还需要接受来自领导和评委团的反馈，在打分的基础上给出其反馈意见。通常包括优化调整、改进的策略和相关思考。而且，在完成投资环节后，还需要请当事人进行总结，以确保竞聘者能真正通过此过程快速实现自我成长。这其实也可以视为对候选人可塑性评估的重要构成部分。

如此反复三到四轮，即可大幅提升竞聘者在新岗位上的岗位胜任能力。不仅参与竞聘人员的表现力、对于岗位的理解深度和广度会有明显提升，评委团、观摩团队的收获也会非常惊人。有企业的团队成员在参加完业务总监的竞聘后感言：通过参与此次竞聘，我感觉要当好领导真的不容易，确实需要很强的综合能力。我感受到了自己与（现任）领导的差距。不过，我也获得了前所未有的信心，原来领导也有不擅长的地方，通过学习我也是很有可能当上领导的！我要为此继续努力！

可见，竞争上岗的方式不仅可以有效提升候选人的要性，还能相当程度上激发团队的向往之心。这也是为什么我们建议成长型企业在关键岗位人员任用方面一定不要轻易指定，而是可以改用竞聘方式展开的原因。

在任评估，迭代进化

为了持续提升在岗人员的胜任能力，还需要对其进行在任评估，并采取措施促进其持续进化。

所谓在任评估，主要是指对在岗人员在其当前岗位上的工作表现、能力、态度以及潜在发展等方面的定期或不定期评价。

在任评估有助于管理者了解团队现状、优化资源配置，同时激励关键岗位上的重点员工持续成长，从而提升团队的整体效能。

基于企业人才梯队建设的需要，在任评估的重点不仅有对过往绩效的回顾，更重要的是要识别员工的优点与不足，为个人职业发展规划、培训需求、绩效改进及未来的职业路径提供依据。

面对外部环境的不确定性及结果影响因素的变动，提升关键岗位人员胜任力的过程最好与其岗位工作紧密结合起来，并通过小步快跑、循环反馈的方式不断改进和优化。同时，基于在任评估的结果，个人和组织应识别出关键性的改进点，并制定具体的改善行动计划，实施后再次评估效果，从而形成一个可持续的学习和进步循环。

同样，针对在岗人员的培养，企业还要敢于鼓励尝试新方法或创新思路，即使遇到失败也能迅速从中学习并在调整后再试，而不能因害怕失败而停滞不前。面对变化的内外部环境，不固守原有的方法或计划，而是根据反馈灵活调整策略和行动方向，以确定性的团队成长面对不确定的内外变化。

通过将在任评估与迭代进化相结合，促进个人能力的不断提升和组织的持续优化，进而实现个人与组织的共同成长和发展。这其实是一种非常重要和关键性的组织学习能力。

战训结合，提高胜任

成长型企业的人才梯队建设工作还有另外一个显著的特点：人员培养往往是在业务发展需求极为紧张的背景下展开的，因此培养过程与业务发展紧密相连、难以割裂。

所谓战训结合，就是将理论培训与实际操作紧密结合的人才培养理念和方法。通过模拟实战场景或直接参与实际工作项目，让培养对象在实践中学习和成长，快速提升其解决实际问题的能力，确保所学知识和技能能够有效转化为工作中的实际成果。战训的内容不仅涉及专业技能的提升，还可包括团队协作、沟通协调、解决问题、创新思维等多方面能力的增强。

常见的操作模式和形式有：

情境模拟：设计贴近实际工作的模拟情境或案例分析，让培养对象在接近真实的工作环境中学习和决策，即时获得解决具体问题的能力。

项目制学习：通过参与实际项目，让培养对象在有指导的情况下，直接面对并解决工作中的问题，边做边学，从而减少不必要的自我摸索，加速综合能力的有效成长。

导师制度：配对经验丰富的导师，进行一对一指导，分享实战经验和技巧，帮助学员更快掌握关键技能。

反思与复盘：每次"战"后进行深入、系统的总结与反思，分析成功经验和失败教训，不断优化策略和方法，形成坚持（做对了）什么、改变（做错了）什么和开始（缺少了）什么的完整和系统性调整。

持续反馈：建立及时有效的反馈机制，确保培养对象能清晰了解自身表现及改进方向，不断调整学习路径。

事实上，战训是一种"学中干、干中学"的模式，将理论与实践即时互动和相互促进，有助于缩短从学习到应用的转化周期，并能将实际业务中的最新变化快速更新到团队的成长体系中去，从而提高团队培养的整体效果和效率。

通过这种方式，不仅能迅速提升个人和团队的实战能力，提升其对特定岗位、任务或职责的胜任能力，确保其能有效地完成相关工作任务，还能激发出团队更大的内在潜能，培养出更多能够独当一面、高效执行的优秀人才。

6.3.6　确保关键人才的有效留存

作为企业人才梯队建设的重要工作，对人才的有效留存是事关企业人才供给稳定的关键基础。

规划与设计员工发展通道

面对各种选择诱惑和挑战，人们为什么愿意安心在组织内发展？

答案有且只有一个，基于人的全面发展！即组织需要满足团队的发展期待。因此，解决团队的出路和信心问题，是促进人才有效留存的关键。

何谓出路？

从人才梯队建设的角度出发，所谓的出路其实是帮助团队成员看到通向其所期待未来的信心和希望。如果某些关键岗位变动的可能性很小，或是切换成本过高，作为管理者就需要考虑如何在类似或不同性质的工作岗位中为员工创造切换之可能。即使在某个特定岗位上没有可能，这样的组织安排也能让员工看到信心和希望，从而保持工作动力并愿意在企业中沉淀下来。

常见的给员工出路的做法包括：在工作内容相对确定的岗位上设置职等职级的"爬格子"模式，或是为员工提供转岗的机会与通路。公司以及部门的业务发展需要有各种各样的人，所以组织发展需要人才梯队。比如说，每个部门都要有骨干，这些骨干并不仅仅是业务方面的能手，还要能跟公司的文化价值理念匹配，能够有效支撑和帮助部门负责人。

很多企业都有人才梯队建设的意识，但真正能做出效果的却并不多。一个很重要的原因是企业缺少相关的组织功能设计，即从公司层面需要有部门、专人行使人才发展的专业功能，推动、督导和帮助各组织单元持续进行系统性的人才培养工作，逐步促进并最终整体实现岗位人才的合格胜任。只有从组织层面加以保障，企业人才梯队建设才能更为持久和有效。

如果一家公司无法实现批量性的人才输出，那一定不是一个人或一个部门的问题，而是系统出了问题。因此，在组织系统上为员工设定清晰的晋升晋级通道，让员工明确自己的职业发展方向，才是明智之选。

推行与分享个人发展规划

一般说来，企业设计的人才发展通道通常是"有限"的，即只能从某种程度上满足部分人的发展需求及个人发展的部分需求，更大、更全面的发展动力往往来自于个人自身。从发现和培养潜力员工、为企业持续提供储备人才供给的角度，还需要有意识地推行个人发展规划。

什么是个人发展规划？

就是针对员工个人的长期成长计划，也叫个人战略。旨在帮助员工明确其长期发展规划，并在公司平台上实现绝对成长，即员工通过落实个人战略可以获得社会（标准）的认可，从而帮助员工获得内心持久安宁的一种工具。

个人战略由五年愿景（远景）、个人根本矛盾、核心价值观、两年目标、年度主题、行动计划及需放弃的资源等七个方面的内容构成。如图 6-5 所示。

个人战略工具
个人发展战略所要解决的根本矛盾：
个人核心价值观：
五年远景/目标：
两年目标：
年度主题
年度行动计划
需要放弃的资源：

图 6-5　个人战略模板

其中，五年愿景是个人构筑的对于未来的梦想，是对自己未来想要成为的形象的勾勒。五年目标的设定一般可从职位、薪资收入、个人特质、外在表现（如业绩、团队规模与特点、在公司及行业的影响力）等多个维度进行设定。

为了更好地鼓舞自己，建议目标要定得宏大、激进一些，并辅以具体的描述，以使其更清晰、有画面感和更具吸引力。发自内心地去追求自己想要，让自己有感觉并能打动自己最重要，不用过多考虑实现的可能性或可行性。

在设定个人的五年愿景时，需要重点考虑以下关键问题：

个人的五年目标是否清晰？

与公司五年的战略目标是否符合或匹配？

是否能够跟上公司的发展要求？

个人根本矛盾则是帮助个人找到实现未来梦想的关键因素。根本矛盾的存在一方面阻碍了个人的进步，另一方面还会扰乱团队的心智，使其不能安心投入到本职本岗工作中去。

一般说来，阻碍人们实现目标的通常不是能力问题，更多的是与个人的心态、思维相关的认知局限或自我设限。

只有解决了个人特定阶段的根本矛盾，人的内心才能实现安宁。确定个人根本矛盾时最重要的是要勇敢地面对自己，要敢于认账。内心有感觉或是受到了触动，才是真正意识到了，改变起来就会很容易。

关于个人的根本矛盾，主要回答：

阻碍你实现梦想的最主要因素是什么？

是不是个人急需解决的最大问题？

下定决心一定要解决了吗？

个人核心价值观是针对个人根本矛盾在价值观念上的主动投入。其最主要的作用和价值在于，建立和强化支持个人不断战胜挫折，迎来成功的信念。

实际上，个人核心价值观是个人做事方式修炼的起点，即以未来成功的那个自我要求当下的自己像已经成功了那样去思考和行动。这对于提升个人的岗位胜任力具有至关重要的促进作用，往往能对个人改变起到立竿见影的效果。

年度主题是针对个人当前的根本矛盾，结合长期发展目标所设定的个人年度成长主题，正所谓"缺什么，补什么"；两年目标则是围绕个人发展所设定的中期目标，即让个人围绕五年目标设定阶段性的成长节点。

需放弃的资源主要指个人当前所拥有或具备的，但与个人未来的战略目标不一致的选择或者机会。这种放弃的选择通常代表了次优选项的价值。换句话说，当个人选择使用已有资源进行某项活动时，就放弃了使用这些资源进行其他活动的机会。如个人时间资源的分配，拖延的背后是选择了当下的舒适，立即行动则意味着个人放弃了即时满足而是追求"更长远的舒适"。

所以，在做决策时考虑机会成本是很重要的，因为它可以帮助个人评估不同选择的相对价值，并作出长期收益最大化的决策。只有当个人选择放弃这部分资源，才意味着自己在当下和未来的自己之间真正做出了选择。

一般说来，个人在面对不确定性时所表现出来的动摇、苦恼，或缺少战略定力的背后，最核心的问题是没有能够在公司找到属于自己的发展方向和目标，从而会表现不同程度、形式各异的急躁、摇摆，甚至产生放弃的心态。这对于个人及组织的长期发展极为不利。

个人战略是关于团队个人梦想与公司发展目标结合的重要桥梁。通过帮助个人梳理中长期发展目标，让个人成长与公司的中长期发展目标结合，并通过设定成长路径的方式，有效帮助员工消除急功近利的短期想法和行为，实现或获得个人内心的安宁，让员工有超越公司日常管理的自我要求，从而实现管理责任下移和相当程度的自我管理，并保持在未来2~3年内明确的个人方向感。

为保证个人战略在日常工作中持续发挥作用，需要经常进行梳理并促使其落实到日常工作中。一般一个季度或半年度做一次集中发表，并进行内部宣讲、点评，以帮助团队不断回归自己的梦想，使之与公司的战略目标保持紧密结合，并在相当长的一段时间内实现员工行动的自觉性与自发性。

从公司层面则可以组织跨部门的个人战略交流与互动，定期或不定期开展类似活动，使得整个公司保持帮助团队成长的氛围与环境。同时，员工通过在公开场合表达自己的个人战略，有利于其保持言行一致，持续践行目标。

唯有这样，个人战略才能发挥其应有的效用。

同样，企业只有更了解团队的梦想，才能更好地据此优化企业的成长通道和路径，实现个人与企业的长期共同成长。

匹配与优化人才留存机制

无论是企业的人才发展通道，还是个人的发展规划，都需要匹配相应的机制，以对相关的制度进行方向性的引导与保障。

企业的人才留存机制主要是指通过特定策略和制度设计，来引导和影响员工行为，使企业的核心人才愿意留下来与组织共同发展，从而减少企业人才流失，维护企业竞争力和持续发展能力的一系列策略和措施。

简而言之，企业的人才留存机制就是要解决"为什么人才愿意留下来"，以及"怎么样让人才留下来"的系统思考。

以下是用于构建有效的人才留存机制的关键点。

建立个性化的激励体系：设计多元化、个性化的激励方案，包括但不限于薪酬福利、股权激励、绩效奖金、表彰奖励等，满足不同员工的多元化需求和期望，提升激励的针对性，从而增强员工的获得感。

提供终身成长赋能：提供持续的培训和学习机会，支持员工技能提升和个人成长，使其能成为更为全面的个体，提升其社会生存能力，如专业技能培训、领导力发展项目、在线学习资源等。

开展企业文化建设：营造积极、包容的企业文化，强化团队的价值观认同，举办团队建设活动，增强员工之间的凝聚力和归属感，使团队能在良好的组织氛围下愉快地开展工作。

建立和开放沟通渠道：建立开放、透明的内部沟通机制，鼓励员工提出意见和建议，及时解决员工关心的问题，增强团队的参与感、信任感，从而提升其对于企业的认同感。

关注员工工作与生活的平衡：关注员工工作与生活的平衡，做好整体工作规划，减少无效加班和不必要的私人时间占用；提供弹性工作制度、家庭友好政策（如育儿假、属地化管理、远程工作选项等），减轻员工的工作压力和生活焦虑，让团队可以安心投入工作。

提供健康福利：提供全面的健康保险、心理健康支持、员工健康管理计划等，关注员工的身心健康，促进其安全感和幸福感的整体提升。

强化认可与奖励：加强管理层，尤其是基础管理者的领导力培养，使其具备领导团队的足够能力；建立公正的绩效评估体系，对优秀员工给予及时的认可和奖励，提升其成就感和价值感。

持续评估与优化：实施有效的离职面谈，了解员工离职原因，作为改进管理的依据；定期评估人才留存策略的有效性，根据员工反馈和市场变化，不断调整和优化企业的人才保留措施。

综上，只有实现成长通道的设计、个人发展规划与机制的有机匹配，企业才能够构建起一个全方位、多层次的人才留存体系，从而有效降低人才流失率，保证企业足够的人才供给，并保持团队的稳定性和持续创新能力。

6.4 系统构筑企业的全面薪酬管理体系

薪酬是指企业按照一定的原则和规则，以多种形式向组织成员提供的劳动报酬。传统意义上的薪酬主要是指经济性的报酬。包括：直接的经济报酬，即显性的货币化收入。通常以工资、奖金、津贴和利润分成等形式体现；间接的经济报酬，如住房、医疗和退休养老保险、免费的午餐、交通补助、培训、休假等，各种福利性质的隐性货币化收入。

本质上，薪酬要解决的核心问题是企业对于员工行为与结果的激励和回报，即员工以自身的智慧和劳动付出为代价，为组织创造价值或作出贡献后获得相应回报。简单地说，就是对于为公司创造价值的人给予激励，如核心关键人员、创新者、独特价值提供者等；对于为公司做出贡献的一般人员，则给予合理的回报，如普通员工、辅助岗位人员。

6.4.1 厘清企业薪酬管理的核心目标

企业的薪酬管理体系是企业关于其薪酬战略、薪酬政策、薪酬制度及薪酬功效的确定、控制和调整过程的系统性安排。

它是企业为了吸引、留存和激励员工，并促进组织目标实现而设计的一套关于薪酬策略、结构、流程和实践的综合系统，涵盖从薪酬战略的选择到薪酬实际支付和管理的全过程，并为企业短期和长期的经营目标改善服务。

围绕企业战略目标的实现，企业的薪酬管理具体体现为三大核心目标。

促进企业的可持续发展

企业要实现可持续发展，在价值分配过程中必须解决以下三对核心矛盾，并从中找到平衡。

首先，实现短期利益与长期发展的平衡。

短期激励可以强化和激发人们更多的短期行为。典型的做法是"以成败论英雄"，只要结果。这就会引发员工更多关注眼前利益。很多企业推行绩效考核后，出现了考什么就只做什么的现象。如此一来，必然会造成那些长期重要但短期不易见到效果的工作，如团队培养、新市场的开拓、新技术的开发、经营创新与管理变革等被选择性忽视，从而导致企业后续的发展潜力不足。

因此，企业在进行薪酬设计时就应考虑长期与短期的兼顾。在促进短期目标实现的同时，有意识地加强对未来的持续投资。比如，增加一部分激励资源，用于对企业长期和整体更有价值工作的奖励。

薪酬管理作为组织内部的价值分配过程，其目标绝不是简单的"分蛋糕"，而是通过利益分配使得企业未来的"蛋糕"能做得更大。通过建立企业与员工互利互惠的价值交换关系，实现企业与员工稳定、可持续的长期合作。从这个意义上讲，企业的薪酬定义不能只体现为经济报酬，而是要更为全面地定义薪酬，以满足不同层级员工多样化和变化着的需求与期待。

同时，薪酬管理应基于企业的长期发展目标，而不能局限于只是解决眼前的问题。否则，即便相关的薪酬制度建立起来了，新的问题仍会层出不穷。任何不能从整体经营角度出发的技术性或工具性做法，必然会引发一系列的系统性问题，并造成不必要的组织动荡，给企业带来震荡甚至是致命的灾难。很多企业的薪酬管理制度无法有效运行，就源于此。

事实上，薪酬管理与绩效管理二者构成了企业组织子系统的两大关键，二者的有机结合才能更为有效地影响和引导团队的行为。其中，绩效管理的核心在于明确——企业当前及未来一段时期内实现组织绩效的关键成功因素；薪酬管理则主要是影响和激励团队成员，使其愿意围绕企业核心价值创造的关键矛盾付诸努力，从而形成改善绩效的正循环。也就是说，企业的薪酬管理相关政策和举措，始终要以促进企业战略的有效实现为中心。

其次，是老员工与新员工的平衡。

企业在成长与发展的过程中，通常都会经历曲折的探索过程，并遗留下一系列的问题。我们称之为"历史遗留问题"，其中一个就是人员的问题。

成长型企业关于"老人"的问题，集中体现在三个方面。

一是随着企业的发展，一部分当年随着企业创业的骨干在意愿、能力和心态层面出现了问题，不再符合企业新阶段的需要，成为了组织进一步发展的"拖累"，甚至"阻碍"。新人的加入会让这种企业发展需要，与员工实际表现之间的落差进一步被放大。

二是当企业发展起来后，部分"剩者为王"的老员工逐步将企业的业务和资源积累到个人身上，成为既得利益的保护者，为了维护个人的利益不受影响，而不再与公司保持一致和同步。当新生力量进入组织后，一方面得不到开展工作所需的必要资源，另一方面无法得到老员工的支持和帮助，被安排去做事务性的基础工作甚至被老员工"排挤",从而难以生存。尤其是一些 ToB 型企业的业务团队,这一矛盾更为突出。大量优质的客户资源集中在少数老人手中,新人无法获得必要的资源,而新业务的开拓又需要一定的周期和过程。

三是由于资源相对缺乏,大部分成长型企业发展前期出于成本控制的原因,团队的起薪普遍比较低。在薪酬结构方面存在严重的失衡,不少老员工的基础薪资水平与当前社会生活水平严重不对接。新人的入职起薪要求往往明显高于岗位上现有的业务骨干。企业为此左右为难:引入吧,新人起薪要求高但短期内什么也干不了,还担心老员工会心生不满;不引进吧,公司发展又亟需补充新生力量。

面对这些典型问题,企业的薪酬策略就必须加以正视并有效解决。否则,就会导致团队凝聚力与创造力不足,并最终阻碍企业战略目标的实现。

最后,是个人与团体的平衡。

为了激发员工的积极性和主动性,不少企业为了"简单省事儿",会过分强调基于个人结果的评价与激励模式,导致员工在此过程中不断放大自我,形成"单打独斗"与"本位主义"的做事习惯,从而影响团队及部门间的协作,进而影响组织整体的运作能力,甚至导致企业经营管理链条的断裂。

企业作为有共同目标的组织和整体,需要在个人与团队利益间寻找平衡。很多企业"考什么,就做什么"的背后,其实是缺少了个人与团队间的平衡。因此,有意识地导入整体更优经营理念,强调团队间协同并在个人与团队间找到新的平衡至关重要。

强化企业的核心价值理念

在同质化竞争的时代,到底什么因素决定了企业间的差异?答案是企业的核心价值观。

企业的核心价值观是企业的战略抉择和是非判断的基点,它表达了公司存在的意义,明确了公司倡导什么,反对什么。

产品、服务以及技术确实可以从某种程度上让企业区别开来。然而,这些外显价值背后的决定性因素却是企业的核心文化理念,即以核心价值观为代表的企业经营理念,在企业内部创造出一种共同语言,使团队从思想到行动形成一股合力,并最终体现出企业的产品与服务价值的独特性。

事实上,企业的薪酬分配导向,从根本上完成了对企业核心价值理念的强化。从薪酬与绩效的结合考虑,各种绩效要素及权重的设计,就可以体现不同的公司文化导向。如公司强化绩效导向的文化，则奖金的设置比例要大；如公司强化能力导向的文化，则基本工资的设置比例要大。同样，如公司强化员工之间的团队协作，则考核要素中就要加大团队协作的考核权重；如要强调管理者对于团队的赋能，就可以增加团队培养方面的考核。

因此，一家企业要区别于其他企业，团队的行为离不开核心价值理念的引领，也离不开薪酬制度的约束和激励。

增强企业的核心竞争能力

企业的核心竞争力一方面源于企业的独特客户价值，另一方面源于卓越的组织执行力。因此，在面对外部易变和不可预测的市场环境时，企业能否快速做出反应和调整，就是成败的关键。

从这个意义上，企业自我的变革能力决定了企业的生存能力和市场竞争力，并最终体现为企业在特定阶段核心能力的形成。这些核心能力将使竞争对手在短期内难以模仿，从而为企业的市场竞争赢得竞争优势。

从系统运营管理的角度，企业的核心能力通常包括：市场响应能力、产品与技术创新能力、资源配置能力、管理创新与变革能力、组织的学习能力等。这些能力是企业在特定阶段突破系统瓶颈的应对之法，主要围绕企业关键成功要素的建立与强化而存在。

企业只有明确了自身在特定发展阶段所依靠的核心能力，并对与之相关的关键岗位、核心团队及人员等给予薪酬分配方面的必要倾斜，才更有利于这些能力的有效形成。相反，如不能在价值分配上倡导和支持变革，不对员工响应变革的行为给予鼓励，或者不对员工阻碍变革的行为给予处罚，则组织变革就会失去团队基础，所谓的变革也只会流于形式，而无法取得相应的变革成果，甚至因此错失企业发展的大好时机。

从系统运营管理的角度，企业的薪酬管理体系应与企业的发展战略契合，既要反映组织在特定阶段的战略需求，又要满足员工的集体期望，使之真正成为改善企业经营成效的助力。

完整的企业薪酬管理体系，通常从定义企业的全面薪酬概念开始。

6.4.2　树立企业的全面薪酬管理理念

所谓全面薪酬是指在进行薪酬体系设计时，从薪酬策略的选择、薪酬计划的制订、薪酬方案的设计、薪酬的发放及沟通,均应体现出企业战略、核心竞争优势及价值导向对人力资源尤其是对激励机制的要求。

全面薪酬管理的概念

从系统运营的角度,人的激励应该是全方位多角度的。

很多成长型企业因缺少系统性的思考,基于狭隘的激励要素理解,片面地认为"有钱能使鬼推磨",从而忽略了非经济报酬类的薪酬激励思考,有时甚至是直接舍弃掉,导致企业不得不在单一的经济层面与同行竞争,一方面不必要地推高了企业的人力成本,另一方面却不能有效解决企业的人员动力问题。

所以,全面薪酬管理概念不限于经济报酬本身,还包括因工作带来的其他好处,如长期雇佣的承诺(职业安全感)、安全舒适的办公条件、参与决策的机会、符合个人兴趣爱好的工作内容、学习与成长的机会、引人注目的头衔、充分展示个人才能的工作平台、行业影响力等。

为此,企业应把与团队薪酬激励相关的内容视作一个体系或系统,从外在薪酬和内在薪酬两个维度进行系统性的努力。如图6-6。

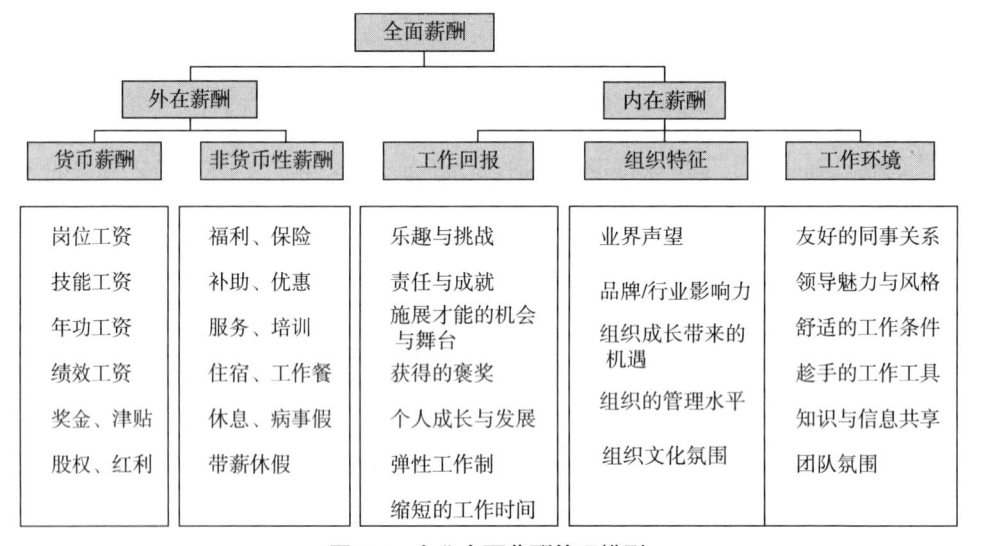

	全面薪酬			
外在薪酬		内在薪酬		
货币薪酬	非货币性薪酬	工作回报	组织特征	工作环境
岗位工资 技能工资 年功工资 绩效工资 奖金、津贴 股权、红利	福利、保险 补助、优惠 服务、培训 住宿、工作餐 休息、病事假 带薪休假	乐趣与挑战 责任与成就 施展才能的机会与舞台 获得的褒奖 个人成长与发展 弹性工作制 缩短的工作时间	业界声望 品牌/行业影响力 组织成长带来的机遇 组织的管理水平 组织文化氛围	友好的同事关系 领导魅力与风格 舒适的工作条件 趁手的工作工具 知识与信息共享 团队氛围

图6-6 企业全面薪酬管理模型

外在薪酬

外在薪酬是指企业针对员工所作的贡献而支付给员工的各种形式的经济性回报,包括各种货币形式收入和非货币形式的福利。包括工资(薪水)、奖金、福利、津贴、股票期权以及各种间接货币形式支付的福利等。

可区分为直接货币薪酬和间接货币薪酬。

外在薪酬主要包含直接货币薪酬是员工所得的基本工资、绩效工资、奖金、津贴等，这些直接体现了员工的工作价值和业绩回报。例如，企业根据员工的岗位重要性和技能水平确定基本工资，根据员工的工作绩效发放绩效工资和奖金。

间接货币薪酬则是企业为员工提供的各种福利，如社会保险、住房公积金、带薪休假、培训机会、企业年金、员工餐食、交通补贴等。这些福利虽不直接以货币形式发放，但能有效提升员工的生活质量和工作满意度，也是吸引和留住人才的重要因素。

企业在设定运营目标时，尤其是人效目标时，需考虑外在薪酬的成本与效益。一方面，合理的薪酬预算有助于吸引和留住实现业务目标所需的人才。另一方面，也要确保薪酬支出与企业的盈利目标和资源占有计划相匹配，避免过高的薪酬成本影响企业财务状况。

在系统运营升级中，有一个很重要的用于衡量企业薪酬投入与产出关系的指标：薪产比。即企业支付给员工的薪酬总额（主要指外在薪酬）与企业产出价值（通常可以用销售额、利润、产值等指标衡量）之间的比例关系。这一指标直观地反映了企业在薪酬投入上所获得的产出效益，也是企业在开展薪酬管理调整和升级时最关键的参照指标。

薪产比指标从某种程度上体现了企业在人力资源运用方面的水平。数值越低，说明在同等薪酬投入条件下企业的产出越高，薪酬的使用效率也就越高，

内在薪酬

内在薪酬是指非经济性的报酬，即员工因工作关系获得的内在精神满足。通常是个人所渴望的需求的集合，主要由组织主导和控制。

内在薪酬是精神形态的回报，相当于员工从工作中获得的"心理收入"。它在体现组织差异的同时，满足员工多元化和动态变化的心理需求和情感诉求。主要包括三个大的方面。

一是与工作本身相关的回报，诸如从工作中获得的乐趣、施展才能的机会与舞台、富有价值的个人与集体贡献、影响力、对工作的责任感、成就感，以及获得的褒奖等。

二是与企业相关的好处。如企业在行业内的声望与影响力，让员工拥有自信，并倍感骄傲和自豪。阿里巴巴的"校友会"就属于典型的此类激励模式，通

过对离职员工大张旗鼓的关注，激发团队对组织的归属感和自豪感。当然，还包括一些因组织发展带来的潜在发展机会，如升职加薪的可能性、股权与期权期待等。另外，在一个文化氛围良好和管理机制健全的公司，个人可能完成被赋能，即可以做到依靠单打独斗无法实现的职业高度。

三是与工作环境相关的好处。包括良好的团队氛围、友好的同事关系、有魅力的领导与管理风格、舒适的工作条件、趁手的工作工具、知识与信息共享等，可以让人在工作过程中获得放松和愉悦的心情，充满获得感。

实际上，基于全面薪酬概念的企业薪酬战略更具吸引力，外在薪酬的激励与内在薪酬的激励，相互补充，缺一不可。当其与企业的战略相适应时，就能够有效地实现对员工的激励，增强其对组织的承诺，并促使他们帮助组织成功地实现经营战略。同时，还能有效控制企业的整体人工成本。

企业可以在不违背总体薪酬战略和设计方案原则的情况下，通过增加和设计一些适合团队的"弹性"薪酬方案和选择，如企业工作环境优化、人力发展通道设计、制度优化、参与感的强化，以及文化氛围营造等，让员工真正能从工作中得到更大的满足，并使之成为吸引人才，保留人才的重要基础。

6.4.3　薪酬管理策略的选择——让人们"从薪而动"

薪酬管理策略是指企业根据自身战略和目标、文化价值及自身资源特点，结合外部环境要求所制定的关于薪酬及其管理的基本指导原则，是企业开展薪酬系统设计和管理工作的行动指南，薪酬制度的设计与实施提供指导，也是企业开展薪酬管理的基本依据。

实际上，薪酬可以被看做是企业获取人力资源的投资和经营成本，也可以视作是激励员工的工具，或是企业经营成果的再分配等。从不同的角度出发，企业薪酬管理的做法也就不同，结果也会因此不一样。

与企业薪酬管理策略相关的主要问题如下。

    薪酬的本质到底是什么？
    企业为什么支付薪酬，即薪酬支付的依据是什么？
    如何与社会或同行对标，并有效控制人工成本？即薪酬标准是什么？
    企业需要重点激励的对象都有哪些，为什么？
    企业要重点激励的内容是什么，如何将相关的导向传递给团队？

企业薪酬成本的总体控制标准是什么？

企业的薪酬结构如何有效设定？

企业现有薪酬管理制度如何优化调整？

完整的企业薪酬战略分为六个方面的基本策略：薪酬总额策略、薪酬水平策略、薪酬结构策略、薪酬差距策略、薪酬增长策略、薪酬支付策略。

薪酬总额策略

薪酬总额策略是关于企业薪酬相关支出总体水平的系统思考，即如何对企业的人力成本进行整体规划与控制，让游戏可持续？

从全面薪酬管理的角度出发，企业的薪酬总额不仅仅是货币薪酬支出，还包括非货币薪酬以及围绕内在薪酬的改善所做的相关投入。

对于薪酬总额的管控，无论是以成本预算的方式加以控制，还是基于企业战略目标与经营管理对人力资源的要求，根据实际需要进行支出的模式，都需要企业从战略层面对此予以明确，并形成整体的预算规划与过程控制。

对于成长型企业而言，我们建议以预算为主，先完成对于整体投入的有效控制。同时，针对特殊情况与实际需要，不妨进行个性化处理或是"特事特办"，即遵循规范基础上的例外原则，以增强企业薪酬管理方面的实效性。

如在人员招募过程中，遇到了对于企业当前业务瓶颈确实有重要价值的人选，但公司现有的薪酬政策和相关标准又不足以支撑时，就完全可以加以突破，进行灵活处理而不必拘泥于既定预算和约束。事实上，针对关键岗位相关的核心人才可以"不计代价"。毕竟，对于人才的有效经营，才是企业薪酬策略最应该追求的核心目标！

做好企业的薪酬总额策略落地有两大关键。

一是要从有效的人员预算与控制开始。一个特别有意思的现象：只要是业务发展不力，比如项目工期延误，或生产任务无法按时完成，大多数管理者的第一反应往往会惊人的一致：人不够！于是，就开始大张旗鼓地招人，但最终却并不一定能解决相关的问题。

另一种极端的情形则正好相反。很多企业迫于经营压力，会引入所谓的独立核算模式，如事业部、阿米巴等模式，以期向管理层传递经营压力。然而，在利润考核的压力之下，很多管理者会本能地将人力相关支出这一经营性投入简单地成本化，即管理者不再愿意承担"风险"，更注重当前或短期的经营成果，往往倾向于追求短期的所谓投资回报和利润，甚至干脆就直接不招人了。人员流失后，正好直接减员，并美其名曰"压降成本"！而且，更可怕的是这种做法的初衷，很可能只是负责人为了自己几分之差的个人绩效！

为什么会出现这样的问题？

究其原因，在于企业未能建立起有效的人员预算与控制机制，导致企业的人才梯队建设问题停留并受限于业务单元负责人的认知和意愿，而不是基于企业长期发展战略的需要。

很多企业对于人的问题的解决，还主要依赖少数人或人力资源部门的职能推动，而缺少公司层面的系统性努力与整体协同。

因此，需要从公司层面进行系统性的人力发展规划，并将建立有效和系统性的人才培养与留存机制作为重要的工作目标：对于缺少人才储备的业务单元，"强制"要求其培养和发展团队。同时，通过有效的过程关注和阶段性验收，引起管理层对于人才培养的重视，让好不容易招进来的人员得以有效留存并获得发展，从而为企业的发展留存足够的人力资源。

贯彻企业薪酬总额策略的第二个关键是要把钱用到关键点上。

首先，要明确企业的价值导向，坚定不移地将薪酬资源向为公司创造独特价值的人员和团队倾斜，即奖励具有代表性的人员（无论是价值观、行为、影响力，还是结果表现上），通过榜样的示范作用刺激和激发更多人的"模仿行为"，实现用团队带动团队的良性局面。

其次，要奖酬恰当的事，即奖酬资源要聚焦使用，不能片面追求"大而全"，面面俱到，而应该选择符合企业战略目标和价值观，能从某种程度上解决企业当前发展过程中的核心矛盾，并具有一定代表性的工作或事件，进行针对性奖酬。这些典型案例所体现出的做事方式、行为结果，可以起到很好的示范和带动作用，从而通过有限的经济资源投入，带来更大范围团队和更高程度的行动投入，从而实现有限资源条件下企业奖酬效果的更大化发挥。

此外，从心理学上讲，奖励本身是一种外部驱动因素，只有通过适当的方式、合适的时机，以及适度的奖励，才更有利于巩固和强化员工的内在动机，并保持一定的经济性。否则，可能不仅不能达到激励团队的目标，甚至激发出团队"不见兔子不撒鹰"的博弈与投机心态，从而降低员工对于工作本身及组织目标的兴趣而得不偿失。

最后，贯彻和落实企业总体薪酬策略的关键一环是要算好账。

在实操过程中，很多企业缺少对人工总体成本控制的概念和手段。在制定激励机制、薪酬制度时，通常是从人力资源的专业角度展开的，缺少与年度业务目标的紧密结合，因此对于需要支出的整体薪酬缺少统筹和总体匡算。简单地说，就是实现了年度的经营目标（如销售额），到底要支出多少人工成本是不明确的。同样，也无法对于相关制度的有效性和效率进行评估。

从改善经营的角度出发，有一个指标可以用来衡量企业薪酬管理工作的效能，让企业的整体经营成果变得总体可控。这个指标就是薪产比，即企业经营周期内经营成果（产出水平）与薪酬支出的整体成本。

薪产比是从经营的层面对于企业整体用人水平的衡量与评估，可以作为企业在人力资源经营水平方面的长期参考。它可以从人力资源经营的角度，总体上反映企业通过支出薪酬（人力成本）所带来的投资回报水平。

其中，经营成果的定义可以是销售收入、毛利等。如能根据投入产出的对应关系进行细化，则可以反映相关工作、组织单元在用人方面的成效。

薪酬水平策略

薪酬水平策略主要指企业关于岗位薪酬水平相较于薪酬市场行情的标准选择与设定策略思考。其中，薪酬市场行情包括广义和狭义两种。

广义的市场薪酬指所有可能影响员工职业选择的行业、企业——同行业或类似行业的，相同及类似岗位的平均薪酬水平（一般以货币的形式进行衡量）。

广义上的薪酬水平可以理解为拥有相关资历、经验及能力的岗位员工所代表的社会"公允"收入水平，往往对员工的职业选择有间接影响。由于相关的数据通常无法有效获得，广义的市场薪酬对于大多数员工而言，更多的是关于收入的"印象"或主观"感觉"。

狭义的市场薪酬行情则是指企业所在区域其他行业企业或主要竞争对手，相同或类似岗位的平均薪酬水平。相较于广义上的市场薪酬，由于员工有更多的机会接触到相关人员并获得相对确切的数据和信息，因此往往对员工有更直接和更强烈的影响作用。

鉴于广义的市场薪酬行情对于员工薪酬满意度的影响度通常是间接的，而且考虑到员工在进行行业、企业及岗位选择时还要面对其他的切换成本，因此建议企业在做薪酬水平策略选择时，仅将广义上的市场薪酬行情作为提升员工薪酬满意度的参考，而将狭义市场薪酬行情作为重点的对标对象。

当然，根据行业、区域、职位、供求关系，以及劳动力市场薪酬水平的不同，市场薪酬行情对于企业在招聘和留存人才方面的影响程度会有所差异。

一般说来，企业的薪酬水平策略选择通常有四种，包括市场领先策略、市场跟随策略、滞后策略和混合策略。如图6-7。

领先型
- 策略：通过较高薪酬水平吸引优秀人才
- 好处1：树立企业品牌形象，形成市场口碑，提高人员稳定性
- 好处2：补偿某些劣势，如工作地点偏远、办公环境恶劣、责任风险高等
- 好处3：人员素质整体相对较高，管理成本更低，稳定性更高
- 挑战：企业用人成本较高，可能面临用人成本压力

追随型
- 策略：选择与市场或同行相当的薪酬水平
- 好处1：能够兼顾薪酬成本与一定的人才吸引和保留能力
- 好处2：在同等条件下，人员的稳定性相对良好
- 挑战：对于特别优秀人才的吸引力较弱

滞后型
- 策略：企业受竞争、产品利润水平影响，选择较市场或同行更低的薪酬水平
- 好处1：企业的人力成本相对较低，经营的成本压力可能得到某种缓解
- 好处2：选择用较低的薪酬水平
- 挑战：员工的流失率往往也比较高；人才引入、留存和培养成本较高

混合型
- 策略：根据职位的类型分别制定不同的薪酬水平决策
- 好处：能够兼顾薪酬成本与对特定岗位人才的吸引和保留能力
- 挑战：内部收入差距较大，员工整体满意度不高，可能引发不利的工作氛围；基础岗位的流动性仍较大，可能影响重点岗位人员的信心

图6-7 常见的企业薪酬水平选择策略

①领先型薪酬策略

领先型薪酬策略是指企业将自身的薪酬水平定位于相对较高的水平，使之在市场上处于领先地位，从而提高企业在薪酬水平方面的竞争力。

一般而言，企业的薪酬水平只有保持在75分位（即超过市场上75%的薪酬水平）以上，甚至达到90分位，才算得上领先。

市场领先策略对于帮助企业吸引更高质量的人力资源具有积极作用，可以让企业拥有更多的优先选择机会。同时，较高的薪酬水平也提高了在职员工离职的机会成本，有助于提升员工的稳定性，更有利于改进员工的工作绩效。大部分高薪员工由于收入上的"领先"，往往具有更高的自我驱动意愿，充满危机感并愿意更努力地工作以防止被解雇。

当然，稳定和有吸引力的薪酬还有利于树立良好的企业品牌形象。这对于企业吸引人才，弥补企业的一些劣势，如工作地点偏远、办公环境恶劣、工作压力大等，提升员工的满意度也具有积极作用。

采用领先型薪酬策略的企业通常具有以下经营特征：人员素质对于企业经营

成果或岗位产出的影响比较大；企业相信通过吸引并留住一流的高素质人才，可以带来更高的组织产出水平，从而可以把精力投入到比薪酬成本控制更为重要和更有价值的工作上。而且，企业的整体盈利能力足以支撑相对高昂的人工成本投入，并能促进高投入—高回报正循环的形成。

②追随型薪酬策略

追随型薪酬策略，也称为市场跟随策略或市场匹配策略，是指企业将本企业的薪酬定位在与市场平均薪酬标准相当的水平，力图使企业的人工成本接近竞争对手，同时又希望自己能够保留一定的员工吸引和留存能力。

采用市场跟随策略的企业，其薪酬水平一般定位于在 50 分位上下，即根据市场平均水平确定本企业的薪酬水平，不高也不太低。

这是一种相对均衡的做法。实施这种薪酬策略的企业希望通过采取与竞争对手或同行基本接近的用工成本，希望将用人相关的风险尽可能减小。企业既不会因薪酬水平过低而吸引不到员工、留不住员工，也不会因支付过高的薪酬水平而增加成本。所以，很多企业都愿意采用。在这种策略之下，企业通常能够吸引到足够数量的员工为其工作，只不过在吸引非常优秀的人才，尤其是对稀缺人才的争取方面，就没有什么优势了。

③滞后型薪酬策略

滞后型薪酬策略，也叫成本导向策略，即企业以控制用人成本为主要目标，将其薪酬水平定位低于市场平均水平之下。采取此类定位的企业，其薪酬定位一般在 25 分位或者更低。

采用滞后型薪酬策略的企业通常具有以下运营特点：企业处于同质化竞争属性较强的市场（企业间的可替代性高），产品或服务的附加值往往较低，比如为行业主导型企业提供配套的供应商型企业、初级原材料供应商。受限于产品和服务的低利润率，企业的成本压力巨大，从而没有能力为员工提供高水平的薪酬。企业常常因此难以吸引和留存更优秀的人才，从而使得企业在产品和服务上难以与同行间有效差异化，企业的竞争力也难以得到有效提高。

而且，实施这种策略的企业，员工的流失率通常也比较高。人员的不稳定，尤其是关键岗位上人员的波动，对于生产效率的提高、质量的保证、交期的稳定，以及成本压降等企业核心经营指标的改善也极为不利，进而导致企业不得不接受低价竞争的恶性循环。

④混合型薪酬策略

混合型薪酬策略是指企业针对不同部门或不同岗位，采用不同薪酬水平的综合性策略。

由于资源的有限性，企业薪酬水平的外部竞争力会受制于企业的财务承受能力，即大部分的企业只能在可承受的范围内承担相应的人工成本。如果只考虑企业薪酬水平的外部竞争力，则企业的成本会增加，甚至导致现金流不堪重负；如果只考虑企业的财务承受能力，则又可能会导致企业的薪酬水平因缺少竞争力，而不利于企业所需人才的聚集和人才梯队的系统建设。

混合型薪酬策略由于其拥有其他单一策略所不具备的灵活性和针对性，已被很多企业广泛应用。这种策略之下，企业可以根据实际需要，针对市场上的稀缺人才以及关键岗位上企业希望长期保留的人员采取薪酬领先政策；而对于市场供给充足、对企业经营整体影响有限的低级别岗位员工，则可以考虑采取市场匹配策略，甚至滞后策略。

从系统运营管理的角度，整体的更优大于局部的最优，即针对关键岗位上的核心人员，要增加资源投入以最大程度激发其活力与创造力，而对于非瓶颈或普通的岗位，则需要合理控制薪酬成本开支。

薪酬结构策略

所谓薪酬结构策略，是指企业在薪酬设计的过程中，基于不同的目标和需要，在薪酬总额中设置各种薪酬项目并确定比例关系。从全面薪酬战略出发，企业的薪酬结构策略首先表现为外在薪酬与内在薪酬的投入、重视程度及比例关系。

①外在薪酬的结构与选择

外在薪酬主要是从物质刺激的角度，以外在驱动力的方式激励人，进而激发人的主观能动性。

根据不同的目的，或从解决不同问题的角度，外在薪酬可以区分为固定薪酬、浮动薪酬、长期激励、法定福利和补充福利五个构成部分。

固定薪酬是企业向员工支付的固定金额或固定比例的报酬，不受业绩、工作量、绩效等因素的影响，主要根据岗位及其级别、任职者能力水平、任职者技能相关的评估结果确定。表6-6。

表 6-6 固定薪酬项目说明

类别	说明
基本工资	员工在正常工作期间按时工作所获得的固定薪资。基本工资是员工工资最基础的部分，属于保障性收入，通常能够全部获得，一般根据员工的职位、工作经验、学历等因素来确定
津贴和补贴	包括各种津贴和补贴，如岗位津贴、交通津贴、住房补贴、餐补等。此部分报酬通常是为了补偿员工的特定费用或提供额外的利益平衡。如在企业的特定阶段，针对某些关键岗位，按照正确的薪资标准可能无法招到合适的人选，而该岗位的工作内容又急切需要，此时即可通过发放额外补贴的方式进行协调
固定奖金	预先确定的、与工作成果无关的额外报酬。固定奖金可以是年终奖金、季度奖金、特别奖金、专项奖励等，不受员工个人绩效或公司业绩的影响。比如，很多企业会推行师徒制度，针对为新员工提供成长帮助的老员工设定专项奖励

浮动薪酬是相对于固定薪酬而言，具有一定风险性的激励报酬部分。浮动薪酬的获得通常是非固定的和不可完全预知的，存在一定的不确定性。

通常情况下，浮动薪酬与员工的具体工作表现正相关。一般根据工作量、工作难度与挑战性、工作质量、绩效达成情况等变动因素确定，受任职者业绩水平、部门业绩、公司的经营效益及相关的政策门槛影响。

绩效薪酬作为一种可以将员工个人表现与回报直接挂钩的付薪模式，具有很强的针对性，因此被广泛运用并流行，是一种非常典型的浮动薪酬形式。

同样，不定期和不定形式的物质奖励，也属于浮动薪酬的范畴。如各种即时激励、临时奖励、针对重要工作的专项激励、利润分享、超额/超产奖励等。

长期激励是指企业为了长期可持续发展和繁荣而设置的，在长周期发放的一种激励报酬方式。通常用于激励企业的经营者、高层管理人员、关键人才及组织的核心员工。

一般说来，长期激励薪酬是企业根据员工的工作绩效及表现，付给员工短期固定薪酬和浮动薪酬之外的额外激励性报酬。此部分薪酬的兑现时间往往会在远期或是长周期内，按约定的条件和方式进行。主要形式包括股票期权、限制性股票、股票增值计划、绩效分享计划、高额退休金等。

长期激励通过对关键人员长期利益的分享约定，从客观上为目标对象提供了积累财富的机会，鼓励其在决策和行动时更注重组织的长期发展目标，以与组织共同奋斗和长期稳定发展。因此，对于提升激励对象的长期稳定性和积极性，往往能起到非常明显的促进作用。

福利是员工获得的间接性报酬，通常泛指所有员工均能享受的待遇。

企业薪酬项目中的法定福利部分，主要是企业出于满足法律法规要求，保障员工法定权利的需要，按法律法规的要求为员工提供的一系列保障计划。

常见的法定福利包括：医疗保险、养老保险、住房公积金、失业保险、工伤保险、生育保险，以及各种法定的假期和福利待遇，如年假、病假、产假、丧葬假、加班费、带薪假期等。

随着我国社会与经济的全面发展，相关法律法规的不断完善，企业为员工提供完善的法定福利，保障其基本生活，以维护社会安定，成为了越来越多企业的共识。这些法定福利的强制支出要求，促使企业不断发展和完善自身，因而从某种程度上间接提升了企业的市场竞争能力。

补充福利是企业基于特定的目标，给予员工工作报酬和法定福利之外的额外待遇或好处。可以是货币现金，也可以是非现金形式。主要形式有医疗、体检、各类保险保障、养恤金计划、补充公积金，以及各种特殊待遇相关的资格等（如会员、独立办公室、旅行机会或补贴、定向培养、老板座椅）。

一般来说，激励是需要员工通过个人的努力或争取才可以获得的回报，通常与个人的表现有关。补充福利性薪酬则通常与员工的职位等级或特定条件约定有关，即只要达成了某些设定的标准，就可以普遍享受而与绩效无关。因此，它往往不是激励性报酬。如果补充福利由管理人员进行控制，并结合员工的个人表现用来奖励，则也可以转化为激励性报酬。

在当今竞争激烈和需求越来越多元化的劳动力市场，为了吸引和留住最优秀的人才，企业须提供不同于其他企业的"额外"好处以与员工的需求相匹配，并以此展示企业整体薪酬战略的附加价值。此时，补充福利可能是决定候选人是否愿意选择为企业工作，以及现有员工是否愿意长期、稳定留在组织中服务的决定性因素。

事实上，一个用心和有温度的福利方案，可以显著影响员工的士气，使员工的需求在多个层面上得到满足，并让员工在企业中感受到被重视和尊重，从而充满自豪感和增强归属感。这种因补充福利带给员工的美好感觉越强烈，越是能提高员工的忠诚度、生产力以及对于企业的整体满意度，从而激发其更好地工作，更安心于在企业长期发展并持续贡献力量。

总之，超出人们期待的额外和特殊待遇，往往有助于吸引和留住优秀人才，吸引到更高素质、更有动力和更敬业的员工，从而为企业人才梯队的建设贡献不可或缺的中坚力量。

②内在薪酬的结构与选择

基于企业的全面薪酬战略，企业在薪酬结构策略方面的思考，不能限于外在薪酬，还必须充分思考和设计企业的内在薪酬结构，以从系统上完成对企业薪酬管理体系的重建与升级。

为了更好地促进业务发展，企业的薪酬结构需要与企业的发展阶段有效匹配。主要体现在两个方面。

一是要有助于组织当前核心矛盾的解决：即缺少什么，就强化什么。

二是与岗位的核心价值结合，即强化和凸显核心价值。

为了更好地激励员工融入组织和团队，需要从多维度让更多的团队成员有机会充分参与到企业的日常管理和组织建设过程中来，并对其智慧加以沉淀，使之成为组织财富的一部分。

设计团队的职业发展通道是强化内在薪酬激励的重要手段。设计良好的企业人力发展通道，可以让团队进入"自成目的"的自我驱动状态。基于当前社会价值观多元化的趋势，企业在设计人力发展通道时，不能简单地沿袭传统的序列选择模式，还需要打通跨序列切换的通道，给组织成员创造二次甚至多次选择的机会。关键时刻，甚至可以不拘一格用人才。笔者在一些企业辅导的过程中，帮助相当一部分后台人员转入销售序列，成功的比例高达80%。这既解决了企业业务团队不足的问题，也给很多老员工找到了新的成长空间。

很多企业在业务模式迭代与升级过程中遇到最大的阻力，往往不是来自业务或市场竞争本身，而是所谓的"经验"人士。他们凭借过往的功绩在企业中已拥有了相当的话语权，在面对未来开展新的尝试（存在不确定性）时，他们常常会基于自身的"成功经验"，以"权威"的口吻告诉所有人：这不可能！这种所谓"专业"人士的力量有时是很恐怖的。他们不仅不愿意尝试和验证新的想法，有时甚至还会于中"破坏"。很多企业的变革与转型升级进展缓慢，甚至中途夭折往往源于此。

对于此种情形，可将后台缺少相关工作经验但目标感十足的"新手"，安排到最需要突破的岗位或部门，以全新的打法推动相关工作的开展，并给予其足够的资源支持与赋能，使其能按新的方式开展工作。我们有一个非常经典的案例。北京某个客户在探索新业务时，其业务总监认为老板想要将香港分公司的国际业务做起来是不可能的，并为此与老板"辩论"了很久。对此，我们的建议很直白：老板，咱们是不是可以找一个相信香港业务能做起来的人，一起来探讨如何把咱们的国际业务做起来？

因此，企业在关键时刻的关键用人，一定不是基于外在薪酬回报的。这样的动力是不足够的，在遇到困难和挑战时容易产生动摇，从而使得工作无法真正落地。相反，内在动能强大的人则会表现出足够的定力与坚韧，从而使得相关变革变得更有可能成功。

事实上，内在薪酬的核心目标要聚焦到对团队获得感的满足和增强上，即通过提高团队的参与，如倾听员工的意见和建议、给员工提供培训和发展机会、给员工提供反馈和支持等，提升其对于团队、工作要求及组织的认同感。

只有有了足够的认同感，员工在工作过程中才更有可能全力以赴地投入，并愿意接受有挑战性的工作及目标以发挥其能力和潜能，从而使其在工作过程中获得足够的成就感，热爱工作并充满激情，进而感受到自己在组织内部无与伦比的价值感。这种强烈的价值感，会强化团队成员对于组织的高度认同。

> 没有认同感，就没有成就感；
> 没有成就感，就没有归属感；
> 没有归属感，就没有忠诚度。

内在薪酬激励的核心其实是让团队在组织中找到自己存在的意义与价值，并拥有足够的获得感和自豪感，进而产生越来越强烈的主人翁意识。

只有组织的发展与个人产生了更为强烈的关联感，团队成员才能获得更加强大的内在驱动力。

薪酬差别策略

作为一种商业组织，企业开展价值分配的基础是什么？

团队共同的价值创造！

薪酬分配策略是企业基于自身的战略选择、业务特点，以及内外部环境和特定阶段的资源特点，做出的关于价值创造与分配的系统性选择。

薪酬管理作为企业价值分配的核心手段，不仅仅是一项技术工作，更是一项影响企业经营目标能否高效实现的战略管理活动。应以员工对企业战略目标实现所贡献的实际价值为依据参与利益分配，以激励团队真正参与到组织目标实现的过程中，并持续贡献相应的价值。

因此，薪酬差距策略的制定首先要基于战略目标、经营策略和企业的文化价值观念，明确企业内部形成薪酬差别的主要依据，即企业为什么而支付薪酬？如岗位、技能、资历、业绩等。这些影响薪酬构成因素的选择，实际上代表着企业支付薪酬的特定原因，即为实现特定的薪酬目标，企业应该为哪些要素支付代价，并需要回答清楚以下几个更为具体而重要的问题。

为什么要差距那么多（大）？
想要达成什么目的或目标？
真的达到目的了吗？
是否足够或有效？

一般说来，企业的薪酬差距策略有以下三种基本类型。

高差距策略：通过有意识地拉开或加大薪酬差距（包括不同岗位与人员之间），以达到对不同员工及相关群体的激励性，促进员工之间的相互竞争从而提高企业的总体效益。一般来说，这种策略适用于鼓励差异、强调效率和拥有相对激进企业文化的组织，比如企业创业期或快速发展期；此外，对于关键岗位或竞争比较激烈的岗位，为了更好地吸引和激发员工更好地投入工作，也可加以采用。

平均化策略：将企业内部不同岗位与人员的薪酬平均化，通过缩小相互间的差距，使其差异不明显。采用此策略的企业一般基于以下考量：企业文化强调公平、团队协作及一致性，或追求稳定与可靠相对保守的经营策略；为了控制团队的薪酬成本，甚至刻意拉低人工成本；为了企业内部的人员配置更灵活。平均化策略最大的挑战在于：会造成"吃大锅饭"的现象，高能力或相对突出员工的积极性可能会受挫甚至因此流失，从而出现所谓"劣币驱逐良币"的严重后果。

适度差别策略：即企业在公平与效率方面寻找某种程度上的平衡，对不同岗位与人员之间的薪酬水平，实行适当的区别和区分，从而在保障性与激励性两个方面取得某种平衡，即既不过于激进或偏激，又不至于太过温和或平均。

其次，薪酬差距策略还要考虑到企业内外部的公平。企业内部的薪酬差别是实现组织内部相对公平的重要途径。主要体现有三，如图6-8。

```
         1                    2                    3
       内部公平              外部公平              岗位公平
```

| 岗位薪酬应与该岗位承担的职责、价值贡献等相匹配，并体现岗位间相应的差异 | 岗位薪酬与企业外类似岗位进行比较时，应具有竞争力和吸引力 | 同一岗位的薪酬应该与该岗位的业绩表现相匹配 |

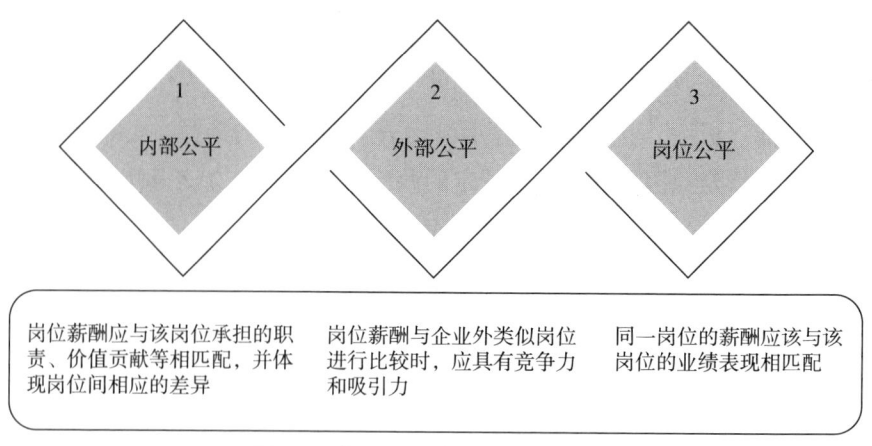

图 6-8　薪酬差异策略背后三大公平

一是实现对内公平。即岗位薪酬应与该岗位承担的职责、价值贡献等相匹配，并体现岗位间相应的差异。企业战略的实现过程是一种集体行为，是以分工与协同为基础的。因此，为了更好地激发和强化员工的职位行为，促进团队的协作效率，对于参与其中的个人，必须根据其对公司总体目标的实际贡献度进行客观的价值评价，并据此参与价值分配，对员工的价值创造予以相应的回报，确定岗位的薪酬标准，以保持内部的相对公平性，使员工保持活力。

二是实现外部公平。也即岗位薪酬对外要有社会竞争力，与企业外部相同或类似岗位进行比较时，其薪酬水平应具有一定的竞争力和吸引力，以使岗位员工有公平感和自豪感。一般说来，与外部劳动力市场相比较，企业的薪酬水平如能保持竞争力，有利于企业更好地吸引优秀人才的加入。

三是实现岗位公平。同一岗位的薪酬应该与该岗位的绩效表现相匹配，即做得好与不好，应该体现出相应的差别，以提高和增强员工在其岗位上围绕组织目标及相关要求展开努力的持久动力。事实上，让岗位员工自己看到工作的方向并愿景付诸行动，激发其内驱力是最高明和高效的管理手段。

根据不同的发展阶段及所面对的特定问题，基于组织和团队稳定性的需要，企业薪酬差别策略也应做出适时改变与调整，以成本与效果之间的某种平衡。比如，在企业业务快速发展的时期，为了更好地吸引关键岗位所需的优秀人才，企业可能需要突破原有的薪酬差别策略而采取高差距策略，"集中资源办大事"。同时，对于表现优异的相关人员，则应该加大薪酬激励的力度，以使其更好地投入到助力企业问题解决的工作中去。

事实上，企业薪酬差别策略是开启价值创造正循环非常重要的举措，对于企业整体产出水平的提升往往能起到立竿见影的效果。

薪酬增长策略

随着内外部环境的变动，尤其是行业竞争的加剧，企业薪酬策略的整体有效性会发生动态变化。为了确保薪酬体系的激励性和有效性，企业需要建立起关于薪酬的适时调整机制，并形成与自身经营理念相适应的薪酬增长策略。

一般而言，有三种基本的薪酬增长策略。

一是高增长策略。即企业以相较于同行或社会平均水平而言更高的标准，设定企业整体的薪酬增长水平。此策略的基本假设基于：高薪酬是体现企业人才竞争力的重要手段。为了更好地吸引和留存企业发展所需的优秀人才，企业需要在高人才投入与高速增长方面形成正向的循环。否则，企业的经营将会因过高的人工成本而承受巨大压力。

当然，企业可以选择折衷的做法。比如，仅在一定时期内采取高于市场增长水平的薪酬增长速度，以更好地激励员工和吸引所需要的人才。当企业发展到新的阶段后，则可以采取其他的薪酬增长策略。或者只针对特定的岗位与人员采取这一策略，以有效保证对关键岗位核心人员的有效激励。

高增长策略背后体现的其实是企业追求卓越的野心，以及对于特定发展阶段特定岗位的重视程度。

二是市场跟随增长策略。根据劳动力市场的平均增长水平，确定自身薪酬增长幅度，即采取"随行就市"的市场跟随策略，既不过于激进，也不过于保守和落后。这种策略选择之下，企业往往可以取得相对稳健的发展。但长期来看，企业可能会在候选人和团队心目中形成中规中矩的形象与印象。而且，跟进策略"涨薪"的背后，会让薪酬增长所带来的激励效果大打折扣。这对于更具创造力的优秀人才的吸引与留存往往是不利的，甚至存在明显的阻碍。

三是采取限制性的增长策略。即企业管理层以相对保守的心态面对薪酬增长，不愿意或在支付能力较低时没有能力增长员工的薪酬。一旦企业的薪酬水平长期不能得到有效增长，无法达到特定的竞争力水平，企业优秀人才的吸引与留存就会出现大的问题。典型的表现就是优秀人员的集体和集中流失。这对于企业的持续经营是非常大的冲击，甚至会进一步恶化企业的经营状况。

由此可见，企业为了保证稳健的可持续发展，保持薪酬增长能力很关键！

这也是为什么企业的系统运营升级，往往会从业务发展与提升开启并长期坚持的原因。因为没有支付实力，任何的策略都是多余的。

薪酬支付策略

薪酬支付策略是企业关于如何支付薪酬的系统思考，通常包括薪酬支付对象、支付周期和支付时间安排三个方面。

支付对象策略是指薪酬的计算与支付，是以团队还是个人为单位进行，即企业的薪酬发放到底是要鼓励团队，还是要激励个人。一般而言，在企业的不同阶段，基于特定的目标，其激励的对象或曰侧重是不同的。比如，在团队整体很平均而又需要创新的阶段，就需要加强对于"能人"的激励。相反，如果企业中"能人辈出""单打独斗"的个人主义现象较为突出和明显，而企业又遇到了发展瓶颈，则此时关于团队的激励就需要加强。

实际上，当企业发展到一定阶段后，绝大多数的企业都需要完成从"单打独斗"到"团队作战"的转变，即要强调分工与协作。为了保证团队的接受度，最初要保留相当程度的个人激励。在此基础上，再逐步增加对于团队的激励，从而促进团队间分工与协作的有效运转。在取得一定的成效后，不断进行结构优化并最终实现重心的有效切换，从而实现新的平衡。

支付周期是指企业薪酬计算与支付的周期安排。可以采用年薪制、月薪制、周薪制、日薪制、小时工资制等多种形式。针对不同的层级，支付的周期可以差异化选择。此外，关于支付时间策略的选择，往往包括上发工资制与下发工资制的选择，现期支付还是延期支付的选择等。

一般而言，越是低层级的人员，越是喜欢或倾向于短周期、即时结算，因为可以快速"看到钱"。对于高层级人员和特殊的关键岗位员工，则往往需要通过长周期支付的方式强化其长期的稳定性。

当然，企业内不同类型的员工（如管理人员、研发人员、工人、销售人员、临时人员、兼职人员等）有不同的工作性质、工作价值，并且受其职业角色模式的影响，不同类型员工对薪酬政策具有不同的心理需要和获得感差异。实际操作中，需要根据不同类型工作与员工的特点，分别设计相应的薪酬体系，并采用不同的策略和方式，使之真正符合组织需要且具有激励性。

其中，薪酬理念的宣导是保证企业薪酬政策落地过程中不容忽视的一个重要环节。企业薪酬管理体系的设计理念一方面需要足够明确，另一方面这些理念还必须在全体员工中进行不断的宣讲，使团队真正形成共识，随后的各种政策和制度才会易于为团队所接受。以调薪为例，业务领导往往需要向团队说明为什么要进行薪酬调整，公司的决策思考与目的是什么。

为了让团队更好地理解并接受相关决策，还可能需要与团队共享足够的信息，如市场数据、公司经营情况、战略构想等，以消除员工心中的顾虑和猜测。甚至，针对少数关键人员需要提前开展单独的沟通，赢得其理解与支持。

致　谢

近十年来，我个人一直在以各种方式推动不同类型企业的转型和升级。

作为咨询顾问，我常常需要与各种个性和特点的企业领路人、高管以及中基层团队接触，有时可能同步服务十多家企业。不仅要助力企业的发展，推动企业实现由内而外的切实变化，还要帮助团队成员真正走向新的开始。

这是一份令人兴奋和神往的事业，充满了各种挑战与刺激。在个人能力和认知水平有限的条件下，这是一个看上去不可能完成的任务。这是一个不断直面自己的过程，收获更多、更大的是不断深刻的人生领悟与修炼。

尤其是近年来，随着经济大环境的剧烈变化，各行各业都面临前所未有的挑战。很多成长型企业在经营上遇到了巨大困难。面对企业端层出不穷的问题，作为长期陪伴企业成长的顾问，不仅需要快速学习、转变与自我调整，还需要不断地修炼自己的内心。为了推动企业和团队问题的解决，常常夜不能寐，甚至多年来如一日苦苦探索，只为"任督二脉"打通那一刻的兴奋。

这是一个殊为不易的过程。

有时，为了推动企业端某个重大问题的解决，可能还需要保持高度的耐心，甚至为此坚持数年，直到领路人下定改革之决心，团队真正进入行动状态。当然，在看到众多服务的企业不断创造业绩新高，团队取得集体突破时，那种兴奋与喜悦则又是难以言表的。正是在这种不断求索的长期过程中，才有了关于企业运营管理升级的理论思考与沉淀。

这是一段非常宝贵的人生经历，也是格外幸运的成长之旅。我常常会被这样优秀的企业和团队所深深鼓舞。期间遇到了很多难忘的人与事，助我实现绝对成长并得以克服重重困难保持前行。很多企业家身上的企业家精神以及他们关于企业经营的理念，深深地影响和感染了我，并促使我对于企业的经营有了新的、更为深刻的理解。

非常有幸见证了这些企业一次又一次的蜕变，并且对团队的集体成长与突破感到由衷开心。篇幅所限，在此不一一罗列致谢。本书中所涉及的运营思考，与这些优秀企业团队的快速行动和长期实践验证脱不开关系。

在过去的三年时间里，也正是由于这样的力量鼓舞，促使我下定决心要把这些年关于企业经营管理方面的思考与探索，系统性地加以沉淀、整理并面向读者。

感恩一路走来合作过的企业家朋友及团队，感谢大家的信任、支持和帮助！正是因为有了你们在推动企业转型升级过程中所表现出的勇气与实践智慧，让我得以不断被滋养和备受启发！

最后，特别感谢企业管理出版社和本书的责任编辑，他们用丰富的行业经验帮助我对本书的定位、框架结构等进行了优化，使本书增色不少。

希望这本小册子能帮助更多在企业经营方面求索的人们。

让我们相遇在这个伟大的时代，以新的姿态直面时代挑战，一路同行，穿越经济周期，共铸属于组织能力时代的新辉煌！

朱金桥
2025年1月于天津